초등 교실 속 12가지 행복한 수업 이야기

교사와 학생,
행복한 수업을 만나다

교사와 학생, 행복한 수업을 만나다

발행일	2023년 8월 14일

지은이	함혜성, 박희영, 유승민, 곽준현, 김예준, 백광진, 심민지		
펴낸이	손형국		
펴낸곳	(주)북랩		
편집인	선일영	편집	윤용민, 배진용, 김부경, 김다빈
디자인	이현수, 김민하, 김영주, 안유경	제작	박기성, 구성우, 변성주, 배상진
마케팅	김회란, 박진관		
출판등록	2004. 12. 1(제2012-000051호)		
주소	서울특별시 금천구 가산디지털 1로 168, 우림라이온스밸리 B동 B113~114호, C동 B101호		
홈페이지	www.book.co.kr		
전화번호	(02)2026-5777	팩스	(02)3159-9637

ISBN	979-11-6836-692-3 03370 (종이책)	979-11-6836-693-0 05370 (전자책)

(주)북랩 성공출판의 파트너

북랩 홈페이지와 패밀리 사이트에서 다양한 출판 솔루션을 만나 보세요!

홈페이지 book.co.kr • **블로그** blog.naver.com/essaybook • **출판문의** book@book.co.kr

작가 연락처 문의 ▸ ask.book.co.kr

작가 연락처는 개인정보이므로 북랩에서 알려드릴 수 없습니다.

초등 교실 속 12가지 행복한 수업 이야기

교사와 학생,
행복한 수업을 만나다

함혜성, 박희영, 유승민, 곽준현, 김예준, 백광진, 심민지 지음

수업의 설계자인 교사와 학습의 주체인 학생이 모두 행복해지는 수업을 꿈꾼다면
이 책에 강력한 힌트가 있다!

 북랩

추천하는 글

전 성공회대학교 교수 **조희연**

교육 과정이 꽃을 피우는 곳이 바로 교실입니다. 이 책에 소개된 선생님들의 수업은 학생들이 스스로 주도하며 참여하고 협력하는 생생한 사례입니다. 배움이 행복한 학생이 건강한 시민으로 자라납니다. 학생들이 더 즐거운 배움을 경험할 수 있도록 고민하고 땀 흘리는 선생님들께 이 책을 추천합니다.

전 서울교육대학교 초빙교수 **조학규**

학생 맞춤형 수업 방법을 위해 열심히 임용 공부를 하는 학부생, 그리고 좀 더 알찬 교육 실습 지도를 위해 공부하시는 선생님의 노력을 떠올리며 이 책을 읽게 되었습니다. 학생들의 행복한 성장을 위해 변화되어야 하는 교실의 모습이 이런 장면들이 아닐까 합니다. 학생들이 중심이 되어 서로 협력하면서 한 명도 빠짐없이 참여하는 수업을 고민하시는 선생님들에게 도움이 되는 훌륭한 교재가 될 것으로 생각됩니다.

서울시교육청 평생진로교육국장 **구자희**

이 책은 학습자 주도의 프로젝트 수업과 학생들이 학습을 설계하고 학생들의 경험을 반영하여 이끌어 가는 수업을 알려 줍니다. 학생 스스로의 평가와 동료와의 상호 평가를 통해 부족한 점을 찾게 하고, 그러한 수업 후 학생과 선생님 모두 진취적인 성취감을 통해 즐겁고 행복한 학교로 다가가는 수업 시간을 원하는 선생님들께 이 책을 추천합니다.

서울동부교육지원청 교육장 김애경

우리가 가수에게 기대하는 것은 좋은 노래고, 의사에게는 환자의 아픈 곳을 정확히 진단하고 치료하는 것을 기대하듯 잘 가르쳐 주는 선생님을 만나기를 대부분의 학생과 학부모는 바랍니다. 미래를 살아갈 학생들이 협력하고, 한 명도 소외되지 않고 함께 참여하는 수업을 고민한 선생님들이 있다는 것에 서울 교육의 희망을 다시 한번 발견합니다. 좋은 수업을 위해 고민하며 배움의 길목을 든든히 지키고 계신 많은 선생님들께 감사와 응원의 마음 보내 드립니다.

서울남부교육지원청 교육장 이문수

2022 개정 교육 과정에서 중요시하는 것은 학생이 주도적으로 이끌어 가는 수업입니다. 학생들이 질문하고, 탐구하고, 협력하는 과정으로 수업에 참여하여 성취 수준에 도달하는 것, 즉 이제는 학생들이 주인공이 되는 수업이 필요한 시점입니다. 이 책은 이러한 관점에서 교사들의 수업에 대한 고민을 풀어 간 책입니다. 학생이 주인공이 되는 수업을 고민하는 교사들에게 이 책을 추천합니다.

서울교육연수원 초등교육연수부장 김선자

코로나 펜데믹은 학교의 중요성에 대해서 새삼 우리가 깨닫게 되는 계기가 되었습니다. 학교에서 학생들이 즐겁게 배우고 탐구하는 모습을 상상하며 이 책을 읽게 되었습니다. 학생들의 바른 성장에 반드시 필요한 모습이 이런 장면이 아닐까 합니다. 모든 학생들이 주인공이 되어 한 명도 빠짐없이 성공감을 느낄 수 있는 수업, 친구들과 협업하며 배움의 즐거움을 경험할 수 있는 교실을 기대하며 이 책을 추천합니다.

프롤로그

좋은 수업을 고민하는 선생님을 응원하며

예전에 EBS에서 방영한 '명의'라는 프로그램을 참 즐겨 보았습니다. 내가 아프게 되거나 가족 중에 혹시라도 아프게 된다면 꼭 저 의사 선생님을 찾아가야겠다는 생각을 하면서 방영 시간을 미리 기억해 두었다가 챙겨보았습니다. 자기의 전문 영역에서 명인이 된 그분들을 존경하고 부러워하기도 하면서요.

이처럼 자기가 하는 일의 경지에 오른 사람을 전문가라고 부릅니다. 노래로 실력을 인정받는 가수, 역할에 맞게 연기를 끝내주게 잘하는 배우도 마찬가지입니다. 그럼 선생님의 전문성은 무엇일까요? '수업 역량'이라는 것에 많은 분들이 동의하실 거예요. 모든 일에는 우선순위가 있습니다. 선생님들에게 우선순위는 '수업'이 아닐까요?

2014년 G초등학교 교장으로 발령을 받자마자 가장 우선순위로 생각한 일은 좋은 수업을 연구하고 실천하는 학교 문화를 만드는 것이었습니다. 발령을 받고 얼마 되지 않아 우리 학교 선생님들께 질문을 드렸어요. '선생님은 자신의 수업에 어느 정도 점수를 줄 수 있으신가요?' 학교 대부분 선생님들은 자신의 수업에 점수를 매긴다면 보통 이상의 점수를 주셨습니다. '내 수업은 아이들이 좋아하고, 그래도 이 정도면 수업 잘하지'라고 생각하시는 분들이 많더라는 겁니다. 지금 이 글을 읽는 분이 선생님이라면 아마 비슷하게 대답하실 거예요. 그런데 '나름 만족할 만한' 수업을 한다고 생각하는 선생님께 당신의 수업을 다른 선생님께 참관할 기회를 주시겠냐고 물어보면 선뜻 그러겠다고 하시는 선생님들은 많지 않았습니다. 왜 그럴까요?

나는 이러한 모순이 '수업'에 대한 선생님들의 인식 차이에서 비롯된다고 봅니다. 우리는 관념적으로 '수업'은 교사가 학생에게 지식이나 기술을 가르쳐 주는 것(수업, 授業)이라고 생각합니다. 그러나 나는 학생들 스스로가 수업(수업, 修業 기술이나 학업을 익히고 닦는 것)할 수 있도록 교사가 안내하고, 그런 배움을 위해 교사는 교육 과정을 설계하는 전문가가 되기를 바랐습니다.

학생 스스로가 호기심으로 탐구하고 학습의 설계를 주도적으로 해 나가는 교실, 학생 스스로 배움의 주인이 되어 프로젝트를 실행하는 교실, 학생이 짝 또는 모둠과 함께 협력 학습을 통해 한 명도 소외됨 없이 참여하는 교실. 이런 교실을 수업을 통해 만들어 가야 하지 않을까? 남의 이야기에 마음이 쉽게 흔들려 귀가 얇다는 핀잔도 더러 받을 만큼 고집 센 성격은 아닌데도 수업에 있어서만은 나의 생각은 한결같았습니다. 내가 선생님이었을 때나 장학사였을 때도, 학교장이었을 때도.

아마 협력 학습과 학생 주도의 수업을 하는 즐거운 배움이 일어나는 학교가 되도록 수업 문화를 바꾸어 보자는 내 이야기를 듣고 많은 선생님들은 요즘 말로 '심쿵' 하셨을 거예요. '앞으로 저 교장 선생님과 4년을 함께 있을 생각을 하니 큰일이네' 하는 근심 어린 표정을 지금도 잊을 수가 없습니다. 제가 그 어려운 마음을 왜 몰랐겠어요?

그러던 중 '수업방법개선연구학교'를 운영하게 되었고 근심 어린 표정을 지으시던 선생님들이 그래도 한 명, 두 명 수업하는 방식을 바꾸기 시작했습니다. 교장, 교감 선생님과 토의하고 연구하며 함께 고군분투한 시간을 쌓아 가던 선생님들은 G학교를 떠나 옮겨 간 각자의 학교에서 지금까지도 열심히 좋은 수업을 연구하고 정기적으로 나눔을 하고 있습니다. 이 선생님들의 교실 수업은 2022 개정 교육 과정에서 말하는 학습자 주도의 프로젝트 설계와 운영, 학생 중심의 교수 학습과 평가를 이루어 나가는 수업입니다. 이 책에서 자신의 수업을 나눈 선생님들은 학생이 배움의 중심이 되는 수업 방식의 변화를 통해 '교육하는 사람'으로서 전문가가 되어 가는 보람과 학생과 학부모로부터 인정받고 신뢰받는 선생님이 되어 교사로서 자존감이 매우 높아졌다고 합니다. 이러한 자존감은 좋은 수업을 계속할 수 있는 가장 큰 동력이 되었을 거라고 확신합니다.

이 책의 6명의 선생님들은 특히 이런 수업에서 열정을 보였습니다. 학생이 교실에서 수업 시간이 행복하고 활발한 활동으로 학습하며 친구들과 협력하여 시간시간 공부하고 나면 성취감을 느끼며 학교 생활이 행복한 학생을 위해 쉼 없이 연구하는 선생님입니다. 이러한 방향으로 설계한 수업을 동료 선생님들과 토론 및 협의하고 컨설팅을 받으며 연구한 교사로 수업 명장, 수업 전문가로 자신 있게 추천합니다.

나는 아날로그 시대를 오래 겪어 온 세대라 그런지 요즘 같은 때는 변화의 속도를 예측하기도, 변화의 트렌드를 따라가기도 어려울 때가 많습니다. 그러나 나의 오랜 경험치에 비추어 감히 우리 교육이 어느 방향으로 발전하며 변화해야 하는지는 확신할 수 있습니다. 불확실성이 많은 미래 사회를 주도적으로 살아갈 힘을 길러 주는 것, 이것이 현재의 수업으로 이루어 낼 일입니다. 다행히도 학교라는 공간에는 정말 훌륭한 선생님들이 많습니다. 학생들이 진취적으로 자신의 학습을 설계하고 학생 중심의 교수 학습과 평가, 학습한 결과를 개별로 맞춤 피드백이 이루어져 한 명, 한 명 미래를 향해 즐겁고 알찬 성장이 일어날 겁니다. 교육 행정은 발 빠르게 이런 수업을 위한 환경을 만들어 주어야 하는 것은 물론이고요.

나는 학생들을 가르치고 계시는 선생님뿐만 아니라 예비 선생님들이 이 책을 만나기를 바랍니다. 앞으로 내가 만나는 학생들 앞에서 수업 전문가가 된다는 것은 어떤 모습이어야 할지, 교사가 되기 전 꼭 고민하는 시간을 가져야 한다고 생각합니다. 그래서 교사는 수업 전문가라는 사회의 인식을 높이는 데 함께할 수 있기를 바랍니다.

오늘도 학생들이 모두 하교한 텅 빈 교실에서 지친 몸과 마음을 다시 가다듬고 다음 프로젝트를 연구하는 선생님들을 응원하고 존경합니다.

2023. 6. 2.
서울특별시강남서초교육장
함혜성

들어가며

라떼 수업에서 시작하는 협력 학습 이야기

「갑종수업」과「학급경영록」

저는 1985년 3월에 교사로 발령받아 서울시교육청에서 교사로 19년 6월, 교육 전문직 및 학교 경영자로 19년을 보냈습니다. 아마 갑종수업, 학급경영록을 이해하시는 선생님이라면 적어도 교직 경력이 30년은 되셨을 거예요. 서재 책꽂이 한구석에 오랫동안 보관하던 몇 권의 학급경영록을 펼쳐 보다 몇 가지 재미있는 이야기가 있어 잠시 나눠 봅니다. 지금 선생님들과 마찬가지로 수업에 대해서 고민하고 말썽꾸러기 학생과 목소리 큰 학부모님 때문에 속상한 이야기도 있습니다. "라떼는 말이야"로만 생각하기에는 지금과 고민의 지점이 너무 비슷하네요.

「갑종수업」과 수업 연구

서울신용산초등학교에 5학년 담임 교사로 첫 발령을 받았습니다. 같은 해 5월 교장 선생님께서 갑종수업을 해 보는 것이 어떠냐 하셨어요. 지금 학교에서 하고 있는 '수업 나눔'을 당시에는 '공개 수업'이라 하였고, 수업 공개 대상에 따라서 갑종수업과 을종수업으로 나누었답니다. 갑종수업은 전 교직원 대상,

을종수업은 동학년 동료 교사를 대상으로 하는데, 이제 발령받은 지 두 달밖에 안 된 제가 갑종수업을 하기로 결정이 되었으니 얼마나 고민이 깊었겠어요?

우선 주제는 원뿔의 전개도를 이해하는 것이었어요. 그런데 저는 선생님의 강의가 중심이 된 일방향 지식 전달 위주의 방식에서 벗어나 학생들이 재미있게 참여하여 스스로 활동을 하면서 개념을 터득하는 수학 수업을 하고 싶었습니다. 수소문 끝에 수학 수업의 명장이라는 선배 선생님을 찾아뵙고 수업하셨던 자료들을 참고하면서 지도를 받으며 학생들이 직접 활동하면서 개념을 찾아가는 원뿔의 전개도 이해하기 수업을 해 보았습니다. 그 수업의 내용을 짧게 말씀드리겠습니다.

"선생님이 쏜다!" 5교시 공개 수업을 앞두고 우리 반 학생들은 점심시간에 당시 인기 만점이었던 브라보콘 아이스크림을 하나씩 맛있게 먹었죠. 그리고 고깔 모양 껍질을 버리지 않고 책상 위에 뒤집어 놓게 하였습니다. 드디어 공개 수업! 맛있는 아이스크림도 먹었겠다, 학생들은 신이 났어요. 꼭 원뿔 모양인 브라보콘 껍질을 보고 손으로 튕겨 보고 안에 묻은 과자 부스러기도 입에 털어 넣고 소란했지요. 수업이 시작되고 원뿔 모양 아이스크림 껍질로 원뿔의 모선, 호를 익히게 되었어요. 방금 먹었던 아이스크림이 아니라 이 껍질이 오늘 수업의 주인공이라니 아이들은 한 명도 빠짐없이 너무나 진지했답니다. 이 껍질을 분해하여 펼쳐 놓고 모선과 호를 살펴보고, 이 모양을 본떠 원뿔 전개도를 그려 보았습니다. 그리고 전개도를 오려서 원뿔을 만들어 보는 수업을 했습니다. 정리 활동의 학습지를 통해 학생들은 원뿔의 모선과 호에 대해서 개념을 정확히 이해한 것을 알 수 있었어요. 지금은 학생들이 참여하고 활동하는 수업이 보편화되었지만 당시는 교사가 일방적인 지식 위주의 전달 수업이 일반적이었는데 학생이 직접 참여하고 활동하면서 이해하는 수업 방식이었다는 점에서 수업 평가회에서 좋은 평가를 받았습니다. 교직 경력 두 달밖에 안 된 저로서는 평생 잊을 수 없는 칭찬이었고, 이후에도 수업에 대한 고민과 연구를 계속하게 하는 자극이 되었어요.

이후에도 초등 수학 개념 학습에 관심을 가지고 연구를 계속했습니다. 이화여자대학교 교육대학원 졸업 논문(1989)으로 「초등학교 저학년 어린이들의 수기초 개념 발달에 관한 연구」를 진행하며 학생들의 수 개념 형성을 조작 활동으로 증진하는 수업을 하였습니다. 또한 서울교육대학교 과학교육연구소 초등학교 현장교육연구보고서로 「단위 넓이를 이용한 넓이 개념의 효과적인 지도 방법과 넓이의 양감 형성에 관한 연구」(1991)로 최우수상을 수상하기도 했어요.

이 밖에도 1997년 서울특별시교육연구원에서 발간한 「열린 수업 아이디어 모음(3)」 "이럴 땐 이렇게" 수업 아이디어 모음집에 "곱셈의 기초인 뛰어 세기의 지도", "넓이 개념 지도는 이렇게" 등 수업 아이디어를 제안하기도 하였습니다.

어찌 보면 해묵은 일로 자랑을 늘어놓는 것 같아 쑥스럽습니다. 그럼에도 불구하고 제가 고민했던 수업으로 학생들이 쑤욱 자라나게 되었던 경험을 여러분들도 함께하길 바라는 선배의 마음으로 옛이야기를 드려 보아요. 학생들이 직접 활동하고 한 명도 소외됨 없이 적극적으로 참여하는 수업을 통해서 우리 반 아이들의 반짝이는 눈동자를 마주하고, 즐겁게 성장하는 순간을 포착한 교사만이 느낄 수 있는 짜릿한 희열과 성취감을 여러분들도 느끼기를 바라면서요.

1945년 교수요목 제정 이후 개정된 교육 과정은 교사 일방적 전달 수업에서 학생 참여, 활동 수업을 강조하는 것으로 변화하였습니다. 특히 학생의 삶과 연계한 미래형 수업 운영의 다양화라는 측면에서 학생 주도적인 참여형 수업 강화를 위해 교육 과정 재구성을 통한 프로젝트 수업을 확대해 나가는 추세입니다. 프로젝트 수업은 학생들의 자발성이 기반이 되어야 성공할 수 있습니다. 하지만 교실 안에는 다양한 학생들이 있습니다. 소극적인 아이, 배움이 다소 느린 아이, 과제를 독점하는 아이 등 이런 다양한 학생들이 모여 프로젝트를 성공시키기 위해서는 교사의 의도적인 수업 전략들이 필요합니다. 그중 하나가 협력학습 구조라고 할 수 있습니다. 수업 설계 시 협력 학습 구조를 다양하게 활용한다면 학생들 모두가 참여하는 수업이 가능할 것입니다.

또한 학교에서 학생들은 지식뿐 아니라 다른 사람과 도움을 주고받으며 협력하는 태도도 함양해야 하기 때문에 교수·학습의 과정에서 학생들에게 협력 학습, 협력적 문제 해결을 위한 기회를 제공할 필요가 있습니다. 소집단 학습을 통한 문제 해결 기회의 제공은 학생 스스로 상호 작용 방법을 익히는 좋은 기회가 되기도 합니다.

다양한 협력 학습 구조들에 대한 이해와 실제 사례에 대한 이해가 있다면 수업 목표, 수업 내용, 학생 수준 및 교사의 철학에 따라 효과적인 수업 설계가 가능할 것입니다. 협력 학습 구조는 돌아가며 말하기, 둘 남고 둘 가기, 멀티 보팅, 명목집단법, PMI 등 다양합니다. 중요한 것은 이들 전략이 수업에서 어떤 식으로 구현되고, 어떻게 적용되는지를 아는 것입니다. 한 학생도 소외되지 않는 수업, 모든 학생이 참여하는 수업이 되기 위해 교사는 다양한 협력 학습 구조를 활용할 수 있습니다.

매일 매일 이루어지는 교실 수업에서는 국가 교육 과정, 지역 교육 과정, 학교·학년 교육 과정을 반영한 교사와 학생이 함께 만들어 가는 교사 교육 과정에서 실천적 내용이 수업에 반영하여야 합니다. 협력 학습에 대한 이해가 있는 교사라면 다양한 구조를 다양한 수업 방법에 활용하여 모든 학생이 수업에 참여하도록 도와줄 수 있습니다. 협력 학습은 삶과 학습의 통합, 스스로 실행하는 자발성 원리, 팀플레이가 핵심 원리입니다. 협력 학습의 다양한 구조를 알고 있는 교사들이 어떻게 교사 교육 과정에 반영하여 수업을 설계(프로젝트 수업, 거꾸로 수업, 토의·토론 수업, 온작품읽기 등)했는지 구체적으로 살펴볼 수 있다면 선생님들도 교실에서 활용할 수 있을 것입니다. 이제부터는 한 명도 소외되지 않고 모든 학생들이 학습에 참여하며 함께 성장했던 수업 이야기가 펼쳐집니다.

차례

1부   어렵지 않은 수학 수업 이야기

1장   수학으로 세상을 바라보다   21

2장   수학, 모두가 기여하는 협력 놀이로 공부해 보자!   45

1부

어렵지 않은
수학 수업 이야기

수학으로 세상을 바라보다

박 교사의 수업 고민

하나, 수학은 문제 풀이라는 아이들

"선생님…, 너무 피곤해요."

"어제 무슨 일이 있었니? 저녁에 잠을 못 잤어?"

"학원 숙제가 너무 많아서 새벽까지 문제를 풀었어요."

수학 학원을 다니는 아이들은 사고를 거치지 않고 정말 많은 양의 문제를 풉니다. 깊이보다 속도가 중요하다는 수학 공부! 그러다 보니 아이들에게 수학은 문제를 푸는 교과입니다.

학교에서 수학 시간은 어떨까요? 깊은 생각을 할 기회가 제공되고 있나요?

'어떻게 하면 문제 풀이 기계에서 아이들을 탈출시킬 수 있을까요?'

사회의 변화만 기대하는 것은 학생들에게 너무 가혹한 것 같습니다.

둘, 수학 수업을 바꿀 수 없을까?

"수학은 왜 배워요?"

"여러분들이 생활하는 모든 것들은 수학이 기초가 되어야 만들어진답니다."

이런 설명이 학생들에게 설득력이 있을까요?

"그럼 필요한 사람만 배우면 되지요?"

학생들이 스스로 학습 동기를 찾을 수 있다면 학습하는 태도와 깊이가 다를 것입니다. 수학이 기초 학문으로서 큰 의미가 있는 것은 사실이나 이 가치를 학생들이 이해하기는 어렵습니다. 하지만 학생들의 앎이 삶으로 연결될 수 있다면 수학을 왜 배워야 하는지에 대한 답을 찾기가 조금은 쉽지 않을까요? 문제 풀이 기계가 아니라, 느리더라도 생각할 기회를 가질 수 있다면 어떨까요?

'수학적 사고로 세상을 바라보게 하는 수학 수업!'

박교사의 수업 아이디어

하나, 교육 과정 재구성으로 기본 개념은 탄탄하게

「여러 가지 그래프」는 초등학교 그래프의 마지막 단원입니다. 그림그래프부터 시작해서 막대그래프, 꺾은선 그래프를 배웠고, 드디어 6학년에서 비율그래프인 띠그래프와 원그래프를 배웁니다. 다른 단원에 비해 쉽다고 하지만 그래프야말로 생활과 밀접한 관계가 있습니다.

저도 수업 설계를 위해 교사용 지도서와 교과서를 살펴봅니다. 교과서에는 모두 그래프를 보고 알 수 있는 사실을 찾거나 계산해서 빈칸에 해당하는 숫자를 쓰도록 구성되어 있습니다. 그렇다면 성취 기준은 뭘까요?

관련 성취 기준은 크게 두 가지입니다.

첫째, [6수05-03] 주어진 자료를 띠그래프와 원그래프로 나타낼 수 있다.

둘째, [6수05-04] 자료를 수집, 분류, 정리하여 목적에 맞는 그래프로 나타내고, 그래프를 해석할 수 있다.

위 성취 기준에서 학습 요소를 추출하면 크게 그래프로 나타내기와 그래프 해석하기라고 할 수 있습니다.

학원에서 이미 선행 학습을 하고 온 아이들이 70% 정도였고, 배움이 느린 아이들도 20% 정도가 있었습니다. 배움이 느린 아이들은 대부분 학원을 다니기가 힘든 상황이라는 것도 아시지요? 배움이 느린 학생들에게 교사의 친절한 설명과 이해를 위한 반복적인 학습은 무척 중요합니다. 그래서 학생들의 출발점 위치를 파악하고 모든 학생들이 성장할 수 있도록 단원 재구성을 했습니다.

6학년 1학기 5단원 여러 가지 그래프의 학습 요소 중「그래프로 나타내기」부분은 교사가 중심이 되는 수업과 친구들이 서로 돕는 수업으로 진행하였습니다. 비교적 쉬운 부분이기에 1차시에 기본 개념 익히기, 2차시에 자료 조사, 3차시에 자료를 분류하여 정리한 후 그래프로 나타내는 활동을 하였습니다. 4차시에는 활동한 결과를 공유했습니다.

1차시		2차시		3차시		4차시
띠그래프 원그래프 개념 익히기	⇒	6학년 학생을 대상으로 다양한 자료 수집하기	⇒	자료를 적당한 그래프로 나타내기	⇒	정보 나누기

위와 같이 교육 과정에서 제시된 내용과 크게 다르지 않게 재구성하였습니다. 친구들에게 필요한 자료를 조사하며 아이들은 즐거워했습니다. 다른 반 친구들과 소통하고, 학습의 주인인 것처럼 보였으니까요. 하지만, 학생들의 생각하는 힘은 함양되었을까요? 자료를 즐겁게 조사하고, 그래프로 나타내며 앎이 삶과 연결이 되었을까요? 이대로 교과서를 풀고, 학생 참여 중심 수업을 했다고 판단하기에는 자신이 없었습니다. 생각하면 할수록 수업 설계는 어렵습니다.

둘, 핵심 차시를 삶과 연결하기

'우리가 살면서 그래프를 그릴 일이 얼마나 될까요?'

저는 보고서를 쓸 때 빼고는 그래프를 그렸던 적이 거의 없었습니다. 물론 이 때에도 컴퓨터 프로그램이 그리고 저는 수치만 넣었습니다. 오히려 다양한 그 래프를 보고 어떤 상황을 판단해야 할 때가 훨씬 더 많았습니다.

그래서 이번 단원에서 「그래프로 해석하기」 학습 요소를 핵심 차시로 정하여 학생들의 앎과 삶을 연결할 수 있도록 수업을 설계하였습니다. 더 욕심을 내어 그래프 해석의 범위를 확대하여 추론까지 가능하게 하고 싶었습니다. 매 차시 수업을 충분히 고민하고, 설계하면 좋겠지만 에너지 총량의 법칙이 있더라고 요. 핵심 차시라도 고민하며 아이들 스스로 '아하!'를 느끼게 하고 싶었습니다.

아이들 스스로 '아하!'를 느끼려면 아이들이 서로 활동에 충분히 몰입할 수 있 는 시간이 필요합니다. 또한 아이들의 삶과 관련된 주제도 필요합니다. 학습 격 차가 특히 많이 나는 수학 교과 학습의 경우 배움이 느린 학생도 학습에 적극적 으로 참여할 수 있도록 꼼꼼한 설계와 탐구 문제를 학생들이 스스로 정하기 위 해서는 다양한 수업 구조들이 필요합니다.

수업 워밍업, 무엇을 준비할까?

하나, 학생 중심 활동 시간 확보

학생들의 학습 활동 시간 확보를 위해 '거꾸로 학습' 구조를 활용하기로 했습니다. 거꾸로 학습은 수업 시간에 배울 핵심 내용을 가정에서 학습해 오고 학교에서는 토의·토론 또는 실습을 중심으로 수업을 하는 방법입니다. 학기 초부터 거꾸로 학습을 위해 사전에 다양한 시스템을 구조화했습니다.

초등학교의 경우 거꾸로 학습에는 부모님들의 도움도 필요합니다. 학습을 위해서는 온라인에 영상을 제공해야 하기에 전자 기기의 사용이 필요하니 이를 빌미로 스마트폰이나 컴퓨터를 다른 목적으로 사용하는 경우가 많거든요. 학생들에게 제공하는 영상은 프레젠테이션으로 제작하여 거기에 음성을 입히거나, 카메라로 직접 설명 영상을 찍어서 편집하였습니다. 밴드를 만들어서 영상을 제공했고, 영상을 보며 공책에 필기 또는 답변하도록 하였습니다. 사전에 제공되는 영상은 디딤영상, 디딤영상을 보며 사용하는 공책은 디딤공책이라고 하여 부모님들께 이에 대한 사전 안내를 충분히 하였습니다. 디딤영상이 제공될 때마다 영상의 시간 등을 안내하여 오해가 없도록 했습니다.

여기서 끝이 아닙니다. 갈 길이 참 멀지요?

모든 학생들이 디딤영상을 보고 열심히 공부를 해서 학교에 온다면 얼마나 아름다울까요? 20~30% 학생들은 간헐적 또는 상습적으로 자유롭게 학교에 옵니다. 이 학생들은 디딤영상 학습이 안 되어 있기에 정상적으로 수업에 참여하기 어렵겠지요? 대한민국 초등학교 선생님들은 이런 아이들을 절대 포기하지 못합니다. 무슨 오지랖일까요?

　이 학생들을 위해 거꾸로 학습이 있는 날 아침에는 20분 정도 디딤영상을 무한 반복합니다. 그럼 아이들은 디딤공책을 꺼내 집에서 해야 할 일을 학교에서 수행합니다.

　이쯤 되면 걱정이 되시지요?

　'모든 아이들이 그냥 학교에 오지 않을까?'

　그렇지 않더라고요. 대부분은 집에서 열심히 해 오더라고요. 집에서 해 온 아이들에게는 복습이 되겠지요. 만약 거꾸로 학습 구조를 활용하고 싶지 않으시면 그 부분만큼 시간을 확보하여 학교에서 진행하시면 됩니다.

　거꾸로 학습의 경우 이미 동기 유발이 되어 수업을 시작하기에 따로 동기 유발을 하는 대신 학생들이 어느 정도를 알고 있는지 출발점 위치를 파악하기 위해 학습 로드맵에 디딤영상을 보고 알게 된 점, 궁금한 점 등을 써서 붙이도록 하여 그 내용을 확인하며 본 차시 수업을 시작합니다.

　학습 로드맵이 뭐냐고요? 이렇게 생겼습니다. 수업 전 출발점 위치와 수업 후 도착점 위치를 확인하고 수업 설계 및 피드백을 할 수 있습니다.

둘, 앎과 삶을 연결할 수 있는 주제 선정하기

　다음으로는 앎을 삶으로 연결 지을 주제의 선정입니다. 학생들이 관심 있는 주제는 남학생, 여학생에 따라 다양합니다. 주로 게임, 아이돌, 유튜브 등이었습니다. 하지만 단순히 흥미를 갖는다고 해서 그 주제로 깊이 있는 사고를 끌어

널 수가 없다고 판단했습니다. 학생들의 요구와 교육적 가치가 충돌하는 상황이지요.

이런 경우 선생님들은 어떻게 하실 건가요? 다양한 공개 수업을 보게 되면 학생 참여 중심 수업의 경우 학생들이 흥미로워하는 활동을 하는 경우가 상당히 많습니다. 물론 학생들은 즐겁게 참여합니다. 그러나 '그것만으로 충분한 것일까?' 이런 생각이 들 때가 있습니다.

제 욕심을 채우기 위해 학생들이 관심 있어 하는 주제보다는 우리의 문제를 생각해 볼 수 있는 주제를 선택했습니다. 우리가 살아가는 지구에는 각 나라마다 다양한 문제들이 있습니다. 그중 우리나라의 가장 큰 어려움 중 하나는 가지고 있는 에너지 자원의 부족으로 인해 발생합니다. 학생들이 수학으로 세상을 볼 수 있도록 에너지 문제를 학습 주제로 선정하였습니다.

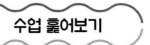
수업 훑어보기

대상		6학년 1학기
관련 교과 및 단원		수학. 5. 여러 가지 그래프
관련 성취 기준		[6수05-04] 자료를 수집, 분류, 정리하여 목적에 맞는 그래프로 나타내고, 그래프를 해석할 수 있다.
학습 목표		그래프를 보고 해석할 수 있다.
수업 준비하기		◆ 디딤영상 시청하기 - 디딤공책에 질문에 답변 쓰기 - 등교 후 학습 로드맵에 주요 내용 쓰기
수업 개요	들어 가기	◆ 디딤영상 내용 확인하기 - 학습 로드맵 내용 확인으로 동기 유발 - 학습 문제 확인하기 - 학습 활동 안내하기
	풀어 내기	◆ 원그래프 읽기「브레인 라이팅」 - 원그래프를 보고 알 수 있는 사실 찾기 - 궁금한 점이나 느낌 이야기하기 ◆ 원그래프에 숨겨진 탐구 문제 찾기「브레인 라이팅, 돌아가며 말하기, 멀티 보팅」 - 원그래프에서 가장 인상적인 사실 찾기 - 우리나라에 발생 가능한 문제점 찾기 ◆ 탐구 문제 해결하기「협력 탐구, 둘 남고 둘 가기」 - 관련 근거 탐색하기 - 근거를 바탕으로 문제 해결하기 - 문제 해결 방안 공유하기
	나가기	◆ 수업 후 알게 된 점 기록하기 - 학습 로드맵에 수업 후 알게 된 점 쓰기 - 자기 평가하기(신호등 평가판)
수업 심화하기		◆ 심화 영상 확인하기 - 수업 후 사고 확장하기(디딤공책에 정리하기)

수업 자세히 들여다보기

Chapter 1. 수업 전 활동을 도입으로 연결하기

디딤영상을 제작할 때 가장 고민한 부분은 학생들과 관련 있는 자료를 조사하여 세계와 관련짓고, 더 나아가 다양한 사고를 확장할 수 있는 주제를 선택하는 것이었습니다. 세계를 대상으로 한 자료가 있어야 하므로 먼저 그래프 이미지에서 다양한 통계 자료를 찾아봤습니다. 에너지 관련 통계 자료가 많았습니다. 에너지 관련 통계 자료는 원래 이 수업을 설계할 때 핵심 아이디어였기에 디딤영상에서는 좀 더 단순한 자료를 찾았습니다. 바로 '종교'였습니다. 종교라는 주제에 집중하는 게 아니고 통계 자료만 사용하는 것이기에 조심스럽게 선택하였고, 단순히 학생들이 믿는 종교를 개별 조사하여 통계 자료로 활용한다면 크게 어렵지 않다고 판단하였습니다. 또한 종교 분포도와 연결하면 문화와 지역의 관련성에 대해서도 생각해 볼 수 있다고 생각하여 욕심을 냈습니다. 수업에서는 욕심을 내려놓아야 함을 아는데도 쉽지 않습니다.

물론 각자의 종교를 조사할 때는 질문지를 사용했고, 그전에 종교는 철저히 개인의 신념이기에 다른 사람의 종교를 대할 때 편견이 없어야 한다는 지도 또한 했습니다. 신경 쓸 게 정말 많지요? 교사의 언어는 공공재인 것 같다는 생각이 듭니다. 개인적인 생각을 학생들에게 말하는 데는 정말 신중해야 하니까요. 학생들은 미성숙하기에 교사의 말이 곧 진리가 되기도 하더라고요.

디딤영상에서는 친구들의 종교를 조사한 자료를 원그래프로 나타내고, 그 그

래프를 보고 알 수 있는 사실을 찾는 내용으로 구성하였습니다. 세계의 종교는
인터넷에 제시된 자료를 참고하여 만들었습니다.

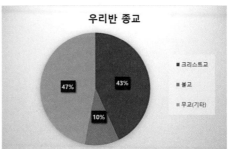

디딤영상 제작을 위해 사전에 우리 반 학생들의 종교를 조사할 때, 크리스트
교와 불교에 대해 간단하게 이야기하고, 그 이외 종교를 믿는 학생들이 있는지
확인하였습니다.

디딤영상은 원그래프 2개를 먼저 제시하며 ppt에 음성을 입혀서 제작하였습
니다.

"이 그래프는 세계 사람들이 믿는 종교와 지난번 우리 반 학생들의 종교를 원
그래프로 나타낸 자료입니다. 그래프를 잘 살펴보고 알 수 있는 사실 2가지 이
상 적어 보세요."

물론 이슬람교와 힌두교에 대한 간단한 설명도 덧붙였습니다.

학생들은 이런 사실들을 디딤공책에 적었습니다.

"세계의 종교 분포와 우리 반 종교의 분포 중 종교가 없는 사람들의 비율이 같
습니다."

"우리 반에는 이슬람교와 힌두교를 믿는 학생들이 없습니다."

"우리 반에는 크리스트교를 믿는 학생이 불교를 믿는 학생보다 많습니다."

이와 같이 생각보다 다양한 사실들을 읽어냈습니다. 본 수업 전이지만 학생
들은 이미 디딤영상으로 학습하며 학습 목표에 도달해 있었습니다. 디딤공책에
는 다양한 사실들이 적혀 있었습니다.

다음에는 종교 분포를 나타낸 지도를 제시하며 함께 살펴봤습니다. 역시 질문을 통해 학생들이 스스로 답변할 수 있도록 하였습니다.

"세계의 종교 분포도를 보면 어떤 종교를 믿는 사람들이 가장 많나요?" 등과 같이 눈으로 확인이 되는 정보를 찾아내는 것부터 시작하고, 그래프에 숨어 있는 내용을 찾을 수 있는 질문을 끌어내기 위해 다음과 같은 질문을 했습니다.

"왜 우리나라에는 이슬람교나 힌두교를 믿는 사람들이 거의 없을까요?"

"왜 비슷한 지역에 사는 사람들은 비슷한 종교를 가지고 있을까요?"

물론 종교 분포도에 우리나라는 불교 국가로 표기되어 있어 우리나라가 전통적으로 불교 국가였기에 그렇다는 이유도 설명해 주었습니다.

위 질문에 대해서는 영상을 멈추고 자신의 의견을 쓰라고 한 뒤, 교사가 나름의 생각을 정리해서 전달했습니다.

"종교는 문화고, 비슷한 지역에 사는 사람들은 비슷한 문화를 형성하기에 비슷한 지역에 사는 사람들은 비슷한 종교를 믿을 가능성이 크지 않을까요?"

물론 이런 저의 생각을 학생들에게 전달할 때에는 신중해야겠지요. 디딤영상에서 사용한 자료와 질문은 학생들이 깊게 생각해 보게 하는 게 목적이라기보다 쉽게 접할 수 있는 자료로 다양한 것들을 살펴볼 수 있도록 하기 위함이었습니다. 종교 분포도는 그래프가 아닙니다. 비율그래프로 정확하게 나타나지는 않았지만, 분포 지역을 색깔로 살펴볼 수 있어서 앞서 제시한 원그래프와 비교해서 볼 수 있도록 질문하며 세 개의 자료를 한꺼번에 제시하였습니다.

디딤영상의 마지막에는 그래프를 해석하는 방법에는 눈에 보이는 자료들을 찾아내는 방법과 눈으로 직접 확인할 수는 없지만, 그 안에 숨겨진 다양한 내용들을 읽어내는 방법인 추론이 있다고 정리하며 디딤영상을 마무리했습니다.

디딤영상을 보고 학생들은 과연 어떤 생각들을 했을까요?

많은 학생들이 그래프를 해석하는 방법을 더 자세히 알게 되었다고 적었습니다. 우리 반 종교 분포에 대한 의견도 있었고요. 어떠신가요? 교사의 의도대로 디딤영상을 효과적으로 제작하였나요?

위 두 개의 답변으로 수업을 시작했습니다.

"디딤영상을 보고 그래프를 해석하는 방법을 더 자세하게 알게 되었다고 답변한 학생이 많았습니다. 오늘 수업이 정말 기대가 됩니다."로 시작된 수업은 특별한 동기 유발도 없이, 개념에 대한 설명 없이 바로 학생 활동으로 시작되었습니다.

Chapter 2. 과정 중심 평가로 맞춤 피드백 하기

학생 활동이 중심인 수업에서 가장 중요하게 생각하는 것은 활동으로 수업이 끝나지 않게 구조화하는 것입니다. 활동 후라도 결과를 함께 확인하는 과정이 필요합니다. 또한 교사는 수업 후라도 학생 활동을 자세하게 확인하며 오개념 및 난개념을 찾아 피드백해야 합니다. 이를 위해 모든 활동 내용을 정리할 수 있도록 활동지를 제작하여, 갤러리 워크를 위해 대부분은 4절 크기로 출력하여 사용합니다. 본 차시 역시 활동지 구성에 많은 의도를 담았습니다.

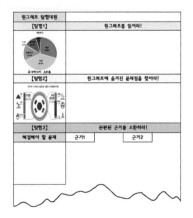

첫 번째 활동은 원그래프를 보고 눈으로 확인할 수 있는 사실을 개인별로 한 개씩 찾아서 「브레인 라이팅」으로 쓰는 것입니다. 쓸 때는

붙임딱지에 동시에 쓰고, 반드시 쓴 사람의 이름을 써야 합니다. 이는 학생들의 생각을 교사가 확인하는 데에도 유용합니다. 그래야 정확한 피드백을 할 수 있습니다. 모든 평가는 과정 평가가 기본입니다. 과정 중심 평가를 위해서는 학생들이 하는 활동의 관찰만으로는 무리가 있습니다. 학생들의 머릿속에서 일어나는 생각들을 교사가 알아차려야 가능합니다. 이때 유용한 것이 브레인 라이팅입니다. 오개념이나 난개념이 확인되거나 의심되는 경우 질문을 통해 바로 잡을 수 있습니다. 붙임딱지는 활동 칸에 붙이고, 「돌아가며 말하기」로 자신의 의견을 친구들에게 이야기합니다. 말하기 전에 자신의 생각을 정리해 볼 수 있도록 하는 것은 말하기에 자신 없는 학생들에게는 매우 필요한 활동입니다.

이 차시의 평가 계획은 다음과 같습니다.

관련 성취 기준	[6수05-04] 자료를 수집, 분류, 정리하여 목적에 맞는 그래프로 나타내고, 그래프를 해석할 수 있다.			
평가 과제	친구들과 협력하여 그래프 해석하기			
평가 요소	채점 기준			
그래프 해석 하기	평가 척도	3	2	1
	척도별 수행 특성	그래프를 보고 사실적인 내용을 파악하고, 다양한 문제들을 추론한다.	그래프를 보고 다양한 사실을 찾아낸다.	그래프를 보고 간단한 사실을 찾아낸다.

평가에서 가장 중요한 부분은 '학생들이 알고 있다는 것을 교사가 어떻게 확인할 수 있는가?'입니다. 교사가 학생들의 머릿속 사고를 알기 위해서는 학생들의 발표, 기술 내용을 구체적으로 분석해야 합니다. 저는 이를 위해 「브레인 라이팅」의 내용과 「돌아가며 말하기」 내용을 파악하여 평가하고 피드백했습니다.

첫 번째 활동에서 제시된 그래프입니다. 이 그래프를 보고 알 수 있는 사실을 한 개씩 붙임딱지에 써서 붙이도록 하였습니다. 학생들은 어떤 사실들을 발견했을까요?

원그래프를 보고 알 수 있는 사실을 정확하게 인지하고 있나요?

교사는 학생들의 활동을 관찰하며 순회 지도를 합니다. 누가 어떤 내용을 썼는지 확인하여 과정 중심 평가를 하고 피드백을 할 수 있지요.

첫 번째 활동에서 학생들은 원그래프를 정확하게 이해하고 있었습니다. 물론 배움이 느린 학생들도 마찬가지였습니다. 만약 그래프를 보고 사실을 파악하지 못하는 학생이 있다면 그 학생에게 사실 파악과 관련한 질문을 할 수 있습니다.

"우리나라에서 가장 많이 사용하는 에너지는 무엇이니?"

그래프를 보고 사실을 파악할 수 있다면 교사의 질문에 답변할 수 있겠지요.

두 번째 활동에서는 첫 번째 활동에서 제시한 원그래프와 연결 지어 생각할 수 있도록 그 내용을 심화시킬 수 있는 그래프를 활용하였습니다. 두 번째 활동에서 제시된 그래프를 탐구하며 학생들은 스스로 해결해야 할 문제를 찾게 됩니다.

학생 참여 중심 수업에서는 학생들의 탐구 활동을 충분히 자극할 수 있는 자료의 제공이 무척 중요합니다. 자료를 통해 학생들은 스스로 탐구 문제도 찾을 수 있습니다. 학생들이 탐구 문제를 찾을 때 방향성을 제시하기 위해 "그래프에 숨겨진 문제점을 찾아라!"라고 활동명을 붙였습니다. 자료를 수학적 관점에서 바라보는 것을 넘어 우리의 삶과 관련된 시각으로 바라보기를 기대했습니다.

'어떻게 활동명을 붙여야 학생들이 좀 더 생각해 보도록 할 수 있을까?'

'어떻게 하면 우리나라의 문제를 찾아서 해결하려고 노력할 수 있을까?'

두 번째 그래프는 이번 단원에서 배운 띠그래프와 원그래

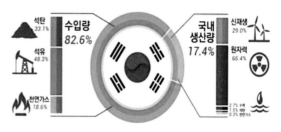

프를 한 번에 나타낸 그래프였습니다. 물론 띠그래프가 세로로 되어 있어 교과서에 제시된 그래프와는 조금 다르지요? 이 그래프를 찾았을 때 저는 "유레카"를 외쳤습니다. 어찌나 기쁘던지요. 제가 생각했던 수업에 정말 '딱!' 맞는 자료였습니다. 저는 이 그래프를 보고 다음과 같은 생각들을 했습니다.

> "우리나라는 에너지 대부분을 수입하는구나."
> "국내 생산량 중에 대부분이 원자력이네."
> "국제 정세가 불안해지면 정말 큰 일 나는 거 아니야?"

학생들은 어떤 생각들을 했을까요? 물론 제가 활동명에서 『문제점』이라고 의도적으로 기술하였습니다. 왜일까요? 단순한 사실만 알아서는 학생들의 사고를 확장할 수 없다고 생각했습니다. 세상을 살아가며 그래프를 마주할 때 눈으로 확인할 수 있는 사실만 읽는다면 그 안에 숨겨진 어려움이나 내용들을 놓칠테니까요….

학생들은 이런 생각들을 했습니다. 표현은 조금씩 다르지만요.

"우리나라는 에너지 수입량이 너무 많아서 앞으로 어려움이 생길 것 같다."

학교에서 단순히 그래프를 그리고, 그래프에서 알 수 있는 사실을 찾아내는 학습만 했다면 그래프를 보고 이런 생각을 할까요? 어쩌면 그래프는 그냥 그래프라고 생각할지 모르겠습니다.

그래프를 보고 생길 수 있는 문제를 브레인 라이팅으로 각자 쓴 후 자기 생각을 돌아가며 이야기했습니다. 이 활동은 해석하기 중에서도 추론에 해당하는 활동입니다. 앞서 제시한 평가 계획을 보면 채점 기준에서 추론과 관련된 내용

은 '상' 수준이므로 이 부분에서는 '중' 수준 학생들이 '상' 수준으로 성장할 수 있도록 하는 피드백에 초점을 두었습니다. 활동이 여러 단계로 나뉘어 있는 경우 교사는 평가 계획 수립 시 학생에게 기대하는 활동에 따른 구체적인 계획을 세워야 합니다. 모든 학생들을 '상' 수준으로 끌어올릴 수는 없습니다. 또한 모든 활동에서 '하' 수준 학생들이 '상' 수준에 도달할 수 있도록 설계하는 것도 불가능합니다. 다만 '하' 수준 학생도 모든 활동에 참여할 수 있도록 설계하는 것이 필요합니다. 이때 효과적인 방법이 다양한 협력 학습 방법을 적용해 보는 것입니다. 한 학생도 소외되지 않고 활동에 참여할 수 있도록 구조화하여 조금이라도 더 학생들의 사고를 자극할 수 있습니다.

탐구 문제는 학생들이 쓴 내용에서 출발을 하게 됩니다.

Chapter 3. 앎을 삶으로 연결하기

두 번째 활동의 마지막에서는 「멀티 보팅」으로 모둠별로 가장 중요하다고 생각하는 문제에 투표하도록 했습니다. 물론 멀티 보팅을 하기 전에 비슷한 의견을 하나로 모으는

유목화 활동을 하는 것이 선행되어야 의사 결정이 좀 더 유의미합니다. 시간 관계상 이 활동을 하지 않고 바로 1인 2개의 스티커로 투표를 할 수 있다고 했더니 위와 같이 동점이 나왔습니다. 이런 경우 대부분 동점이 되기 쉽습니다. 학생들은 생각보다 배려심이 많습니다. 의견이 크게 다르지 않다면 동점을 만드는 경향이 있거든요. 멀티 보팅을 할 때는 자신이 가진 투표권 중 1개는 반드시 다른 사람 의견에 투표하도록 합니다. 물론 나머지 1개는 자유롭게 사용할 수

있습니다.

　대부분 다양한 의견을 수렴할 때는 한 개의 의견을 선정하지 않습니다. 하지만 이번 수업에서는 하나의 문제를 선정하여 해결하기 위한 방안을 탐색해야 하므로 의견 수렴 과정을 위해 멀티 보팅을 했습니다. 두 번째 활동에서 서로의 의견을 듣고, 멀티 보팅으로 모둠에서 해결해야 할 탐구 문제가 자연스럽게 선정되었습니다. 교사의 수업 설계는 이런 과정들이 자연스럽게 연결되도록 하는 노력도 필요합니다.

　세 번째 활동은 각 모둠에서 선정된 문제를 다양한 근거 자료를 활용하여 해결하는 것입니다. 40분 단위의 수업이었기에 학생들이 직접 자료를 찾아 문제를 해결하는 데는 '시간'이라는 제약이 있어서 아쉽게도 문제 해결에 도움이 될 만한 다양한 시각 자료들을 준비했습니다. 근거 자료들은 A4 2장에 출력하여 제공하였고, 이 중 2개 정도의 자료를 활용하여 문제를 해결하도록 하였습니다. 만약 80분 블록 타임으로 수업을 계획한다면 학생들이 직접 문제 해결에 필요한 근거 자료를 수집할 수 있을 것입니다. 물론 이때 자료 수집 및 활용에 대한 사전 학습이 필요합니다.

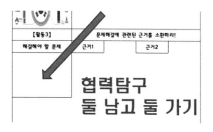

　모둠별로 최종 선택된 문제를 세 번째 활동에 옮겨서 붙인 후 제공된 근거 자료를 활용하여 토의를 통해 해결 방법을 찾도록 하였습니다. 「협력 탐구」는 학생들이 함께 주어진 문제를 해결하기 위해 탐구하는 활동입니다. 학생들은 어떻게 문제를 해결했을까요?

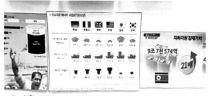

　이 모둠에서는 수입에 의존하는 우리나라 에너지 문제 해결을 위해 원유 매장량의 한계, 국가별 에너지 자립도, 북한의 지하자원 잠재 가치를 근거로 남북통일을 제안하였습니다. 총 6개의 모둠으로 나누어 활동했는데 북한과의 통일을 주장한 모둠은 두 개의 모둠이었습니다. 처음이 수업을 설계하고 근거 자료를 수집할 때 가장 고민했던 자료는 북한의 지하자원 잠재 가치였습니다. 워낙 눈에 띄는 자료여서 '우리나라 에너지와 관련된 문제를 해결하기 위해 모두 통일을 제안하지 않을까?'라는 생각이 들었거든요. 하지만 학생들은 의외로 다양한 각도에서 문제 해결을 위한 방안을 제안하였습니다. 학생들이 제안한 방안은 다음과 같습니다.

> "우리나라는 다른 나라에 비해 에너지 자립도가 매우 낮습니다.
> 에너지 자립도를 높이기 위해 기술 개발이 필요합니다."
> "석유와 같은 에너지 의존도를 낮추고 신재생 에너지 개발을 해야 합니다."

탐구 활동까지 마무리한 후 보통은 발표를 통해 서로의 의견을 공유합니다. 하지만 저는 이 수업에서 갤러리 워크를 계획하였기에 학생들이 좀 더 활발하게 의사소통할 수 있도록 했습니다. 「둘 남고 둘 가기」를 통해 두 명의 학습자는 다른 모둠의 활동 내용을 알아보고, 남겨진 두 명의 학습자는 다른 모둠 친구들에게 자신들이 정한 문제와 이를 해결하기 위한 방안을 설명했습니다. 무임승차자와 과제독점자를 방지하기 위해 이동 시 각자의 역할을 명확하게 해서 이동하는 학습자는 이동할 때마다 번갈아 가며 기록을 하고, 남겨진 학습자는 다른 모둠의 친구들에게 번갈아 가며 설명하도록 하였습니다. 「둘 남고 둘 가기」는 학생들이 좋아하는 협력 학습 기법입니다. 가만히 자리에 앉아서 활동하는 것보다 움직이며 활동하는 것을 좋아하더라고요. 저는 이 활동명을 「여행을 떠나요」라고 부릅니다. 이동하는 학습자를 여행자, 남겨진 학습자는 가이드라고 명명하여 활동하였습니다.

수업을 통해 성장하다

수업이 끝난 후 새롭게 알게 된 점, 궁금한 점, 소감 등을 붙임딱지에 적어 학습 로드맵에 붙입니다. 과연 학생들은 40분간의 수업을 통해 무엇을 배웠을까요?

우리나라가 신재 생에너지 보다 원자력 에너지를 더 많이생산해 놨어요

국내 생산량중 천연가스의 비율에 가장 적다는것을 알았습니다.

원그래프를 쓰면 문제점도 쉽게 찾을 수 있다는 것을 안았다.

그래프 하나로 여러 가지 를 예측할 수 있다는 게 신기 했다.

학생들은 모두 학습 목표에 도달했습니다. 물론 같은 시간, 같은 조건으로 수업에 참여한 학생들의 생각은 달랐습니다. 너무 당연한 것이지요. 학생들의 수준을 비교하기 위한 예가 아니고, 다름을 나타내는 예입니다.

첫 번째 "우리나라가 신재생 에너지보다 원자력 에너지를 더 많이 생산해서 놀랐다."라고 쓴 붙임딱지는 배움이 느린 학생이 쓴 것입니다. 자료의 숨겨진 사실보다 눈에 보이는 사실에 집중한 것을 알 수 있습니다. 이 학생도 학습 목표에는 도달했습니다. 교과서에는 대부분 눈에 보이는 사실을 찾아내는 활동이 대부분이므로 어쩌면 이 학생은 우수한 학생에 속합니다. 두 번째 "국내 생산량 중 천연가스의 비율이 가장 적다는 것을 알았습니다."라고 쓴 붙임딱지는 선행학습을 하지 않는 학생이 쓴 것입니다. 학교에서 배운 후 복습을 하는 학생입니다. 이 학생의 경우도 그래프의 사실적인 내용에 집중한 것을 알 수 있습니다.

세 번째 "원그래프를 쓰면 문제점도 쉽게 찾을 수 있다는 것을 알았다."라고 쓴 붙임딱지는 학원은 다니지 않지만, 가정에서 문제집을 선행으로 푸는 학생이 쓴 것입니다. 이미 문제집에서, 많은 문제를 풀어 봤습니다. 물론 교과서와 비슷한 다양한 난이도의 문제를 다루었지요. 학교에서는 집에서 문제를 풀며 발견할 수 없었던 사실을 발견하는 계기가 되었을 것입니다. 마지막 "그래프 하나로 여러 가지를 예측할 수 있다는 게 신기했다."라고 쓴 붙임딱지는 우리 반에서 수학을 가장 잘하고, 아주 오래전부터 선행 학습을 해 온 학생이 쓴 것입니다. 수업을 설계할 때 많이 고민하는 부분이 배움이 느린 학생과 선행 학습이 이미 되어 있는 학생들을 함께 가르쳐야 한다는 사실입니다. 선행 학습을 한 학생은 학교에서 배우는 내용이 별로 흥미롭지 않을 것입니다. 만약 수업 시간에 교과서를 설명하고, 교과서를 풀고, 수학 익힘책을 푸는 수업을 했다면 아마 5분 만에 다 끝내 놓고, 놀거나 다른 활동을 시도했겠지요. 배움이 느린 학생은 이해하기 위해 충분한 시간이 필요합니다. 물론 친절한 설명도요. 배움이 빠른 학생도 학교에서 배우는 게 있어야 합니다.

원래 붙임딱지에는 하나의 내용만 쓰도록 지도했었습니다. 하지만 마지막 학생은 수업이 끝나고 연필로, 작은 글씨를 추가했습니다.

"이제는 뉴스에서 나오는 그래프가 다르게 보일 것 같다."

저는 모든 학생들이 이렇게 세상을 보게 되는 경험을 하게 해 주고 싶었습니다.

"그래프로 세상을 볼 수 있어!"

모든 학생들이 위와 같은 생각을 하지 못했지만 어쩌면 마음속에는 작은 씨앗이 싹트게 되었을지 모른다는 기대를 해 봅니다. 학생들은 수업 후 서로가 쓴 내용을 확인합니다. 이 과정에서도 서로에게 무엇인가를 배울 수 있지 않을까요?

또한 제가 설명하지 않아도 자신들이 그래프를 보고 탐구 문제를 설정해 문제를 해결하였기에 자연스럽게 그래프가 생활에서 어떻게 활용될 수 있는지 알 수 있었을 것입니다.

수업 후 학생들에게 심화 영상을 제공하였습니다. 거꾸로 수업에서 모두 심화 영상을 제공하지는 않습니다. 하지만 그래프를 이용해서 요즘 문제가 되는 급식 시간 잔반 문제를 개선하고 싶었습니다. 심화 영상 학습은 필수가 아니고 선택이기는 하지만 심화 영상을 보고 의견을 낸 학생들에게는 보상을 하여 긍정적 강화를 하였습니다. 보통 70% 정도의 학생이 심화 영상을 보고 디딤공책을 제출합니다.

심화 영상은 음식물 쓰레기 발생량 및 구성과 연간 발생량 그리고 1인당 발생량을 국가별로 비교한 그래프를 가지고 제작하였습니다. 마지막에 굶주림에 힘들어하는 아프리카 아이들의 사진을 담아 학생들이 점심시간에 음식을 남기지 않고 생활하기를 바랐습니다.

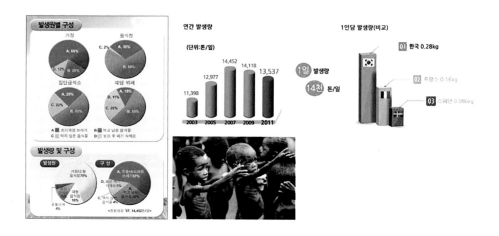

학생들이 달라졌을까요? 짧은 영상으로 확실하게 달라진다면 얼마나 좋을까요? 그렇지는 않았습니다. 하지만 급식실 가기 전에 긴 잔소리를 하지 않고 심화 영상 내용을 상기시켜 주었습니다.

수학, 모두가 기여하는 협력 놀이로
공부해 보자!

곽 교사의 수업 고민

하나, 어렵고 헷갈리는 시각과 시간, 어떻게 하면 쉽고 명확하게 알 수 있을까?

　2학년 학생들이 수학 시간에 어려워하고 헷갈리는 내용 중 하나가 바로 시각과 시간입니다. 우선 시계를 보고 시각을 읽는 방법부터, 분, 시간, 오전, 오후, 하루 등 익혀야 할 용어와 학습 내용 자체가 많습니다. 또한, 시각과 시간을 구하는 문제의 경우 이전에 배운 덧셈과 뺄셈의 응용이 필요하다 보니 기본 연산 능력이 부족한 학생들이 무척 어려워하고 헷갈리는 것이죠.

　'어떻게 하면 2학년 학생들이 시각과 시간을 쉽고 명확하게 알게 할 수 있을까요?'

둘, 어떻게 하면 수학에서 진정한 협력 학습이 가능할까?

　학생 협력 중심 수업은 모든 교과 수업에서 요구되는 기본 과업으로 자리잡았습니다. 그러나 다른 교과에 비해 유독 수학 수업만큼은 학생 참여와 협력 중심 수업을 진행하기가 어렵게 느껴졌습니다. 수학과 수학 익힘의 문제의 양 자체가 많다 보니, 진도 나가고 학생들 각자 문제 풀기에도 바빴기 때문입니다. 또한, 수학이 학생들의 수준차가 가장 큰 과목이다 보니 짝이나 모둠을 별도로 구성하는 것 자체가 까다롭고, 구성하더라도 배움이 느린 학생들도 협력적 문제 해결 과정에 기여하도록 하는 것이 쉽지 않았습니다. 그러다 보니 진정한 의미의 협력이라기보다는 수학을 잘하는 학생이 잘 못하는 학생을 일방적으로 가르쳐 주는 조력 수준에 그치게 되는 점이 늘 고민이었습니다.

'어떻게 하면 수학 수업에서 모두가 도움을 주고받는 진정한 협력 학습이 가능할까요?'

곽 교사의 수업 아이디어

하나, 교구와 놀이를 통해 직관적으로 쉽게 이해해 보자

시각과 시간을 어려워하고 헷갈리는 학생들을 위해 첫 번째로 떠올린 것은 교구의 활용입니다. 교육심리학자인 피아제(piaget)가 제시한 발달 단계에 따르면 초등학생들은 구체적 조작기에 해당합니다. 눈에 보이는 구체적인 물건이나 형상을 통해 문제를 이해하고 해결할 수 있는 시기죠. 수학과에서도 구체물 → 반구체물 → 추상물의 점진적인 순서로 수학 내용을 가르치도록 되어 있습니다. 그렇다면 시각과 시간 단원에서 필요한 구체물은 무엇일까요?

당연히 시계입니다. 그래서 학습 준비물실에 있는 모형 시계를 학생 수만큼 가져와 단원 내내 활용하였습니다. 심지어 수학 익힘 숙제를 낼 때도 모형 시계를 집에 가져가도록 했습니다. 물론 교실에도 시계가 있고 교과서에도 반구체물의 형태로 시계 그림이나 시간 띠가 제시되어 있긴 합니다. 그러나 학생들이 직접 바늘을 돌리는 구체적 조작을 충분히 경험하려면 모형 시계가 가장 효과적인 교구라 할 수 있습니다.

두 번째는 놀이입니다. 교과서의 시각과 시간 문제의 경우 설명을 위해 글과 그림, 표 등이 함께 제시되다 보니 문제를 이해하고 해석하는 것조차도 쉽지가 않습니다. 예를 들어 출발 시각과 도착 시각을 그림으로 주고 걸린 시간을 구하거나, 여행 일정표를 보고 여행하는 데 걸린 시간을 구하는 문제가 있는데요.

문제를 이해하고 해석하는 것 자체도 쉽지 않고 그림이나 표의 정보를 수로 나타내어 식을 세우고 계산하는 과정도 복잡합니다. 그러다 보니 배움이 느린 학생들에게 시각과 시간 단원은 다른 단원보다 더 어렵게 느껴질 수 있습니다.

그래서 저는 교과서의 문제 풀이 대신 실제적인 놀이를 통해 시각과 시간을 반복적으로 구하는 경험을 제공해야겠다고 생각했습니다. 생활 속에서 겪을 법한 실제적인 상황을 설정하여 놀이에 몰입하도록 하는 것이죠.

이처럼 교구(모형 시계)를 활용함과 동시에 실제적인 놀이를 통해 문제 해결 과정에서 직관적으로 쉽게 시각과 시간을 구해 보는 경험을 제공하고자 하였습니다.

둘, 역할의 세분화와 순환을 통해 협력 학습의 문제를 해결하자

협력 학습을 수업에 적용하는 과정에서 많은 교사들이 부딪치는 현실적인 문제가 있습니다. 바로 무임승차자와 독불장군의 발생입니다. 자신의 할 일은 제대로 하지 않고 다른 이들의 노력에 묻어가려는 무임승차자. 다른 이들의 의견을 존중하지 않고 자신이 모든 것을 주도하려는 독불장군. 이런 문제는 왜 생기는 걸까요?

개별 활동이나 전체 활동 대신 짝 활동이나 모둠 활동을 하면 자연스럽게 협력학습이 이루어진다고 생각하는 경우가 있습니다. 그러나 단순히 학습의 형태만 짝이나 모둠으로 구성하고 학생들에게 알아서 협력하라고 하는 것은 무리입니다. 무임승차자나 독불장군은 대학교 조별 과제에서도 심심치 않게 볼 수 있는 문제인데, 초등학생들에게 알아서 협력하라는 것은 지나친 기대입니다. 특히 수준 차가 큰 수학에서는 더더욱 배움이 느린 학생들이 무임승차자가 되고, 이미 선행 학습을 한 학생들이 독불장군이 되기가 쉽죠.

이러한 협력 학습의 문제를 해결할 수 있는 좋은 방법이 역할의 세분화와 순환입니다. 역할의 세분화를 통해 모든 학생들이 각자 자기 자신의 고유한 역할을 맡도록 하면 무임승차자와 독불장군의 발생을 막을 수 있는 한편, 배움이 느린 학생들도 문제 해결 과정에 기여하도록 할 수 있습니다. 아울러 하나의 역할만을 수행하는 것이 아니라 문제 해결 과정에서 역할을 순환시키면 각 학생이 다양한 역할을 모두 수행하며 성취 기준에 도달하도록 하는 데 효과적입니다.

단, 이때의 세분화된 역할이란 일반적인 모둠 활동 과정에서 맡는 이끎이, 기록이, 지킴이, 나눔이 등의 역할뿐 아니라, 특정한 놀이 활동에서 문제 해결에 요구되는 역할을 포괄합니다.

수업 워밍업, 무엇을 준비할까?

하나, 교과 통합을 통해 실제적인 놀이를 구상하자

시각과 시간을 실제적인 놀이를 통해 학습하도록 하려면 학생들의 경험과 관련된 생활 속의 문제를 가져와야 합니다. 물론 평소 실생활에서 직접 경험하는 문제면 가장 좋지만, 그게 어렵다면 학습을 통해 이미 알고 있는 상황, 생활 속에서 경험할 법할 문제를 설정할 수 있습니다.

저는 타 교과와의 통합을 통해 실제적인 놀이를 구상하였는데요. 국어, 수학, 통합 교과, 안전한 생활 등 4개뿐인 2학년 교과 중에서도 놀이의 요소가 많은 통합 교과와 연결 지으면 좋겠다고 생각하였습니다. 그렇게 두 교과의 지도서를 펴 보니 2학년 2학기 4단원의 시각과 시간의 학습 시기와 통합 교과의 겨울 단원 '1. 두근두근 세계 여행'의 학습 시기가 겹치더군요.

'여행과 시간!' 시각과 시간을 학습하는 실제적인 놀이를 구상하기에 정말 잘 어울리는 두 가지 주제를 찾은 것이죠. 그래서 곧장 놀이 주제와 성취 기준에 근거한 문제 해결 목표를 바탕으로 수업을 대략적으로 구상하였습니다.

놀이의 주제
세계 여러 나라로 시간 여행을 떠나자

성취 기준
수학: [2수03-02] 시계를 보고 시각을 '몇 시 몇 분'까지 읽을 수 있다. [2수03-03] 1시간은 60분임을 알고, 시간을 '시간', '분'으로 표현할 수 있다. 통합: [2슬07-03] 내가 알고 싶은 나라를 조사하여 발표한다.

문제 해결의 목표
수학: 여행을 하며 출발 시각과 걸린 시간, 도착 시각을 모형 시계와 일정표로 나타낼 수 있다. 통합: 세계 여러 나라의 인사말을 주고받을 수 있다.

둘, 수학 협력 학습의 출발, 멘토·멘티 제도를 활용하자

제가 학년 초 첫 번째 수학 수업에서 진도 나가기에 앞서 가장 먼저 하는 일은 멘토·멘티 제도에 대해 안내하는 일입니다. 개별 수준 차가 가장 큰 교과인 수학에서 학생들이 협력 학습에 익숙해지도록 하기 위해서이죠. 멘토와 멘티의 뜻, 멘토·멘티 학습이 어떤 점

◎ 멘토) 내가 수학에 자신 있어서 다른 친구를 도와주며 가르침의 성장을 느끼고 싶은 사람
◎ 멘티) 내가 수학에 자신 없어서 다른 친구의 도움을 받으며 배움의 성장을 느끼고 싶은 사람
- 멘토멘티로 연결 되면, 수학 시간마다 옆자리에 앉아 함께 학습합니다.
- 멘토멘티로 성실하게 협력하면, 학기말 작은 선물을 증정합니다.
- 멘토멘티 연결은 아래 표의 적는 순서와 관계 없습니다.

순번	멘토 지원(도움 주는 사람)	멘티 지원(도움 받는 사람)
1		
2		
3		
4		
5		
6		
7		
8		
9		
10		

에서 효과적인지 알려 준 뒤, 앞으로 1년 동안 수학 시간에는 멘토·멘티 제도를 활용하여 협력 학습을 할 것임을 안내합니다.

이렇게 멘토·멘티에 대해 학생들이 어느 정도 이해했으면 멘토와 멘티 역할을 자발적으로 지원받습니다. 이때 설문조사를 통해 학기 초 진단 평가 결과를 참고하여 자신의 수학 수준을 평가하도록 하면 학생들이 보다 객관적으로 자신의 역할을 선택하도록 할 수 있습니다. 물론 더 많은 학생들이 멘토·멘티에 자

발적으로 참여하도록 유인책도 제공합니다. '수학 시간마다 옆자리에 앉아서 공부할 수 있다.', '1학기 동안 열심히 공부하면 선물이 있다.' 등이죠.

지원을 받은 뒤에는 멘토·멘티 매칭 작업을 진행하는데요. 먼저 원하는 멘토를 멘티에게 지원받아 연결하고, 한 명의 멘토를 희망하는 멘티가 여럿인 경우 멘토가 멘티를 선택하게 합니다. 다만 이 과정에서 멘토, 멘티에게 선택받지 못해 상처받는 일이 생기지 않도록 공개적으로 진행하지 않고 교사가 쪽지를 받아 진행하는 방법도 있습니다.

멘토·멘티 구성이 완료되면 수학 시간마다 멘토·멘티 자리로 둘씩 짝지어 앉게 합니다. 수학 익힘 숙제를 채점할 때에도, 진도를 나갈 때에도, 문제를 풀 때에도 언제든 서로 도움을 주고받을 수 있게끔 말이죠. 그렇다고 일방적으로 도움을 주고받는 관계는 아닙니다. 멘토 역시 멘티에게 설명해 주는 과정에서 수학적 의사소통 능력을 기를 수 있고 짝 놀이의 경우 멘티도 자신의 역할을 수행하며 협력 학습 과정에 기여합니다.

셋, 「둘 가고 둘 남기」를 통해 다양한 역할 수행에 익숙해지기

멘토·멘티 학습을 통해 짝 단위에서의 협력 학습에 익숙해지게 한 뒤에는, 모둠 단위에서의 협력 학습에 익숙해지게 할 차례입니다. 역할을 세분화하여 각 모둠원이 자신의 역할에 책임감을 갖고 적극적으로 참여하되, 역할을 순환하여 다양한 역할을 고루 맡아 볼 수 있도록 하는 것이죠. 이때 배움이 느린 학생도 문제 해결에 기여할 수 있도록 하는 효과적인 방법이 바로 「둘 가고 둘 남기」입니다.

「둘 가고 둘 남기」란 4인 기준 모둠 활동 시 두 명은 모둠 안에 남아 다른 모둠에서 온 학생들과 협력하고, 나머지 두 명은 다른 모둠으로 이동하여 협력 학습하는 방법입니다. 이와 비슷한 「하나 남고 셋 가기」와 결정적으로 다른 점은 두 명씩 짝지어 역할을 수행한다는 점입니다. 수학처럼 개별 수준 차가 큰 과목의 경우, 배움이 느린 학생이 혼자 역할을 맡게 되었을 때, 역할을 제대로 이해하지 못하거나 문제를 해결하는 밥법을 몰라 당황하거나 어려워할 수 있습니다. 따라서 두 명씩 짝지어 함께 역할을 맡으면 문제 해결 과정에서 협력하며 자신의 역할을 다할 수 있습니다. 앞에서 언급한 대로 평소 계속해서 협력한 멘토·멘티가 같이 수행하면 더욱이 그렇겠죠.

본 수업의 '시간 여행' 놀이에 적용하면 두 명은 여행자가 되어 다른 나라로 여행을 떠나고, 두 명은 가이드가 되어 여행자들을 안내하는 역할을 하게 되죠. 다만 둘씩 역할을 수행하는 과정에서 멘티도 문제 해결에 기여할 수 있도록 역할을 세분화할 필요가 있습니다. 예를 들어 여행자인 경우 한 명이 시각과 시간을 모형 시계로 나타내면 다른 한 명은 여행 일정표에 수로 적는 것이죠. 안내자인 경우에도 한 명은 말로 안내하고 다른 한 명은 일정표를 잘 작성하였는지 확인하는 역할을 수행하게 합니다. 이렇게 「둘 가고 둘 남기」를 활용하되 두 명의 역할도 세분화하면, 학생 한 명 한 명이 모두 문제 해결 과정에 기여하는 경험을 할 수 있습니다.

둘 가고(여행자 팀)

둘 남기(가이드 팀)

수업 훑어보기

대상		2학년 2학기
관련 교과 및 단원		수학 4. 시각과 시간
성취 기준		[2수03-02] 시계를 보고 시각을 '몇 시 몇 분'까지 읽을 수 있다. [2수03-03] 1시간은 60분임을 알고, 시간을 '시간', '분'으로 표현할 수 있다.
학습 목표		시간 여행 놀이를 하며 여행의 경과를 시간과 시각으로 나타내고 읽을 수 있다.
수업 준비하기		◆ 수학과 - 모형 시계를 이용하여 시각 나타내고 읽기 - 시간의 경과 모형 시계와 띠종이로 나타내기 ◆ 통합과 - 모둠별로 대륙 및 나라 정하여 인사말 조사하기 - 조사한 인사말 넣어 '세계의 아침 인사' 노래 부르기
수업 개요	들어 가기	◆ 진구와 뿌까의 손 인형극을 통해 문제 상황 확인하기 - 진구를 공항으로 마중 나가기 위해 도착 시각을 알아야 하는 문제 상황 확인하기 - 출발 시각과 비행시간을 알 때 도착 시각을 구하는 방법 생각해 보기
	펼치기	◆ 역할 나누어 여행 일정표 완성하기 - 모형 시계를 이용하여 진구의 도착 시각 구하기 - 출발 시각과 비행시간 정보를 바탕으로 진구의 날짜별 여행 일정표 완성하기 ◆ 세계 여러 나라로 시간 여행 떠나기 - 가이드와 여행자 팀으로 나누어 여행하는 방법 확인 - 여행자 팀은 출발 시각을 정해 나라를 방문하여 비행시간을 듣고 도착 시각을 모 형 시계로 나타내기 - 가이드 팀은 여행자들에게 나라의 인사말을 알려 주고 비행시간 안내하기 - 두 나라 방문 후, 여행자 팀과 가이드 팀 역할 바꾸어 나머지 두 나라 방문하기
	나가기	◆ 시간 여행 소감 돌아가며 말하기 - 세계 여러 나라로 시간 여행을 하며 알게 된 점, 느낀 점, 궁금한 점 등을 돌아가며 말하기

수업 자세히 들여다보기

Chapter 1. 도착 시각을 구해야 하는 문제 상황 확인하기

　이번 수업에서 저는 '문제 해결 학습 모형'을 적용하였습니다. 삶에서 경험할 수 있는 시각과 시간 관련한 실제적인 문제를 수학적으로 해결하는 데 중점을 둔 수업이기 때문이죠. 이러한 문제 해결 학습에서 우선적으로 요구되는 것은 문제 상황을 이해하고 문제 해결의 필요성을 느끼며 문제의 조건을 확인하는 과정입니다. 따라서 동기 유발 단계에서는 손 인형극을 통해 '세계 여러 나라로의 시간 여행'이라는 수업 주제와 맞닿아 있는 실제적인 문제 상황을 다음과 같이 제시하였습니다.

> **〈진구와 뿌까의 전화 통화〉 손 인형극 대본**
>
> **교사:** 아시아 여행을 떠나는 진구가 첫 여행지인 중국으로 출발합니다. 출발 전에 중국에서
> 　　　여행 가이드를 해 주기로 한 뿌까와 전화 통화를 하였는데요.
>
> **진구:** 뿌까야! 나 오전 8시에 한국에서 출발해. 한국에서 중국까지 얼마나 걸리지?
>
> **뿌까:** 아, 정말? 음…, 한국에서 중국까지 비행시간이 1시간 30분이야.
>
> **진구:** 그럼 나 중국 도착 시각에 맞춰서 공항으로 나와 주라. 이따 봐!
>
> **뿌까:** 난처하네. 오전 8시에 출발하는데 비행시간은 1시간 30분이라…. 그럼 언제까지 공항에
> 　　　나가야 하지?

　수학 교과서에서는 시간의 경과를 학습하는 과정에서 출발 시각과 도착 시각

을 주고 걸린 시간을 구하라는 문제가 많이 나옵니다. 띠종이를 활용하여 걸린 시간을 나타내 본 뒤, 도착 시각에서 출발 시각을 빼서 걸린 시간을 구하게 되는데요. 이러한 문제 유형은 모형 시계를 활용하는 것보다 뺄셈으로 구하는 것이 편하기에 구체적 조작을 경

험하기가 어렵습니다. 그래서 저는 학생들이 모형 시계를 통한 구체적 조작이 쉽도록 문제의 유형을 바꾸어, 출발 시각과 걸린 시간을 조건으로 주고 도착 시각을 구해야 하는 문제 상황을 제시하였습니다.

Chapter 2. 역할 나누어 여행 일정표 완성하기

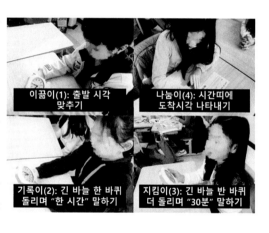

앞서 이번 수업에서 지향하는 '진정한 협력 학습'을 위해 역할의 세분화와 순환을 강조하였는데요. 활동 1에서는 기존 모둠의 역할인 '이끔이, 기록이, 지킴이, 나눔이'에게 도입의 문제 해결을 위한 역할을 나눠서 제시하고 모둠원 모두가 그 역할을 다하여 협력해야만 문제가 해결되도록 하였습니다.

이렇게 역할을 세분화하여 도입의 문제를 해결했으면 이번에는 역할을 순환하여 다른 역할들도 맡아 볼 수 있도록 해야겠죠. 그래서 첫 번째 여행지인 중국에서 이어지는 진구의 나머지 여행 일정표를 완성할 때 역할을 바꾸어 진행하여 각각의 모둠원이 여러 역할을 골고루 수행하게 하였습니다. 이를 통해 무

임승차나 과제 독점자의 발생을 막고 모두가 협력 학습에 기여할 수 있게 되었습니다. 무엇보다 이번 수업의 주제인 시간 여행 과정에서의 문제 해결 방법을 모형 시계를 활용한 구체적 조작을 통해 익힐 수 있었습니다.

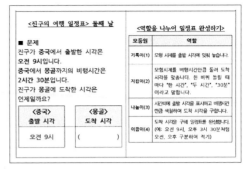

Chapter 3. 역할을 나누어 시간 여행을 함께 해요

동기 유발과 활동 1에서는 진구의 여행 일정표를 작성하며 출발 시각과 걸린 시간이라는 정보를 바탕으로 도착 시각을 구하는 방법을 익혀 보았습니다. 이제는 이번 수업의 핵심 활동인 세계 여러 나라로의 시간 여행 놀이를 통해 진구가 아닌 우리들만의 여행 일정표를 만들어 갈 차례입니다.

놀이 수업을 할 때, 특히 그 대상이 1, 2학년 같은 저학년 학생들일 때 무엇보다 중요한 것은 놀이의 규칙과 절차를 안내하고 이해시키는 일입니다. 아무리 교사가 재미있고 유익한 놀이를 구상했을지라도 학생들이 규칙과 절차를 제대로 이해하지 못한다면 놀이가 원활히 진행될 수 없겠죠. 그래서 저는 학생들이 놀이를 쉽게 이해할 수 있도록 수업 전에 몇몇 학생들의 도움을 받아 놀이 안내 영상을 별도로 제작하였습니다. 당연하게도 학생들에게는 교사의 말이나 화면에 적힌 글보다도 친구들이 나와 놀이 장면을 실제로 보여 주는 영상이 훨씬 이해하기 쉽기 때문입니다.

영상을 통해 놀이의 규칙과 절차를 이해했으면, 이제 네 명의 모둠원이 여행 가이드와 여행자 역할로 둘씩 짝을 짓습니다. 그리고 「둘 가고 둘 남기」를 통해 여행자 팀은 다른 나라로 이동, 가이드 팀은 모둠에 남아 다른 나라에서 온 여행자들을 맞이합니다.

<여행자 팀>
출발 시각 함께 정하기

시계: 출발 시각으로 맞추기
여행 일정표: 출발 시각 적기

첫 번째 나라 방문하기

방문한 나라 인사말 나누기

    두 명으로 이루어진 각 팀 안에서도 두 명이 상호 협력할 수 있도록 세부적인 역할을 부여합니다. 여행자 팀의 경우 한 명은 모형 시계를 조작하는 역할, 다른 한 명은 출발 시각과 도착 시각 등을 여행 일정표에 기록하는 역할을 맡습니다. 가이드 팀의 경우 한 명은 모형 시계를 비행시간만큼 돌려 도착 시각을 잘 구하는지, 다른 한 명은 일정표에 오전과 오후를 구분하여 도착 시각을 잘 적는지 확인하는 역할을 각각 맡습니다. 물론 둘이서 함께 수행해야 하는 역할도 있습니다. 여행자 팀에서는 출발 시각을 정하고 방문 나라를 정하는 것을 함께 정하고, 가이드 팀에서는 인사말과 비행시간을 함께 안내합니다. 또한, 각자의 역할이 나누어져 있다 하더라도 언제든 서로 도움을 주고받을 수 있도록 하여 수학에 자신감이 부족한 멘티 학생들도 멘토의 도움을 받아 자신의 역할을 해낼 수 있도록 합니다.

    앞에서도 언급했듯 진정한 협력 학습을 위해서는 역할의 세분화와 함께 역할의 순환도 이루어져야 합니다. 다양한 역할을 골고루 수행해야 학생 한 명 한 명이 학습 목표에 도달할 수 있기 때문이죠. 그래서 저는 각 학생들이 모든 역할을 골고루 맡도록 놀이를 진행하는 동안 지속적으로 역할을 순환하였습니다. 첫 번째 나라 방문 후 두 번째 나라를 방문할 때에는 여행자와 가이드 팀 안에서 역할을 바꿉니다. 또한, 두 나라를 방문한 후에는 아예 여행자와 가이드 팀을 바꾸어 나머지 두 나라를 방문하도록 하였죠. 이를 통해 4인 5모둠 기준으로 자기 나라(모둠)을 제외한 나머지 4개국(모둠)을 여행하는 동안 크게 여행자와 가이드로서의 역할, 세부적으로 네 가지 역할을 모두 한 번씩 맡게 수행할 수 있게 됩니다.

모둠원/역할	여정 1	여정 2	여정 3	여정 4
모둠원 A	여행자 (시계 조작)	여행자 (일정표 작성)	가이드 (시계 조작 맞는지 확인)	가이드 (일정표 작성 맞는지 확인)

Chapter 4. 세계 여행을 통해 시각과 시간을 익혀요

역할의 세분화와 순환을 통해 협력 학습의 기반을 잘 닦아 놓았다면, 이제 수업의 학습 목표인 시각과 시간을 잘 익히도록 해야겠죠. 앞서 언급했듯 저는 학생들이 어렵고 헷갈리는 시각과 시간을 쉽고 명확하게 알 수 있게끔 교구와 놀이를 적극 활용 하였습니다. 여행자 역할일 때는 출발 시각을 정한 뒤 나라를 방문하여 가이드가 안내해 주는 비행시간을 듣고, 그 시간만큼 모형 시계를 돌려 도착 시각을 구하도록 합니다. 이때 학생들이 헷갈리지 않도록 모형 시계를 돌리면서 시간의 경과만큼 말해 보도록 하면 좋습니다. 반 바퀴를 돌릴 때에는 "30분", 한 바퀴를 돌릴 때에는 "1시간" 이런 식으로 말이죠. 비행시간이 2시간 30분이라면 두 바퀴 반만큼 모형 시계를 돌리는 동안 "1시간, 2시간, 30분, 2시간 30분" 이렇게 시곗바늘을 돌린 만큼 말하면 헷갈리지 않고 명확하게 도착 시각을 구할 수 있습니다.

한편, 학습 목표 도달을 위해 세계 여행 놀이 과정에서 선택과 집중을 하기도 했는데요. 사실 실제 세계 여행이라 하면 나라 간 시차가 존재하여 시각과 시간을 구하는 것이 더 어렵고 복잡할 수밖에 없습니다. 하지만 대상은 고작 2학년 학생들입니다. 또한, 이번 수업의 목표는 시간의 경과를 나타내는 데 있죠. 따라서 저는 여행 과정에서 시차 부분은 과감히 생략하였습니다. 그리고 관광이나 숙박 같은 다른 여행 요소를 빼고, 비행시간만큼 모형 시계를 조작하여 도착 시각을 구하는 것을 집중적으로 반복할 수 있도록 했죠. 이러면 '여행이라는 실제성이 약해지는 것 아닌가?'라는 생각이 드실 수도 있을 텐데요. 대신 통합 교과와 연계하여 여행 과정에서 각 나라의 인사말을 배워 주고받기, 여행 일정표를 잘 작성하면 세계 지도가 그려진 활동지에 스티커 받기 등의 활동 요소를 넣어 학생들이 시간 여행 놀이에 즐겁게 몰입할 수 있도록 하였습니다.

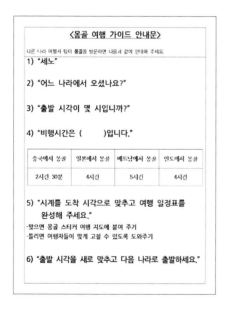

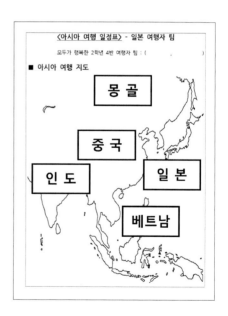

Chapter 5. 놀이를 배움으로 연결하는 과정 중심 평가와 피드백

놀이 수업을 할 때 주의해야 할 점은 학습 목표라는 목적과 놀이라는 수단이 전도되어서는 안 된다는 것입니다. 학생들이 놀이에 즐겁게 참여하더라도 정작 그 과정에서 배움이 제대로 일어나지 않는다면 결코 좋은 수업이라고 할 수 없을 것입니다. 따라서 놀이를 활용한 이 수업에서 과정 중심 평가를 통해 학습자의 성취 수준을 평가하고 맞춤형 피드백을 제공하는 것이 매우 중요하죠. 이번 수업의 평가 기준은 다음과 같습니다.

관련 성취 기준	[2수03-02] 시계를 보고 시각을 '몇 시 몇 분'까지 읽을 수 있다. [2수03-03] 1시간은 60분임을 알고, 시간을 '시간', '분'으로 표현할 수 있다.			
평가 과제	시간 여행 놀이를 하며 여행의 경과를 시간과 시각으로 나타내고 읽기			
평가 요소	채점 기준			
여행 시간과 시각 나타내고 읽기	평가 척도	3	2	1
	척도별 수행 특성	여행의 경과를 시간과 시각으로 정확하게 나타내고 유창하게 읽을 수 있다.	여행 시간과 시각을 모형 시계와 일정표로 나타내고 읽을 수 있다.	여행 시간과 시각을 둘 중 하나의 방법으로 나타낼 수 있다.

구체적으로 여행 과정에서 출발 시각을 모형 시계로 나타내기, 비행시간만큼 시곗바늘을 맞게 돌려 도착 시각을 구하기, 일정표 작성하기, 이 과정에서 시간과 시각을 소리 내어 읽기 등을 관찰 평가와 산출물 평가를 통해 각각 평가하게 됩니다. 이때 활동 1과 2에서 모둠원들의 역할을 세분화하고 순환하도록 한 것이 크게 도움이 되었는데요. 역할을 수행하는 장면 하나하나가 곧 각각의 평가 요소가 되기 때문입니다. 그래서 학생이 어떤 역할을 수행할 때 어려워하는지 알면 곧 어떤 평가 요소에 도달하지 못했는가를 판단하기가 쉽습니다. 예를 들

어 A 학생이 활동 1 진구의 여행 일정표 완성하기에서 비행시간만큼 시곗바늘을 돌리는 것을 헷갈린다면 그 학생은 긴 시곗바늘이 반 바퀴 돌면 30분, 한 바퀴 돌면 1시간임을 제대로 이해하지 못했음을 의미합니다. 그럼 긴 바늘이 반 바퀴 돌 때마다 "30분, 1시간, 1시간 30분" 이렇게 읽도록 필요한 피드백만 분명하게 전달할 수 있습니다.

그러나 한 명의 교사가 스무 명 남짓의 학생들을 동시에 평가할 수 없는 현실적 제약이 여전히 존재합니다. 따라서 학생들 서로서로 동료 교사의 역할을 수행하도록 할 필요가 있습니다. 활동 1의 모둠 활동에서는 한 명의 모둠원이 제대로 역할을 수행하지 못하면 모둠 활동 결과 자체가 잘못 나오므로, 나머지 모둠원들이 맞게 수행했는지 확인하고 도움을 제공하는 역할을 해 줍니다. 활동 2의 시간 여행 놀이 과정에서는 1차로 모형 시계를 담당하는 짝과 일정표를 담당하는 짝이 교차 검토를 하고 2차로 여행자들이 시각과 시간의 경과를 잘 나타냈는지를 여행 가이드들이 확인해 주는 것이죠. 이러한 동료 평가를 통해 교사 중심 평가의 사각지대를 줄일 수 있게 되고, 즐거운 놀이 안에서 의미 있는 배움이 일어날 수 있게 됩니다.

수업을 통해 성장하다

세계 여러 나라로의 시간 여행 놀이가 끝이 나고 수업의 마무리 단계에서 돌아가며 말하기를 했습니다. 모형 마이크를 들고 여행 과정에서 알게 된 점, 느낀 점, 궁금한 점 등을 자유롭게 이야기하였죠. 비록 실제 여행이 아닌 교실에서 이루어진 놀이 활동이었지만, 학생들은 마치 진짜 세계 여행을 막 다녀온 것처럼 벅차 있었고 들떠 있었습니다. 방문 나라별 출발 시각과 비행시간, 도착 시각이 빼곡히 적혀 있는 여행 일정표와 각 나라에서 받은 스티커가 곳곳에 붙어 있는 세계 지도는 게임에서 얻어 낸 아이템마냥 학생들에게 성취감으로 와 닿았습니다.

> "내가 스스로 여행할 나라와 출발 시각을 정할 수 있어 좋았어요."
> "수학이 늘 어렵고 따분했는데 놀면서 공부하니 쉽고 재밌었어요"
> "다른 나라들의 인사말을 주고받으니 진짜 여행한 기분이에요."
> "친구랑 같이 여행하고 같이 가이드를 해서 든든했어요."

학생들 한 명 한 명의 수업 소감을 들으며 교과서와 문제 풀이 대신 교구와 놀이를 활용하길, 역할을 나누어 모든 학생들이 문제 해결에 기여하도록 하길 참 잘했다는 생각이 들었습니다. 수업을 준비하며 들인 노력과 정성이 학생들의 배움과 협력 나아가 성장으로 결실을 맺을 수 있었다는 생각에, 다시금 교사의 가장 큰 본분은 수업에 있음을 느꼈습니다.

수학 수업!
아이들이 진짜 어려워하는 게 뭐지?

심 교사의 수업 고민

하나, 수를 아는 아이들? 수를 암기하는 아이들!

"1, 2, 3, 4, 5, 6……. 100, 101, 102, 103……."

이미 100이 넘는 수를 셀 수 있는 아이들이 초등학교에 입학합니다. 이런 아이들과 함께하는 첫 수학 수업은 〈9까지의 수〉입니다. 자신 있게 수를 읊어 대는 아이들에게 1, 2, 3, 4, 5를 가르치려니 민망하기도 합니다. 현실적으로 선행학습이 많은 수학 시간에 흔히 겪는 장면입니다. 아이들이 다 아는 내용이니 진도를 빨리 나가는 게 낫다는 선생님도 있습니다. 그런데 가르치다 보면 때로는 아이들이 수를 아는 게 아니라 노랫말처럼 외우고 있다는 생각이 듭니다. 수학 성취 기준에는 '100까지의 **수 개념을 이해하고**, 수를 세고 읽고 쓸 수 있어야 한다.'고 적혀 있습니다. 아이들이 수를 세고 읽고 쓸 줄은 아는 것 같은데 수 개념을 이해하고 있는지는 잘 모르겠습니다.

'어떻게 하면 수 개념을 길러 줄 수 있을까요?'

둘, 사각지대를 놓친 수학 교과서

"교과서 문제 양이 너무 부족해요."
"별도의 학습지를 뽑아 풀게 해야 해요."

과연 수학 교과서가 놓친 것이 문제의 양일까요? 만약 그렇다면 학습지를 더 만들어 제공하는 것으로 손쉽게 문제를 해결할 수 있습니다. 하지만 진짜 놓친 것은 따로 있습니다. 바로 '학습의 사각지대'를 드러내지 못하고 있다는 것입니다. 수학 교과서를 살펴보아도 아이들이 진짜 어려워하는 것, 자주 걸려 넘어지는 걸림돌이 무엇인지 찾기 어렵습니다. 아이들이 어려워하는 부분은 더 촘촘하고 친절하게 제시해야 하는데 대부분의 내용이 비슷한 분량과 형식으로 제시되어 있습니다. 그렇기 때문에 교사의 교육 과정 문해력, 수업 전문성이 더 요구됩니다. 아이들에게 걸림돌을 알려 주고 그것을 넘는 방법을 가르치는 수업을 설계하는 일은 교사의 교육 과정 문해력, 수업 전문성에 달려 있기 때문입니다.

'아이들의 가려운 곳을 긁어 주는 수학 수업이 되어야 합니다!'

심 교사의 수업 아이디어

하나, 수 감각 깨우기

수는 일상생활에서 꼭 필요하며 수학 학습의 기초가 됩니다. '수와 연산'을 다루는 단원은 수학의 여러 영역 중에서도 가장 비중이 높습니다. 초등 1학년에 입학해서 가장 먼저 배우는 단원 역시 '9까지의 수'입니다.

아이들은 입학 전 가정과 사회에서 비형식적이고 직관적인 방법으로 수를 배워옵니다. 자신의 나이, 물건의 개수, 건물의 층수 등 수를 사용하여 말하는 것이 어느 정도 익숙합니다. 그러나 각각의 아이들이 가진 수의 개념, 순서 등의 기초적 지식은 천차만별입니다. 수 감각이 부족한 아이들에게 이어 세기, 묶어 세기 등의 수 세기와 연산은 어려움으로 다가옵니다.

수 감각은 눈으로 보이지 않습니다. 그러나 수 감각이 부족한 아이와 수 감각이 좋은 아이의 차이는 명확합니다. 수 감각이 좋은 아이는 일상생활에서의 셈하기 활동을 잘할 뿐만 아니라 연산 문제를 빠르고 정확하게 해결합니다. 저학년 때는 다루는 수가 작아 이 차이가 작게 느껴집니다. 그러나 다루는 수가 급격히 커지고 연산 과정이 복잡해지는 고학년이 되면 수학을 쉽게 포기하는 아이들이 늘어납니다.

9에서 10, 10에서 9처럼 자릿값이 바뀌는 수 세기에서 자주 실수하는 아이, 2+7, 6+3과 같은 기초 연산을 매번 처음 하는 것처럼 계산하는 아이, 받아 올림, 받아 내림이 있는 연산에서 자릿값을 헷갈려하는 아이. 모두 수 감각이 부족한 경우라고 볼 수 있습니다. **충분한 연습량도 중요하지만 '반복'에만 초점을 맞춘다면 아이들의 수학 학습은 기계적인 수준에 머무를 것입니다.** 수 감각을 깨우는 활동이 필요한 이유입니다.

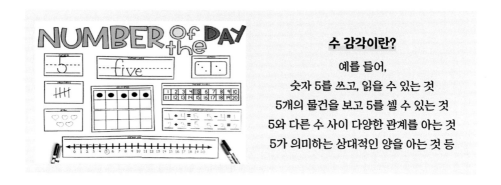

수 감각이란?

예를 들어,
숫자 5를 쓰고, 읽을 수 있는 것
5개의 물건을 보고 5를 셀 수 있는 것
5와 다른 수 사이 다양한 관계를 아는 것
5가 의미하는 상대적인 양을 아는 것 등

둘, 다양한 방법으로 수를 가지고 놀기

1학년 아이들은 구체적 조작기에 해당합니다. 말 그대로 구체적인 대상을 조작하며 배우는 시기입니다. 한편, 수학이라는 교과는 구체적 조작기인 아이들이 이해하기 힘든 추상적인 개념(수, 자릿값 등)이 자주 등장합니다. 이 때문에 **구체물을 활용한 놀이 활동과 실생활에의 적용 등을 통해 추상적인 수학 개념을 구체적으로 이해하도록 해야 합니다.**

수를 가지고 노는 방법은 다양합니다. 수 구슬, 연결 큐브, 수 카드 등의 교구를 활용할 수도 있고, 수학 동화를 읽고 이야기를 나눠 보는 것도 가능합니다. 신체 활동을 통해서도 수학적 개념을 익힐 수 있습니다. 다만, '흥미'가 아닌 '수학 개념 이해'라는 목적을 분명히 하기 위해서는 놀이 재료(교구, 동화책 등)를 선별해서 활용해야 합니다. 예를 들어, 모으기와 가르기 수업에서는 붙어 있는 수 막대보다는 1씩 떼어 쓸 수 있는 연결 큐브가 적당합니다. 또한 놀이 방법은 단순하지만 수학 개념을 자연스럽게 익힐 수 있도록 설계하는 것이 좋습니다. 긴 설명을 대신하여 제가 아이들과 했던 수학 놀이 몇 가지를 소개하겠습니다.

수 감각을 자극하는 수학 놀이

수 알아맞히기 놀이
준비물 : 수판

놀이 순서

1. 학생 한 명이 나와 귓속말로 50까지의 수 중 하나를 말한다.
2. 나머지 학생들은 □보다 큰가요(작은가요) 질문으로 수를 알아맞힌다.
3. 5번의 질문으로 수를 맞히면 반 전체 성공!

[1학년 1학기] 5. 50까지의 수 [1학년 2학기] 1. 100까지의 수

주사위 덧셈 놀이
준비물 : 고무 주사위, 화이트 보드 또는 연습장

놀이 순서

1. 짝과 순서를 정하고 고무 주사위를 던진다.
2. 짝과 나의 수를 더한다.

[1학년 2학기] 2. 덧셈과 뺄셈(2)

바둑판 놀이 (보수 놀이)
준비물 : 10 보수판, 마커(빨강, 파랑), 칠판 지우개

놀이 순서

1. 짝 1번: 10 보수판에 자기가 칠하고 싶은 만큼 바둑돌을 마커로 칠하고 수를 적는다.
2. 짝 2번: 나머지를 마커로 칠하고 수를 적는다.
3. 다함께: '무엇이 무엇이 100이 될까' 노래를 부른다.

[1학년 1학기] 3. 덧셈과 뺄셈

판 뒤집기 놀이
준비물 : 뒤집기 판

놀이 순서

1. 처음 판의 개수를 함께 센다. (빨간색/파란색 각각)
2. 판 뒤집기 놀이 시작!
3. 놀이가 끝난 후, 판의 개수를 다시 센다. (각각)

[1학년 1학기] 5. 50까지의 수

스피드 줄서기 놀이
준비물 : 숫자 카드

놀이 순서

1. 학생들은 숫자 카드를 무작위로 받는다.
2. 학생들은 숫자 카드에 적힌 순서대로 줄을 선다.
3. 교사는 타이머로 학생들이 줄 서는 시간을 잰다.
4. 줄이 완성된 후, 학생들은 자기가 몇 번째인지 큰 소리로 말한다.

[1학년 1학기] 1. 9까지의 수 / 5. 50까지의 수

수 비교하기 놀이
준비물 : 숫자 카드

놀이 순서

1. 모둠원이 하나, 둘, 셋을 외친 후 함께 숫자 카드를 낸다.
2. 가장 큰 수 (작은 수)를 재빨리 말하는 학생이 모든 숫자 카드를 가져간다.

[1학년 1학기] 1. 9까지의 수 / 5. 50까지의 수

큰 수 (작은 수) 놀이

준비물 : 숫자 카드

놀이 순서

1. 한 사람이 큰 소리로 숫자를 말한다.
2. '1 큰 수 놀이'면 앞 사람이 말한 수보다 1 큰 수를 숫자 카드 또는 구체물로 표현한다.

[1학년 1학기] 1. 9까지의 수 / 5. 50까지의 수
[1학년 2학기] 1. 100까지의 수

보물 찾기 놀이

준비물 : 붙임 딱지 또는 재활용 종이

놀이 순서

1. 작은 종이에 덧셈(뺄셈) 문제를 1개 적는다.
2. 종이를 접어 교실 곳곳에 숨긴다.
3. 교사가 시작을 외치면, 학생들은 교실에서 보물(문제 종이)를 찾는다.
4. 1개의 보물(문제 종이)를 찾으면 풀어서 교사에게 가져온다.
5. 맞히는 개수가 점수가 된다.
*선생님 역할을 하는 학생을 정할 수 있다.
*한 번에 1개의 보물(문제 종이)만 찾을 수 있다.

[1학년 1학기] 3. 덧셈과 뺄셈 [1학년 2학기] 2. 덧셈과 뺄셈(2)

아이들은 간단한 재료와 방법을 활용한 놀이를 통해 수 사이의 관계를 이해하는 수 감각을 기를 수 있고 수와 연산 영역의 문제 상황에 친숙해질 수 있습니다.

수업 워밍업, 무엇을 준비할까?

하나, 구조화된 수업 설계가 필요하다

이 수업은 수학 개념(십의 자릿값, 위치적 기수법 등)을 도입하는 차시입니다. 자릿값은 수 개념과 사칙 연산의 토대가 되기 때문에 자릿값 개념을 이해하지 못하는 경우 수학 학습 부진으로 이어지기 쉽습니다. 어른에게는 너무 당연한 약속인 자릿값, 십진법은 사실 저학년 아이들이 이해하기 어려운 개념입니다. **추상적인 개념을 구체적으로 시각화하기 위해 구조화된 수업 설계가 중요했습니다.**

수업을 구조화하기 위해 활동뿐만 아니라 칠판 판서, 학습지, 교사의 발문도 고민했습니다. 예를 들어, 판서의 경우 칠판에 표를 그려 십의 자리와 일의 자리를 구분하였습니다. 표 안에는 숫자(기호)뿐만 아니라 숫자가 나타내는 구체물 모델을 제시하여 **수-숫자-구체물의 연결**을 강화하였습니다. 결과적으로 10이라는 수가 9보다 1 큰 수이면서 10개씩 묶음 1개와 낱개 0개로 이뤄진 수라는 개념을 시각적으로 전달할 수 있었습니다. 학습지와 발문에 대한 설명은 이어지는 〈수업 자세히 들여다보기〉에서 안내하겠습니다.

묶음 칸	낱개 칸	
0	9	10은 9보다 1 큰 수입니다.
1	0	10은 10개씩 묶음 1개와 낱개 0개를 의미합니다.

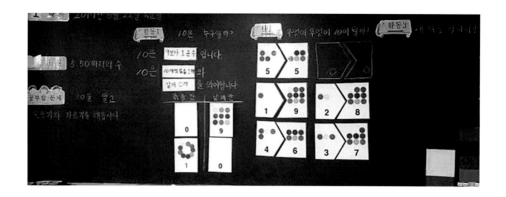

둘, 수학 동화를 똑똑하게 활용하자

　스토리텔링은 수학 교과에 대한 흥미를 유발하기 위한 하나의 방안으로 이용되고 있습니다. 이러한 취지에는 동의하지만 수학 교과서의 이야기가 아이들의 수학적 호기심을 충족시키거나 수학 개념을 이해시키기에 부족하다고 느끼곤 합니다. 때로는 스토리텔링을 억지로 끼워 맞춘 것 같은 단원도 있습니다. 어떤 교사들은 아이들의 흥미를 끄는 캐릭터나 이야기를 활용해서 스토리텔링 PPT를 제작하여 수학 시간에 활용하곤 합니다. 그런데 자료를 제작하는 수고에 비해 효과가 적었다고 말합니다. 아이들의 흥미를 끄는 데는 도움이 되지만 때로는 주객이 전도되어 수학 내용이 아닌 캐릭터만 기억하는 경우도 많았기 때문입니다.

　모든 수학 시간, 모든 주제에 이야기가 필요한 것은 아닙니다. 어려운 개념을 쉽게 설명할 수 있거나 우리 생활과 밀접한 개념을 설명할 수 있을 때, 교사의 수업 의도를 전달할 수 있는 내용이거나 수학적 의사소통을 충분히 할 수 있는 내용일 때 이야기를 활용한다면 내용과 흥미라는 두 마리 토끼를 잡을 수 있습니다.

　저는 십의 자릿값과 위치적 기수법을 쉽게 받아들일 수 있도록 〈뭐든지 세어 주는 수 세기 박사〉라는 동화책을 읽어 주었습니다. 이 책은 뭐든지 세어 주는 수 세기 박사가 '9보다 1 많은 수'를 뭐라고 부를지 고민하며 시작됩니다. 그러던 중 손가락을 보고 '9보다 1 많은 수'를 '손'이라고 부르기로 정합니다. '9보다 1 많은 수'를 '손'이라고 부르자 여러 문제가 생깁니다. 큰 수를 말할 때 '손과 손과 손과 손…'처럼 복잡해진다는 것, 몸의 손을 말하는 건지 개수를 세는 손을 말하는 건지 헷갈린다는 것이었습니다. 수학적 의사소통이 필요한 순간입니다. 아이들에게 책을 끝까지 읽어 주지 않고 중간에 이야기를 덮습니다. 그리고 문제를 어떻게 해결하면 좋을지 질문합니다. 비록 아이들은 손이 아닌 '10'이라는 정답을 잘 알고 있습니다. **중요한 것은 답을 아느냐 모르느냐보다 수학적 의사소통을 하며 십진법이 만들어진 과정을 간접 경험 해 보는 것**입니다.

EBS '수학이 야호' 프로그램의 〈배추 장수 무 장수 이야기〉도 10개씩 묶어 세기의 필요성을 알려 주는 데 큰 도움이 되었습니다. 아이들은 손님들이 많은 양을 주문할 때마다 1씩 세는 무 장수를 보며 답답해합니다. 답답한 무 장수의 가게는 손님이 점점 줄고, 10씩 묶어 세는 영리한 배추 장수의 가게는 손님이 넘쳐납니다. 영문을 모르는 무 장수를 향해 교실 이곳저곳에서 "그게 아니라! 10씩 묶어서 팔아야지!"라고 말하는 소리가 들려옵니다. 이야기를 통해 자연스럽게 자릿값의 원리와 묶어 세기의 편리함을 느끼게 된 것입니다.

셋, 수업 시간 5분을 활용하자

〈아이디어 레시피〉를 통해 수 감각 깨우기의 중요성을 말씀드렸습니다. 수 감각은 타고나는 것이지만 연습을 통해 길러지는 것이기도 합니다. 앞으로의 수학 성취를 예측하는 가장 강력한 예측 인자가 수 감각이기 때문에 수 감각을 키우는 활동은 꼭 필요합니다. 교과서에서도 수 감각 향상을 위한 과제들을 찾을 수 있지만 그 비중이 적어 보다 명시적인 지도가 필요하다고 느낍니다. **저는 매 수학 시간 5분을 할애해 아이들과 〈수 감각 깨우기〉 활동을 하였습**

니다. 직관적 수 세기로도 불리는 직산, 수 추측하기, 수 비교하기, 역연산 익히기, 거꾸로 수 세기 등입니다.

직산 활동- 점 카드

직산 활동을 위해서는 **점 카드**가 필요합니다. 무작위로 배열되어 있는 점의 개수를 보고 1, 2, 3, 4, 5, 6, 7이 아닌 즉시 7이라고 세는 것이 직산입니다. 직산 후에는 반드시 왜 그렇게 생각했는지를 질문합니다. 어떤 아이는 위에 점 4개, 아래에 점 3개, 또 다른 아이는 왼쪽에서 점 1개, 오른쪽에 점 6개니까 7이라고 말합니다. 간혹 어떤 아이는 10칸에서 3칸이 비어 있으니까 7이라고 말하기도 합니다. 직산 활동을 통해 7이라는 수가 다른 수와 맺는 다양한 관계를 접할 수 있습니다.

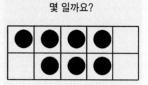

몇 일까요?

수 추측하기- 수판

수 추측하기는 한 아이가 마음속으로 수를 정하고, 다른 아이는 질문을 통해 수를 추측하는 활동입니다. '□보다 작아/커?'라는 질문을 사용하는데 질문에 대한 답을 시각적으로 표시하고 기억하기 위해 **수판**을 이용합니다. 수판을 출력해 코팅한 후 보드 마커로 표시하면 반영구적으로 사용이 가능합니다. 처음에는 교사가 시범을 보이고, 교사의 역할을 학생이 받아 전체 활동으로 진행한 뒤 모두가 익숙해지면 짝 활동으로 전환합니다.

0	1	2	3	4	5	6	7	8	9
10	11	12	13	14	15	16	17	18	19
20	21	22	23	24	25	26	27	28	29
30	31	32	33	34	35	36	37	38	39
40	41	42	43	44	45	46	47	48	49
50	51	52	53	54	55	56	57	58	59
60	61	62	63	64	65	66	67	68	69
70	71	72	73	74	75	76	77	78	79
80	81	82	83	84	85	86	87	88	89
90	91	92	93	94	95	96	97	98	99

수 비교하기 - 숫자 카드

수 비교하기는 모둠 활동으로 진행하기 좋습니다. **숫자 카드**를 안 보이게 뒤집어 놓고 한 개씩 가져갑니다. 하나, 둘, 셋 하면 카드를 열어 보이고 가장 큰 수, 혹은 가장 작은 수를 가진 친구가 모든 카드를 가져가는 활동입니다.

수업 훑어보기

대상	1학년 1학기
관련 교과 및 단원	수학/5. 50까지의 수
성취 기준	[2수01-01] 100까지의 수 개념을 이해하고, 수를 세고 읽고 쓸 수 있다. [2수01-04] 하나의 수를 두 수로 분해하고 두 수를 하나의 수로 합성하는 활동을 통하여 수 감각을 기른다.
학습 목표	10을 알고, 모으기와 가르기를 할 수 있다.
수업 준비하기	◈ 9까지의 수 복습하기 - 9까지의 수 직산하기 - 9까지의 수 세기, 모으기와 가르기 복습하기 ◈ 50까지의 수가 필요한 상황 이해하기 - 10의 필요성 느끼기

수업 개요	들어가기	◈ 학습 분위기 조성하기 - 9까지의 수 직산하기 - 생활 속 다양한 수 살펴보기
	펼치기	◈ 신체 활동(10 묶기 놀이)을 통해 10의 의미 알기 - 9까지의 수와 10 넘는 수 비교, 대조하기 - 10의 개념 알기 ◈ 짝과 수판을 가지고 10의 보수 이해하기 - 10을 '9보다 1 큰 수' 외에도 다양하게 표현해 보기 ◈ <반갑다 친구야> 놀이하며 10의 짝꿍 수 찾기 - 연결 큐브 활동을 통해 10이 '10씩 1묶음'인 것을 이해하기
	나가기	◈ 성찰하기 - 물레방아 발표(돌아가며 말하기)로 배운 내용 정리하기 - 협력 학습 돌아보고 친구 칭찬하기

수업 자세히 들여다보기

1학년 수학에서 수를 다루는 단원은 〈9까지의 수〉, 〈50까지의 수〉, 〈100까지의 수〉입니다. 그중에서도 〈50까지의 수〉는 〈9까지의 수〉와 〈100까지의 수〉 개념의 기초와 중간 다리 역할을 합니다. 한 자릿수에서 두 자릿수로 확장된 50까지의 수를 다룰 때 위치적 기수법의 기초 개념이 형성되기 때문입니다. 따라서 이 단원에서 가장 핵심이 되는 차시는 '9 다음 수'인 10을 알아보는 차시입니다. 그런데 10을 모르는 아이는 거의 없습니다. 손가락 10개, 발가락 10개, 계란 10개 등 10은 실생활에서 자주 접하는 수이기 때문입니다. 그러나 **10은 친숙도와는 별개로 9까지의 수와는 본질적으로 다른 수입니다.** 이전의 수가 하나의 숫자로만 표현된 것과 달리 10은 1과 0 두 숫자로 이루어져 있습니다. 아이들은 1과 0 두 숫자로 이루어진 10이라는 수에 내포된 의미를 충분히 이해하지 못합니다. 10을 십 또는 열이라고 읽는다는 것, 9보다 1 큰 수라는 것을 아는 정도입니다. 이 수업에서는 10의 개념을 보다 다양하게 접할 수 있게 하였습니다. 신체 활동과 놀이를 통해서 말이죠.

Chapter 1. 신체 활동을 통해 10의 개념 알기

활동 1은 1학년 학생들의 사고 수준이 구체적 조작기에 있는 것을 고려하여 추상적인 정의 대신 구체적인 활동을 통해 10의 개념을 제시하고자 했습니다. 〈10씩 묶기 놀이〉의 방법은 다음과 같습니다.

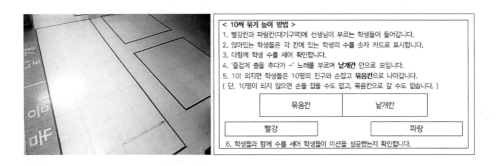

10씩 묶기 놀이를 하기 전에 2씩 묶기, 5씩 묶기 등을 먼저 해 보며 놀이의 방법에 익숙해지도록 합니다. 10씩 묶기 활동을 할 때 의도적으로 낱개 칸에 9명의 학생이 들어가도록 하고, 질문을 던집니다. '묶음 칸에는 몇 묶음이 있나요?(하나도 없습니다.)', '낱개 칸에는 몇 명이 있나요?(9명입니다.)', '묶음 칸으로 가려면 몇 명이 더 필요한가요?(1명이 더 필요합니다.)' 몇 가지 질문을 통해 **10이 '9보다 1큰 수'라는 개념**을 배우게 됩니다. 이번에는 낱개 칸에 10명이 들어간 후, 10을 외치면 묶음 칸에 들어가 손을 잡습니다. 이번에도 질문을 합니다. '묶음 칸에는 몇 묶음이 있나요?(1 묶음이 있습니다.)', '낱개 칸에는 몇 명이 있나요?(아무도 없습니다.)', '아무것도 없다는 것을 숫자 몇으로 나타낼 수 있나요?(0입니다.)', '다시 한번 1과 0은 무얼 의미하나요?(1은 묶음 1개, 0은 아무것도 없다는 것을 의미합니다.)' 이처럼 묶음과 낱개, 0의 개념을 다루는 질문을 통해 **10은 '10개씩 묶음 1개와 낱개 0개'라는 것**을 알

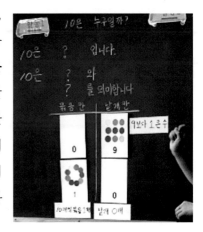

게 됩니다. 수학 교과서에는 '10은 9보다 1만큼 더 큰 수'라는 개념만 제시되었는데 신체 활동을 통해 10이 단순히 숫자 1과 0의 나열이 아닌 '10개씩 묶음 1개, 낱개 0개'라는 개념까지 확장할 수 있었습니다.

Chapter 2. 짝 활동으로 10의 보수 알기

10의 개념을 약속한 후 짝 활동을 하며 10을 만드는 두 수를 알아봅니다. 짝마다 하나의 학습지와 빨간색, 파란색 보드 마커를 나누어 줍니다. 학습지에는 5개의 수판(계란판 모형)이 그려져 있습니다. 수판은 수의 배열에 대한 규칙성을 촉진하고 수의 묶음 인식을 발달하게 합니다. 또한 자릿값을 이해하게 하는 데 가장 효율적인 모델 중 하나로 평가받고 있습니다. 수판은 그 자체가 10이라는 수로 해석될 수도 있지만 안과 밖에 점을 어떻게 그리냐에 따라 한 자릿수나 두 자릿수를 다양한 방법으로 표현하는 수단으로 이용되기도 합니다.

준비물을 모두 받은 뒤, 아이들은 짝과 순서를 정합니다. 한 아이가 먼저 자기가 원하는 개수의 점을 그립니다. 다른 아이는 남은 칸에 점을 채워 넣습니다. 자신이 그려 넣은 점의 개수를 세 모으기 판에 표시합니다. 아이들은 점의 개수와 숫자를 표시하며 자연스레 수량과 숫자를 연결지어 생각하게 됩니다. 이것은 수의 양감을 내면화하는 데 도움이 됩니다.

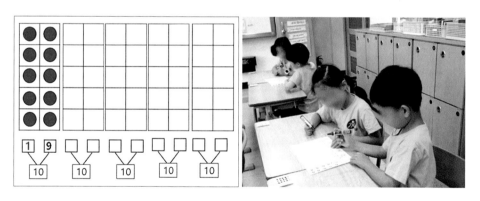

짝 활동을 모두 마친 뒤, 전체 앞에서 발표합니다. '1과 9가 만나 10이 됩니다.'라고 발표한다면 교사는 칠판에 1과 9를 붙입니다. 다른 아이들의 발표를 통해 1과 9의 순서를 바꾼 9와 1 역시 10이 됨을 확인합니다. 아이들의 발표를 통해 1과 9(9와 1), 2와 8(8과 2), 3과 7(7과 3), 4와 6(6과 4), 5와 5가 10을 만드는 짝꿍 수임을 알게 됩니다. '9보다 1 큰 수'뿐만 아니라 '8보다 2 큰 수', '5와 5를 모은 수' 등으로 10의 개념을 설명할 수 있게 되었습니다.

어떤 팀에서는 먼저 그린 아이가 10칸을 모두 채워 나머지 아이가 아무것도 그리지 못하게 되었습니다. 이 팀에서 "선생님, 저희는 10과 0을 찾았어요."라고 발표한 덕분에 붙임자료가 없던 10과 0까지 칠판에 그려 주었습니다. 아이들은 교사가 알려 주지 않았지만 자신들의 활동 결과를 통해 10과 0(0과 10)도 10이 되는 것을 알 수 있었습니다. 10이 되는 짝꿍 수를 모두 찾은 뒤 교사가 전체 학생에게 '무엇이 무엇이 똑같을까? 동요를 개사해 '무엇이 무엇이 10이 될까?'라고 질문합니다. 학생들은 '1과 9, 9와 1(이) 10이 돼요.'라고 노래로 답하며 활동을 마무리합니다.

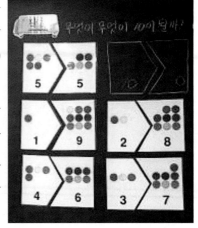

Chapter 3. 놀이로 10의 보수 익히기

활동 2에서 10의 보수를 알게 되었지만 보다 익숙하게 적용하기 위해서는 연습이 필요합니다. 마지막 활동을 통해 학생들은 **연결 큐브 10개를 두 개의 수로 분해하는 경험, 두 수를 다시 합성하여 10을 만드는 경험을 합니다.** 수를 합성하고 분해하는 경험을 통해 수 감각이 길러지며, 추후 이것은 덧셈과 뺄셈의 기초가 됩니다. 10의 보수를 아는 지식을 통해 받아 올림과 받아 내림이 있는 덧셈과 뺄셈을 빠르고 정확하게 할 수 있습니다.

저는 연결 큐브로 10을 만드는 놀이의 이름을 〈반갑다 친구야〉라고 정했습니다. 연결 큐브는 수의 크기와 양이 비례하는 모델입니다. 연결 큐브는 쉽게 떼고 연결할 수 있기 때문에 자릿값(묶음과 낱개 개념)과 다양한 세기 전략 지도에 효과적입니다. 아이들은 각자 연결 큐브 10개씩 1묶음을 받습니다. 자기가 원하는 두 수로 10을 분해한 후에 하나의 조각을 들고 돌아다니며 10이 되는 수, 되지 않는 수를 가진 친구를 만납니다. 여러 수 중에 나와 짝꿍이 되는 수를 판단해 보는 경험을 통해 10의 보수 개념을 확실히 익힐 수 있습니다. 내 것과 친구의 것을 모아 10을 만든 아이는 자리에 앉습니다.

반갑다 친구야

<놀이 순서>

1. 10을 몇과 몇으로 가르기 한다.
2. 친구를 만나 가위바위보를 한다.
3. 진 친구는 이긴 친구에게 자신이 가진 수를 말한다.
4. 이긴 친구는 자기와 만나 10이 되는 친구에게
   (반갑다 친구야)라고 인사한다.
5. 자기와 만나 10이 될 수 없는 친구에게는
   (처음 뵙겠습니다)라고 인사한다.
6. 10을 만든 사람은 자리에 앉는다.

10을 만든 아이들이 하나둘 자리에 앉습니다. 일찌감치 친구에게 연결 큐브를 다 주어 자리에 앉게 된 아이가 있다면 남은 시간을 고려해 교사가 큐브 몇 개를 더 주기도 합니다. 주어진 시간이 다 되면 10을 만든 아이들에게 '10을 어떻게 만들었는지' 묻습니다. 시간이 부족해서 10을 만들지 못한 아이들에게도 '10을 만들기 위해 몇이 필요한지'를 물어 수업에 참여시킵니다.

Chapter 4. 수업을 의미 있게 만드는 평가와 피드백

> **※ 과정 중심 평가 과정**
> 1. 과정 평가 1 (교사 관찰 평가): 【활동 1】 신체 활동(10 묶기 놀이)
>   - 10이 되었을 때, 친구와 손을 잡고 묶음 칸으로 갈 수 있는가?
> 2. 과정 평가 2 (교사 관찰 평가): 【활동 2】 짝 활동-생각 나누기, 발표
>   - 짝과 수판을 가지고 10의 보수를 다양하게 찾을 수 있는가?
> 3. 과정 평가 3 (학생 상호 평가): 【활동 3】 신체 활동(반갑다 친구야), 발표
>   - 10을 분해한 후, 짝꿍 수를 찾아 합성할 수 있는가?
> 4. 과정 평가 4 (교사 관찰 평가): 【정리】 돌아가며 말하기
>   - 10의 개념을 1가지 이상 설명할 수 있는가?

평가를 위해 성취 기준과 학습 목표를 다시 한번 살펴보겠습니다.

성취 기준	[2수01-01] 100까지의 수 개념을 이해하고, 수를 세고 읽고 쓸 수 있다. [2수01-04] 하나의 수를 두 수로 분해하고 두 수를 하나의 수로 합성하는 활동을 통하여 수 감각을 기른다.
학습 목표	10을 알고, 모으기와 가르기를 할 수 있다.

이 수업에서 파악해야 하는 학생의 변화는 '10의 개념을 1가지 이상 알고 있는가?', '10을 가르고, 모을 수 있는가?'입니다. 수업의 대부분이 아이들의 신체 활동, 놀이로 이루어져 있다 보니, **활동 자체로 끝나지 않도록 중간중간 활동의 결과를 갈무리하는 시간이 필요합니다.** 열심히 활동에 참여하는 것이 학생의 몫이라면, 활동과 학습 내용을 의미 있게 연결할 수 있도록 안내하는 것은 교사의 몫이기 때문입니다.

활동 1에서는 아이들이 묶음의 개념을 이해했는지 확인해야 합니다. 9 이하의 수는 묶음이 아닌 낱개로 표현되고 10은 10씩 1개의 묶음이 된다를 아는지는 '손을 잡는지', '묶음 칸으로 이동하는지'를 보면 알 수 있습니다. 몸을 자유롭게 움직일 수 있다는 것 자체에 몰두한 아이들은 '손을 잡고', '묶음 칸으로 이동하는 것'이 수학적으로 어떤 의미인지 알지 못합니다. 활동을 갈무리할 수 있는

시각 자료와 구조적인 판서를 통해 10의 개념을 명시적으로 지도하는 것이 중요합니다.

활동 2에서는 짝과 협력을 통해 10의 보수를 다양하게 찾을 수 있는지를 확인해야 합니다. 짝이 5개를 그렸는데, 나머지 5개가 아닌 자기가 그리고 싶은 만큼만 그리는 학생은 10의 보수 개념을 이해하지 못한 것입니다. 이런 학생에게는 짝과 내가 그린 점이 10개가 되어야 한다는 것을 다시 안내합니다. 때로는 보수를 다양하게 찾지 못하는 경우도 있습니다. 첫 번째 시도에서 3, 7을 찾았다면 다음번에는 3과 7 말고 다른 수만큼 점을 그려 보도록 하여 최대한 다양한 10의 보수를 찾도록 하는 것이 좋습니다.

활동 3에서는 10을 두 수로 분해할 수 있는지, 보수를 찾아 10으로 합성할 수 있는지를 확인합니다. 10의 보수 개념을 잘 이해한 학생은 분해하는 단계에서부터 몇을 찾아야 할지 알고 출발합니다. 10의 보수 개념을 잘 이해하지 못한 학생은 친구가 몇을 가지고 있다고 해도 '반갑다 친구야'라고 할지, '처음 뵙겠습니다'라고 할지 판단하지 못합니다. 이런 학생에게는 10개씩 1묶음인 연결 큐브와 자기가 가진 연결 큐브 조각을 비교해 보기, 칠판에 붙어 있는 시각 자료를 참고하기 등의 피드백을 제공할 수 있습니다.

마지막으로 정리 단계에서는 「돌아가며 말하기」(물레방아 발표)를 통해 오늘 배운 내용을 이해했는지 확인할 수 있습니다. 돌아가며 말하기는 모든 학생에게 발표의 기회를 제공한다는 점에서 유용하지만 가장 처음에 발표하는 학생이 어떤 내용을 말하느냐에 따라 나머지 학생들의 발표 수준까지 결정된다는 특징이 있습니다. 수업의 목표에 따라 수업 소감을 말하게 할지, 수업 내용을 정리하게 할지를 미리 안내하는 것이 좋습니다. 특히 1학년 학생들에게 내용적인 부분을 발표하게 하려면 '말하기 틀(10은 □이다, 10은 □씩 1개의 묶음과 낱개 □개이다. □와 □을 모으면 10이다)'을 제공하거나 선생님도 발표 1인이 되어 의도적으로 모범적인 예시를 보여 주는 것이 좋습니다.

수업을 통해 성장하다

수업자는 수업을 통해 학생들이 성장했으면 하는 구체적인 목표를 가지고 있어야 합니다. 구체적인 목표를 세우기 위해서는 학생들의 출발점과 목표까지 예상되는 장애물을 알고 있어야 합니다. 저는 학생들이 10을 읽고 쓸 수는 있지만 10의 수 개념을 충분히 알지 못한다고 생각했습니다. 다수의 학생들이 자릿값이 바뀌는 덧셈과 뺄셈에서 어려움을 겪는 것을 보았기 때문이죠. 저는 이 수업을 통해 학생들이 '수를 기계적으로 읽고 쓰는 학생'에서 '10의 개념을 다양하게 알고 수를 다루는 학생'이 되었으면 했습니다. 10을 9 다음 수로만 아는 학생보다 10은 '9보다 1 큰 수, 10개씩 1묶음이고 낱개가 0개인 수, □와 ○을 모은 수'와 같이 다양한 개념으로 이해한 학생이 수학과 친해질 것이라고 생각했기 때문입니다.

교사가 가르치지 않아도 자연스럽게 수 개념을 깨닫는 학생도 있지만 그렇지 않은 학생도 많습니다. 학생들이 어려워하는 것을 쉽게 만들기 위해 명시적인 지도가 필요했습니다. 10의 다양한 수 개념을 이해하고, 10을 가르고 모을 수 있도록 계획한 활동들에 아이들은 즐겁게 참여하였습니다. 그러나 모든 활동을 마무리하며 평가하는 〈정리 단계〉에서 대다수의 아이들이 내용이 아닌 소감 위주로 발표하는 바람에 수 개념이 내면화되었는지 평가하기 쉽지 않았습니다.

이후 아쉬움과 찝찝함을 날려 버리는 계기가 있었습니다. 10의 개념을 적용할 수 있는 다음 차시의 수업들을 통해서 말이죠. 아이들이 지난 수업에서 말로 표현하지 않았지만 10에 대해 다양한 개념들을 익혔다는 것을 발견했습니다.

아이들은 십몇을 10씩 1묶음과 낱개로 표현하는 과제, 10개씩 묶어 세는 과제를 쉽게 해결하였습니다. 또 몇십몇에서 1 큰 수와 1 작은 수뿐만 아니라 10 큰 수와 10 작은 수까지도 찾았습니다. 다시 한번 수학은 알고리즘이 아닌 감각, 암기가 아닌 응용을 통해 접근해야 한다는 것을 느끼게 되었습니다.

2부

지루하지 않은
국어 수업 이야기

'쓰기'와 '읽기' 수업,
협력 수업으로 풀어내다

유 교사의 수업 고민

하나, 글쓰기를 어려워하는 아이들

글쓰기 시간은 조용합니다. 아이들이 글을 쓰는 활동에 몰두하느라 생긴 조용함이라기보단 무엇을 써야 할지 모르고 먼 허공을 바라보는 정적이지요.

이내 이 정적은 깨지고 하나둘 아이들이 묻습니다.

"선생님! 몇 줄 써야 돼요?"

써야 하는 글의 종류와 구조도 고려하지 않은 채, 아이들에게는 글쓰기란 주어진 줄 수를 채워야 하는 과제일 뿐입니다. 그리고 또다시 글쓰기 시간을 맞이하면 공포의 정적을 다 함께 맞이하게 되는 것이지요. 이렇듯 아이들은 글쓰기를 어려워하고 재미없어합니다.

'어떻게 하면 아이들이 글쓰기 활동에 즐거움을 갖고 글을 잘 쓸 수 있게 할 수 있을까요?'

둘, 긴 글을 쉽게 읽을 수 없을까?

"선생님! 글씨가 많아지면 무슨 내용인지 이해하기 어려워요."

"선생님! 이 책에는 그림이 많이 나와 있지 않아요. 그림이 많이 없는 것을 보니 어려운 책인 것 같아요."

요즘 아이들은 긴 글보다는 짧은 자막, 책보다는 영상에 익숙합니다. 그리고 시시각각 변하는 복잡하고 긴 정보를 AI가 보기 쉽게 해시태그(#)로 요약하여 주기도 합니다.

이러한 환경 속에서 자연스레 아이들은 긴 글을 멀리하게 된 것이지요.

'어떻게 하면 아이들이 긴 글 읽기를 가까이하고, 어렵게만 느끼는 긴 글을 쉽게 읽을 수 있도록 할 수 있을까요?'

유 교사의 수업 아이디어

하나, 교육 과정 재구성으로 읽고 쓰는 기초 능력 쌓아 가기

6학년 1학기 국어 2단원에는 글을 읽고 간추리는 방법에 대해 알아보는 내용이 나옵니다. 6학년 아이들은 진도상 3월 둘째 주부터 셋째 주까지 일주일 동안 배운 내용을 토대로 앞으로 교과서에 나오는 수많은 기나긴 글들을 읽고 요약해야 하는 것이지요. 아이들이 1년 동안 마주할 글 양들은 어마어마합니다. 긴 글 읽기를 매우 꺼려하는 우리 아이들은 점차 학습에 흥미를 잃을지도 모릅니다. 특히 배움이 느린 아이들에게는 재미없는 6학년 학습 시간이 더욱 빨리 찾아올 것 같습니다.

이러한 염려로 저는 학기 초에 큰 결심을 해 보았습니다. 바로, 다음과 같이 국어과 교과 안에서 교육 과정 재구성을 하기로 말입니다.

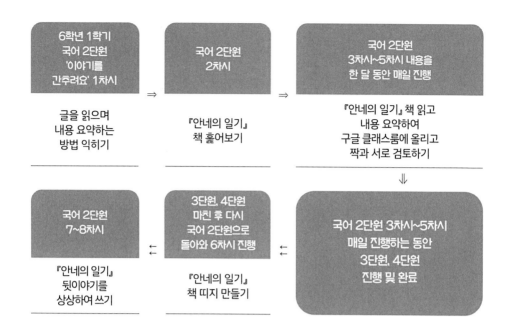

위와 같이 단원 내, 단원 간 교육 과정 재구성을 통해 읽고 쓰는 기초 능력을 장기적인 기간 동안 좀 더 반복적으로 다루고자 하였습니다.

둘, 협력적 프로젝트 학습으로 모두 참여하며 읽고 쓰는 능력을 향상시켜 보기

6학년 학생들 중 한글 자체를 읽고 쓰는 것에 어려움을 느끼는 학생은 없습니다. 다만, 긴 글을 읽고 뜻을 이해하는 활동과, 어떠한 주제에 대해 글을 쓰는 활동에는 많은 어려움을 느끼는 학생은 쉽게 찾아볼 수 있습니다. 이러한 어려움을 없애고 학생들의 읽기와 쓰기 능력을 향상시켜 줄 수 있는 학습 방법은 다양하게 존재합니다. 그중에서도 저는 **협력적 프로젝트 학습**을 통해 학생 모두가 학습 활동에 적극적으로 참여하고, 그 활동 안에서 읽고 쓰는 능력을 향상시켜 보고자 하였습니다.

협력적 프로젝트 학습이란 여러 명이 팀을 이루어 학습하고자 하는 특정 주제를 선정하여 학습 내용과 방법을 선택하고 협력적인 조사 탐구를 통해 과제를 해결하는 학습 방법을 의미합니다.

그중에서도 읽기 능력 향상을 위해 짝 활동 또는 모둠 활동으로 긴 글을 함께 읽고 요약하는 방법에 따라 내용을 요약해 봅니다. 이때 온라인 플랫폼을 활용하거나 배움 노트를 활용하여 요약한 내용을 스스로 정리할 수 있습니다. 또한 글을 쓰는 활동에 있어서도, 혼자서 글쓰기 활동보다는 짝과 함께 글쓰기, 모둠 글쓰기 활동과 같이 여럿이 함께 글을 쓰는 활동을 할 수 있습니다.

이러한 협력적 학습을 통해 학생들은 읽고 쓰는 학습에 대한 두려움과 부담을 줄이고, 서로 가르치고 배우는 활동을 통해 읽고 쓰는 능력을 향상시킬 수 있습니다.

수업 워밍업, 무엇을 준비할까?

하나, 언제 어디에서든 함께 읽고 쓸 수 있는 환경 조성하기

코로나19를 겪으며, 아이들의 학습 환경은 많은 것이 변하였습니다. 기존의 학습 환경이 학교 교실이었다면, 지금은 기존의 학습 환경에 더해 온라인 교실로까지 학습 환경이 넓혀졌지요.

저는 이러한 변화된 학습 환경에서도 아이들이 글쓰기 활동과 읽기 활동을 원활하게 수행할 수 있도록 온라인 교실이라 일컫는 구글 클래스룸을 수업에 활용하기로 했습니다. 온라인 학습 플랫폼인 구글 클래스룸을 국어 수업뿐만 아니라 모든 과목 수업 전반에 걸쳐 활용하였습니다. 수업 전에는 학습할 내용을 아이들이 스스로 미리 읽어 볼 수 있도록 하고, 수업 중에는 학습 목표에 도달할 수 있도록 구글 클래스룸에 다양한 활동들을 탑재하였습니다. 뿐만 아니라 수업 후에는 아이들 수준에 맞는 과제를 부여하고 피드백을 제공하기도 하는 등 수업 전·중·후 다양한 방법으로 활용하였습니다.

그중에서도 아이들이 과제들을 해결하면서 다양한 글을 읽는 경험을 하고, 자신의 생각을 짧게나마 글로 써 보는 공간으로 활용하는 것에 중점을 두었습니다.

둘, 아이들이 공감하며 읽을 수 있는 도서 선정하기

아이들의 읽기 능력을 향상시키기 위한 첫 단계는 아이들 수준에 알맞은 도서를 선정하는 것입니다. 또한 아이들의 흥미를 유발할 수 있는 소재가 책 안에 있고 공감할 수 있는 이야기들이 책 안에 펼쳐진다면 꾸준히 글을 읽을 수 있는 원동력이 되기도 합니다. 많은 추천 도서 목록이 학교에 제공되지만, 실제로 이 책들을 모두 읽기란 현실적으로 어렵습니다. 도서를 선정할 때 우리 학급과 관련 있는 이야기, 아이들 또래가 겪을 만한 일들을 엮은 책부터 시작해 보는 것은 어떨까요?

뒤에 이어 제가 소개해 드릴 수업에서 저는 『안네의 일기』라는 책을 활용했습니다.

수업을 구상하기 전, 아이들을 대상으로 상담 및 인터뷰 등을 실시하고 학교생활을 면밀히 관찰해 보았습니다. 그 결과, 생각보다 많은 아이들이 공부로 인해 스트레스를 받고 있었고, 정규 수업 후 이어지는 학원 생활에 지쳐 있음을 확인할 수 있었습니다. 또한 예전에는 가족들과 함께할 수 있는 시간이 많았는데, 점점 가족들과의 시간이 줄어들어 고민 중인 아이들도 있었지요. 이러한 아이들을 보면서 우리 반 아이들과 비슷한 나이 또래인 안네 프랑크와 그 소녀가 쓴 안네의 일기가 생각났답니다. 제2차 세계 대전이라는 혼돈과 어려움의 시기 속에서도 풋풋한 사춘기 소녀의 하루와 고민거리들을 일기장에 가감 없이 남겨 두었던 안네의 일기. 이 책을 통해 오늘날 자신의 하루를 일기장에 남기기에도 어려워하는 우리 아이들이 자신의 또래인 안네에게 위로받고, 자신의 하루를 성찰하며 부담 없이 일기장에 쓸 수 있는 태도를 가질 수 있기를 바라는 마음으로 책을 선정하며 수업의 시작을 알렸답니다.

셋, 매일 독서 후 '매일' 꾸준하게 짝과 함께 책 내용 요약하기

책을 꾸준히 읽는 것은 중요합니다. 그리고 책의 내용을 요약하고 기억하는 것 또한 중요합니다. 왜냐하면 이러한 행위는 오랫동안 책의 내용을 기억할 수 있게 하고 다양한 삶 속에 그 지식을 적용할 수 있도록 할 수 있기 때문입니다. 교육 과정 내 각 학년군별 성취 기준을 살펴보면, 글을 읽고 요약하는 방법에 대해 익혀 볼 수 있도록 제시하고 있습니다. 하여 저는 앞서 언급한 활동을 '독서 활동을 하기 전' 활동으로 적극적으로 활용하였습니다. 그래서 저는 글을 읽고 요약하는 방법에 대해 알아보는 시간을 제일 먼저 가졌습니다. 그 시간을 가진 후, 매일 책의 읽을 부분을 학급 학생 모두 같이 정하고 구글 클래스룸에 자신이 읽은 내용을 요약하여 써 보도록 하였지요. '읽고 요약하고 여기서 끝이냐!' 아닙니다. 이때부터 본격적인 짝 활동에 돌입합니다. 2인이 한 그룹이 되어, 서로 요약한 부분을 점검하고 알맞게 요약하였는지 검토 글을 써 주는 것이지요. 아이들은 책의 같은 부분을 같은 날 읽었기 때문에 내용에 대해 정확하게 알고 있습니다. 그렇기 때문에 서로가 주는 피드백도 정확하였답니다. 아이마다 매일 구글 클래스룸에 탑재한 독서 요약문은 쌓여서 책 한 권을 요약한 글로 바뀌게 되었습니다. 매일 꾸준히 책을 읽기 어려워하는 아이도 짝과 함께하니 마음의 부담도 크지 않고, 친구의 요약 글을 보며 배우는 것, 느끼는 것이 더 많았습니다.

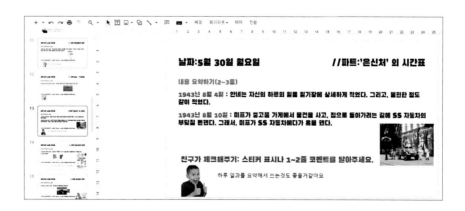

수업 훑어보기

대상	6학년 1학기
관련 교과 및 단원	국어, 독서 단원 + 2단원, 이야기를 간추려요 + 9단원, 마음을 나누는 글을 써요
성취 기준	**[6국03-01]** 쓰기는 절차에 따라 의미를 구성하고 표현하는 과정임을 이해하고 글을 쓴다. **[6국05-05]** 작품에 대한 이해와 감상을 바탕으로 하여 다른 사람과 적극적으로 소통한다.
학습 목표	『안네의 일기』 뒷이야기를 상상하여 쓰고, 친구들과 적극적으로 소통할 수 있다.
수업 준비하기	◈ **1차시)** 글을 읽으며 내용 요약하는 방법 익히기 ◈ **2차시)** 『안네의 일기』 책 훑어보기 ◈ **3~5차시)** 책 읽고 내용 요약하여 구글 클래스룸에 올리기 ◈ **6차시)** 책 띠지 만들기
프로젝트 수업 개요	**들어가기** ◈ **인물과 나 관련짓기** - 안네가 살아남았다면, 어떠한 경험을 했을지 자신의 경험에 빗대어 이야기해 보기
	펼치기 ◈ **작가의 글쓰기 배우기** - '이미지 카드'를 활용한 쓸 내용 정하는 방법 알아보기 ◈ **작가의 태도로, 모둠 협력 글쓰기** - 쓸 내용을 정할 때 고려할 점을 생각하며, 『안네의 일기』 뒷이야기 써보기 ◈ **모둠 발표회 하기**
	나가기 ◈ **평가 및 성찰하기** - 활동 돌아보고 자기 평가 및 동료 평가하기 - 소감 나누기

수업 과정 들여다보기

이 수업은 8차시에 걸쳐 진행된 읽기 쓰기 프로젝트이기에, 본 수업을 들여다보기에 앞서 수업 전 과정을 먼저 가볍게 살펴보고자 합니다.

Chapter 1. 책 함께 읽고, 함께 내용 요약하기

'6학년 1학기 국어 2단원 〈이야기를 간추려요〉'에서는 긴 글을 읽고 요약하는 방법에 대해 익혀 보는 내용을 다룹니다.

단원 내 교육 과정 재구성을 통해 1차시에는 글을 읽으며 내용을 요약하는 방법에 대해 익혀 보는 시간을 가졌습니다. 이후 2차시에서는 우리가 한 달간 만나 보게 될 친구 '안네'에 대해 알아보고 책을 훑어보았습니다. 사실 이때, 아이들이 재미없어하면 어떡하나 걱정을 하였는데 정말 걱정뿐이었답니다. 『안네의 일기』에 등장하는 '안네'와 우리반 아이들과 연령이 비슷해서 그런지 『안네의 일기』 책을 낯설어하지 않고 매우 흥미로워했습니다.

3~5차시까지는 20분 동안 이야기를 읽고 10분은 구글 클래스룸에 읽은 내용을 요약하는 시간을 가졌습니다. 그리고 남은 10분은 요약하는 방법에 따라 알맞게 요약하였는지 함께 살펴보고 마무리하는 식으로 수업을 진행하였습니다. 이후의 수많은 내용들을 언제 다 읽고 요약을 하였는지 궁금하시죠? 매일 아침

독서 시간과 가정 독서 시간을 이용하도록 하였습니다. 이 시간에 그날 읽어야 할 과제를 읽고 내용을 요약하여 구글 클래스룸에 올리는 것이지요. 과제가 과중하지는 않았냐고요? 전혀요. 안네의 일기책이 과제로 아이들에게 제시하기 좋은 이유가 1942년 3월 3일과 같이 쓰여 있어 아이들도 읽을 부분을 기억하기 쉽고, 읽을 양도 많지 않아 금방 과제를 해결할 수 있었습니다.

짝 활동을 통해 그날 읽은 부분을 서로 점검하고, 요약한 부분을 검토해 주는 활동을 통해 자신의 활동에 대해 스스로 평가할 수 있는 기회도 가질 수 있었답니다.

만약, 이 활동을 어려워하는 아이들이 있다면 선생님께서 방과 후에 2~3일 정도 태블릿 PC, 학교 컴퓨터실을 활용하여 가르쳐 주시면 된답니다.

6차시에서는 안네의 일기책을 모두 읽고 난 후『안네의 일기』라는 책을 요약하여 표현할 수 있는 책 띠지를 만드는 활동을 하였습니다. 이 활동을 통해 책이 전하고자 하는 메시지를 다시 한번 알아보고 정리할 수 있는 기회를 가질 수 있었답니다. 뿐만 아니라 읽은 책을 다른 친구에게 알리는 홍보의 효과도 있어 아이들이 매우 흥미롭게 활동에 참여하였답니다.

Chapter 2. 우리 모두 주인공 안네가 되어, 협력적 글쓰기

7~8차시에서는 『안네의 일기』 뒷이야기를 상상하여 글쓰기 활동을 하였습니다. 이를 위해 본격적으로 수업에 들어가기에 앞서 책의 주인공인 안네와 비슷한 또래인 나를 관련지어, 안네가 만약에 살아남았다면 어떠한 경험을 했을지 또는 어떠한 경험을 했으면 좋았을지 자유롭게 이야기하는 시간을 가졌습니다. 이러한 과정은 이후 뒷이야기를 상상하여 글을 쓰는 데 큰 도움이 됩니다.

첫 번째 활동에서는 뒷이야기를 상상하여 쓰는 방법에 대해 알아봅니다. 이때 학습 교구로 이미지 카드를 사용합니다.

이미지 카드는 글을 쓸 때, 무엇을 써야 할지 소재를 찾기 어려워하는 아이들에게 소재거리를 충분히 건네줄 수 있는 만능 교구랍니다. 풍경 카드, 물건 카드, 낱말 카드 모두 좋습니다. 다만 카드의 내용이 복잡하지 않고 직관적으로 내용을 알아볼 수 있어야 합니다. 이 이미지 카드를 활용하여 지금부터 뒷이야기를 상상하여 글을 쓰는 방법에 대해 익혀 보겠습니다. 뒷이야기를 상상하여 글을 쓸 때 고려할 점으로는 일어난 사건을 떠올려야 하며, 인물의 행동을 생각하고, 인물의 마음도 고려해야 합니다. 이 모든 것들이 고루 이루어져야 하나의 글이 완성될 수 있지요. 하지만 처음부터 이 모든 것을 글로 쓰는 것은 우리 아이들에게 어렵습니다. 이때 교사는 이미지 카드를 활용하여 쓸 내용을 정하는 방법을 알려 줍니다.

사건

1950년 8월 16일

안녕 키티!
오늘은 전쟁이 끝난 지 5주년
기념으로 우리 가족 모두
알프스 산맥을 등산하기로
했어.

행동

으! 그 높은 산이라니!
나는 정말 꼼짝도 하지 않고
엎드려 있고 싶어 조용히
방으로 들어왔어.

이렇게 이미지 카드를 활용하여 있을 법한 사건을 떠올려 보고, 이미지 카드에서 보이는 행동을 찾아보고, 느껴지는 마음을 찾아 문장으로 써 보는 것입니다.

마음

그 때 똑똑똑. 노크와 함께
언니가 내 방 문을 열며 손을 뻗는게 아니겠어?
알프스 산맥에 가기 전 카페에
가서 핫초코를 먹자고 말이지.
역시 내 마음을 알아주는 사람은
고마운 우리 언니 뿐이야.

문장으로 쓰기 어렵다면 단어로 쓰고 문장으로 점차 늘려 가도 좋습니다.

그리고 이 단어들과 문장들을 매끄럽게 연결 지어 주면 어느새 하나의 짧은 글이 완성된다는 것! 보실 수 있으실 겁니다.

그런데 혹시 눈치채셨는지요?

아이들에게 사건을 나타내는 부분은 파란색으로 표시, 행동을 나타내는 부분은 초록색으로 표시, 나누려는 마음을 나타내는 부분은 주황색으로 표시를 하여 구분을 지어 놓았답니다.

가끔은 아이들이 어떤 부분이 사건 부분인지, 행동 부분인지, 마음 부분인지 헷갈려하는 경우가 종종 있기 때문에 이렇게 눈에 띄게 색으로 구분하여 예시를 들어 주는 것이 좋답니다.

두 번째 활동에서는 앞에서 익힌 방법을 바탕으로 모둠별『안네의 일기』뒷이야기를 상상하여 써 봅니다. 이때 모둠별로 이때 모둠별로 시대적 배경을 다음과 같이 제시합니다. 연합군 승리 후 바로 다음 날, 안네가 20살 때, 30살 때, 60

살 때, 80살 때와 같이 말이죠. 이와 같이 시대적 배경은 모둠별로 모두 다르지만 이미지 카드는 모둠별로 동일한 이미지로 15장씩 제공합니다.

그 이유는 시대적 배경은 다르나 같은 이미지 카드로 다른 이야기가 무궁무진하게 펼쳐질 수 있기 때문이지요.

〈활동 2〉 작가의 태도로, 써봐요!

1. 시대적 배경에 알맞은 이야기를 만들어 주세요.

2. 이미지 카드에 알맞은 **사건, 행동, 마음**을 찾아주세요.

3. 사건-파랑, 행동- 초록, 마음- 주황

4. 한 슬라이드당 3줄을 넘지 않도록 합니다.

5. 전체적으로 검토한 후 발표 연습해 주세요.

지금부터 본격적인 모둠 활동을 시작합니다.

모둠 아이들은 먼저 본인들이 뽑은 시대적 배경을 확인하고 있을 법한 일들을 서로 자유롭게 이야기한답니다. 이때 아이들의 사고는 확장되지요. 그리고 주어진 15장의 이미지 카드를 확인합니다. 이후 모둠 글쓰기에 사용하고 싶은 카드 4장을 고른 후, 고른 까닭에 대해 「돌아가며 말하기」를 통해 서로의 생각을 확인합니다. 서로의 생각을 나눈 후 최종적으로 모둠에서 사용할 이미지 카드 4장을 정합니다.

이 과정을 통해 우리 모둠이 글쓰기에 사용할 4장의 카드를 정하고, 이야기의 흐름에 맞게 이미지 카드의 순서를 정합니다. 그리고 그 카드가 사건을 의미하는 카드인지, 행동을 의미하는 카드인지, 마음을 의미하는 카드인지 색깔로 구분을 하고 표기하도록 합니다.

이후 모둠원 한 사람당 이미지 카드를 한 개씩 맡은 후 카드에 알맞은 내용을 구글 클래스룸의 모둠별 슬라이드에 작성하도록 합니다.

이때 개별로 2~3줄을 넘지 않도록 안내하도록 해야 한답니다.

왜냐하면 함께 쓰는 모둠 협력 글쓰기이기 때문이지요.

모둠 이끎이의 주도하에 모둠원들이 다 함께 모둠 슬라이드의 내용을 읽어 보며 수정할 부분을 수정하는 시간을 갖도록 한답니다.

세 번째 활동에서는 모둠별 발표 시간을 갖도록 합니다. 모둠에서 어떠한 시대적 배경을 바탕으로 이야기를 만들었는지, 사용한 이미지 카드와 각 카드가 의미하는 것은 사건과 행동 그리고 마음 중 어떠한 것인지 발표하도록 합니다. 또한 모둠원들이 어떠한 시대적 배경을 가상으로 하여 이야기를 만들었는지 설명하며 발표하도록 합니다. 이러한 과정을 통해 모둠에서 협력하여 쓴 글에 대한 자신감과 자긍심을 기를 수 있습니다.

Chapter 3. 과정 중심 평가로 맞춤 피드백하기

성취 기준에 따른 이 수업의 평가 계획은 다음과 같습니다.

성취 기준	[6국03-01] 쓰기는 절차에 따라 의미를 구성하고 표현하는 과정임을 이해하고 글을 쓴다. [6국05-05] 작품에 대한 이해와 감상을 바탕으로 하여 다른 사람과 적극적으로 소통한다.	
평가 기준	『안네의 일기』 뒷이야기를 상상하여 쓰고, 친구들과 적극적으로 소통할 수 있는가?	
평가 방법	지필 평가	동료 평가
	[활동 2] 모둠별 『안네의 일기』 뒷이야기	[활동 3] 모둠별 구글 슬라이드
평가 의도 및 평가 내용	학생들은 글을 쓸 때 어떠한 내용을 써야 하는지 어려워하는 경우가 많다. 이러한 학생들의 어려움을 극복하고자 [활동 1]에서 쓸 내용을 정할 때 고려해야 할 요소들을 배우고, 사고를 촉진시킬 수 있는 이미지 카드를 활용하여 이야기의 소재를 얻는다. 이를 바탕으로 [활동 2]와 [활동 3]에서 『안네의 일기』 뒷이야기를 모둠에서 협력하여 상상하여 쓰고 발표하는 과정에서 서로의 생각을 나눠 보는 기회를 갖는다. 이러한 과정을 평가하며 학생들이 절차에 따라 글을 쓰고 다른 사람과 소통하는 것을 내면화하였는지 확인하고자 한다.	

채점 기준	평가 요소	평가 척도	채점 기준
채점 기준	『안네의 일기』 뒷이야기를 상상하여 쓰고, 친구들과 적극적으로 소통하기	상	『안네의 일기』 뒷이야기를 상상하여 쓰고, 그에 대한 나의 생각을 적극적으로 표현할 수 있음.
		중	『안네의 일기』 뒷이야기를 상상하여 쓰고자 노력하며, 그에 대한 나의 생각을 표현할 수 있음.
		하	『안네의 일기』 뒷이야기를 상상하여 쓰고자 노력하나 어려움을 느낌. 나의 생각을 표현하는 것에도 어려워함.

평가를 하는 과정에서 피드백 과정은 다음과 같이 이루어졌습니다. 모둠 활동이 이루어지는 과정 중 교사는 수시로 모둠 슬라이드에 입장하여 학생들의 활동을 관찰하고 부족한 부분을 수시로 확인합니다. 그 과정에서 개인 및 모둠에게 필요한 적절한 피드백을 제공합니다.

예를 들면, 뒷이야기를 상상하는 것에 어려움을 느끼는 아이가 있다면 아이와의 대화를 통해 아이의 경험을 이끌어 내고, 좀 더 단순한 이미지 카드를 제공하며

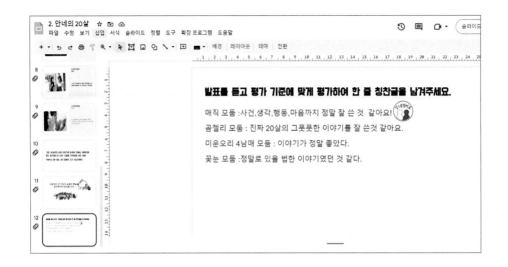

뒷이야기와 매칭을 시켜 나가는 것이지요.

또한 모둠별 발표 시간 후 발표한 모둠별 슬라이드에 다시 들어가 서로의 글을 다시 읽어 보고, 평가 기준에 맞게 평가가 이루어질 수 있도록 하였습니다. 이러한 동료 평가를 통해 서로를 칭찬하고 격려하며 생각의 폭을 넓힐 수 있는 기회로 삼을 수 있었습니다.

수업을 통해 성장하다

8차시에 걸친 함께 읽고 쓰기 프로젝트가 끝났을 때 아이들의 표정은 자신감이 가득 찬 표정이었지만 반면 아쉬움도 섞인 표정이었습니다. 이렇게 두꺼운 책을 함께 꾸준하게 읽으니 모든 내용을 이해하고 마쳤다는 자신감과 더불어 이제는 '안네'라는 소녀를 알 것 같은데 떠나보내야 한다는 아쉬움을 안은 채 말입니다. 그리고 그 아쉬움은 우리 반이 상상 속에 만든 뒷이야기 글쓰기로 달래기로 하였습니다. 아이들에게도 도전이었지만 교사인 저에게도 도전이었던 이번 프로젝트를 수업에 적용해 보기를 정말 잘했다는 생각이 들었습니다. **교육 과정 재구성과 『안네의 일기』 책 선정, 그리고 쓰기와 읽기 영역에서의 협력 학습 기법의 도입까지….**

무엇보다 늘 고요하기만 하였던 글쓰기 시간이 이제는 시끌벅적 서로 생각을 나누며 즐겁게 글 쓰는 시간으로 바꾸는 시간이 되었습니다. 물론, 아직까지 길게 쓰는 것을 어려워하는 아이들도 있습니다. 하지만 이제는 무엇을 써야 하는지 몰라 허공만 바라보는 아이는 단연코 우리 반에는 없습니다. 그리고 이제는 그림이 많이 나와 있지 않은 책이더라도 아이들은 두려워하지 않습니다. 차근히 요약하는 방법을 떠올리며 짝 친구와 함께 읽으며 요약해가며 읽어 갑니다. 그리고 함께 읽어 가는 즐거움을 오늘도 깨닫습니다. **이렇게 아이들과 저는 오늘도 성장해 나갑니다.**

독서와 토론 수업의
행복한 만남을 꿈꾸다

곽 교사의 수업 고민

하나, 독서를 멀리하는 아이들

"선생님! 독서 재미없어요. 글 읽는 대신 영상 보면 안 돼요?"

"선생님! 글이 너무 길어서 무슨 내용인지 이해가 안 돼요."

교과서에 실린 글밥이 비교적 긴 글을 읽을 차례가 되자 나온 학생들의 반응입니다. 요즘 아이들은 독서를 재미없어하고 어려워합니다. 어려서부터 각종 영상 매체에 익숙한 데다 그조차도 요즘은 1분을 넘지 않는 숏폼(short form)이 대세일 정도니까요. 특히 코로나19로 인한 장기간의 원격 수업은 거기에 더욱더 불을 지폈습니다. 자연스레 아이들은 독서를 멀리하게 된 것입니다.

'어떻게 하면 아이들이 읽기에 자신감을 갖고 읽기를 좋아하게 만들 수 있을까요?'

둘, 토론 수업 바꿀 수 없을까?

토론 수업을 하면 여전히 전통적인 찬반 토론이 먼저 떠오릅니다. 교사도 아이들도 찬반 토론에 익숙하니까요. 그러나 찬반 토론을 하며 크게 2가지 문제에 부딪혔습니다.

우선 똑똑하거나 말 잘하는 몇몇 학생 위주로 토론이 진행되는 문제입니다. 반면 토론 주제에 대한 이해가 부족하거나 소극적인 다수의 학생들은 토론 내내 조용하고요.

그리고 토론이 진행되다 보면 격해집니다. 상대를 설득하는 것이 목적이다 보니 기본적으로 상대의 의견을 반박해야 하고 협력보다는 경쟁적인 분위기가 조성되죠. 그러한 전통적인 찬반 토론에 회의감이 들었습니다. 새로운 방식의 토론 수업을 할 수는 없을까요?

'모두가 적극적으로 참여하는 토론 수업! 경쟁보다는 협력하는 토론 수업을 해 보자!'

곽 교사의 수업 아이디어

하나, 온작품읽기로 독서와 가깝게 만들자

교과서 속 이야기 글은 지면상의 제약으로 작품이 온전히 실리지 못한 채 부분적으로 실려 있는 경우가 많습니다. 이마저도 학습 목표 도달을 위한 수단으로서 학생들이 공감하거나 이해하기 어려운 주제나 내용의 작품이 실리기도 합니다. 때문에 학생들이 독서를 어렵게 느끼고 재미없게 느끼는 것이죠.

저는 5학년 담임을 맡으며 독서를 멀리하는 학생들이 독서와 가까워지도록 온작품읽기를 수업에 활용하기로 했습니다. 온작품읽기는 하나의 문학 작품을 처음부터 끝까지 온전히 함께 읽는 독서 방법입니다. 사실 온작품읽기는 전혀 새로운 독서 방법은 아닙니다. 한 학기 한 권 읽기, 슬로 리딩 등으로도 불리며 2015 개정 교육 과정부터 적용되어 독서 단원이 신설되기도 하였는데요. 다만 저는 한 학기에 한 번에 그치는 것이 아니라 필요하다면 한 달에 한 권씩도 읽으며 연간 국어 수업 전반에 걸쳐 온작품읽기를 적용해 보고자 하였습니다. 학생 개인에게 알아서 읽으라며 맡겨 두는 독서 교육이 아니라 교사와 학생들이 수업 시간에 함께 읽고 활동하며 작품에 대해 깊이 있게 이해하고 다양하게 표현하기 위해서 말이죠.

온전히 읽기 위해서는 기존 교과서의 문학 텍스트 대신 별도의 문학 작품을 선정해야 합니다. 그래서 저는 5학년 학생들의 지적 수준이나 흥미, 경험 등을 고려하여 학생들이 쉽게 공감하고 이해할 수 있는 주제의 작품을 선정하였습니다. 그렇게 선정한 작품 중 하나가 바로『5학년 5반 아이들』입니다. 학생들과 똑같은 나이의 5학년 아이들이 주인공인 이 작품은 5학년 아이들 개개인의 고민과 어려움, 이를 극복하며 성장하는 과정을 다루고 있습니다.

둘, 협력적 독서 토론으로 모두가 참여하게 만들자

기존 토론 수업의 두 가지 문제점, 소수가 주도한다는 점 그리고 경쟁적 분위기. 저는 협력적 독서 토론을 통해 모두가 토론에 적극적으로 참여하게 만들어 보자고 생각했습니다.

기존의 토론이 찬성과 반대 두 가지 입장이 팽팽히 맞선다면 협력적 독서 토론은 작품에 대한 이해와 감상을 바탕으로, 서로의 생각을 공유하고 넓히는 데 목적이 있습니다. 상대를 설득하는 것이 목적이 아니라, 내 생각을 전달하고 서로를 이해하는 것이 중요하기에 토론을 통해 경쟁이 아닌 협력이 이루어질 수 있는 것이죠.

협력적 독서 토론의 방법은 다양합니다. 저는 이 중에서도 서울시교육청에서 개발한 '서울형 토론 모형'과 교육 연극의 핫시팅 기법을 응용한「인물초대석」, 이 두 가지 토론 방법을 통해 협력적 독서 토론을 실시하고자 하였습니다.

독서 토론에서 '토론'만큼 중요한 것은 '독서'입니다. 독서가 잘 이루어져야 토론도 잘 진행될 수 있기 때문이죠. 그래서 앞서 언급한 온작품읽기를 통해 작품을 깊이 있게 이해하고 감상한 뒤에, 이를 바탕으로 두 가지 협력적 독서 토론을 실시하였습니다. 그중에서도 집중적으로 소개할 수업은 바로「인물초대석」입니다.

1~9차시		10~14차시		15~16차시 (본 수업)
『5-5 아이들』 온작품읽기	⇒	협력적 토론1 서울형 토론	⇒	협력적 토론2 「인물초대석」

수업 워밍업, 무엇을 준비할까?

하나, 온작품읽기 시간 확보

온작품읽기를 위해서는 교육 과정 재구성이 필수적으로 요구됩니다. 200페이지 분량의 장편 동화를 처음부터 끝까지 읽는 데만 8~10시간 정도가 필요하기 때문입니다. 온작품읽기의 핵심은 수업 시간에 선생님, 친구들과 함께 작품을 읽는 데에 있습니다. 일부는 집에서 읽게 하거나 아침 시간에 읽게 할 수도 있겠으나, 가급적 수업 시간에 선생님, 친구들과 함께 호흡하며 읽는 것이 주가 되어야 학생들이 작품에 몰입하고 즐거움을 느낄 수 있기 때문입니다.

저는 한 학기에 한 권만이 아닌 한두 달에 한 권 온작품읽기를 하고 있기에 학기별 독서 단원 외에 각 단원별로 흩어져 있는 읽기 관련 내용들, 예를 들면 지식이나 경험을 활용해 글 읽기, 낱말의 뜻을 짐작하며 읽기, 글의 구조에 따라 요약하기 등을 교과서로 수업하지 않고 온작품읽기 과정에서 자연스럽게 가르쳤습니다. 즉, 교과서 단원 순서대로가 아닌 작품을 중심에 두고 관련된 성취기준을 가져와 온작품읽기에 할애할 시간을 확보한 것이죠.

둘, 독서 감상문 대신 매일 독서 한 줄

　보통은 책을 다 읽고 나서 독서 감상문 한 편을 쓰는 것이 일반적입니다. 앞에 줄거리 70% 정도를 쓰고 뒷부분에 감상을 짧게 적는 방식으로 말이죠. 그러나 긴 호흡의 온작품읽기 그리고 이후의 독서 토론을 위해서는 그때그때의 내 감상을 기록해 두는 것이 중요합니다. 책을 읽은 여운이 채 가시기 전에 말이죠. 그래서 저는 매 시간 온작품읽기 후에 포스트잇에 독서 한 줄을 작성하는 시간을 가졌습니다. 작품을 읽은 소감이나 질문을 짧게 남기고 친구들과 공유하도록 한 것이죠. 공감 가거나 좋은 의견에는 스티커나 별표 표시를 붙이도록 하여 동료 평가가 되도록 하였고요. 이렇게 매일 작성한 독서 한 줄을 차곡차곡 모아 독서 기록장에 붙였습니다. 그럼 그 자체로 하나의 독서 포트폴리오가 됩니다. 또한, 한 줄 감상 모은 것을 바탕으로 독서 감상문을 쓰게 하면 학생들의 쓰기 부담감도 줄고 줄거리보다 감상이 주가 되는 글을 쓸 수 있습니다. 나아가 이러한 과정은 독서 토론 준비 과정에서 작품에 대한 이해와 감상을 정리하는 데 큰 도움이 됩니다.

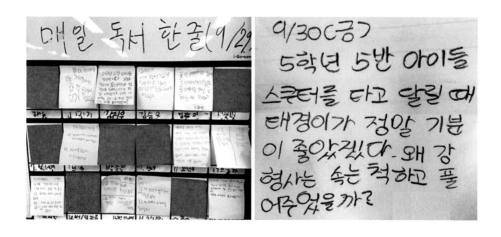

셋, 독서 토론을 위한 질문 만들기

토론의 주제를 교사가 제시할 수도 있습니다. 그러나 학생 참여와 협력 중심의 독서 토론을 위해서는 학생들 스스로 토론 질문을 만드는 것이 보다 의미 있습니다. 서울형 토론의 핵심은 학생들이 직접 토론 질문을 만들고 이를 바탕으로 토론하는 데 있습니다. 「인물초대석」 역시 학생들이 작품 속 인물이 됨과 동시에 기자의 역할도 수행하기에 기자로서 작품 속 인물에게 던지는 질문이 매우 중요합니다. 질문 하나하나가 곧 독서 토론으로 이어지기 때문입니다.

그러나 질문을 만드는 것은 결코 쉬운 일이 아닙니다. 특히 기존 교과서의 물음에 답을 찾는 데 익숙한 학생들은 질문을 만들어 본 경험도 부족하고 어떻게 질문을 만들어야 하는지, 무엇이 독서 토론을 위한 좋은 질문인지도 잘 모르기 때문이죠.

따라서 좋은 질문을 만드는 역량을 키울 수 있도록 먼저 질문의 종류를 가르치고 독서 토론에 필요한 추론적, 확산적 질문을 만드는 연습을 충분히 했습니다. 그리고 독서 토론을 위한 좋은 질문의 조건을 학생들 스스로 브레인스토밍 및 유목화하여 찾아내도록 하였습니다.

질문의 종류 익히기		질문 만들기 연습 예		좋은 질문의 조건 예
닫힌(사실적) 질문 반쯤 열린(추론적) 질문 열린(확산적) 질문	⇒	무엇 질문 왜 질문 어떻게 질문 만약에 질문	⇒	다양한 의견이 나올 수 있는 질문 상상할 수 있는 질문 대화가 이어지는 질문

수업 훑어보기

대상	5학년 2학기
관련 교과 및 단원	국어 독서 단원/6. 타당성을 생각하며 토론해요
성취 기준	[6국01-03] 절차와 규칙을 지키고 근거를 제시하며 토론한다. [6국02-03] 글을 읽고 글쓴이가 말하고자 하는 주장이나 주제를 파악한다.
학습 목표	「인물초대석」에 참여하여 독서 토론을 할 수 있다.
수업 준비하기	◆ **1차시) 기대되는 이야기 고르기** - 책 내용 예상하기 ◆ **2~9차시) 『5학년 5반 아이들』 온작품읽기** - 여러 방법으로 읽기(읽어 주기, 역할 나누어 읽기 등) - 여러 장소에서 읽기(교실, 야외, 도서관 등) ◆ **10~12차시) 서울형 토론 하기** - 토론을 위한 좋은 질문의 조건 탐구하기 - 개별 질문 만들기 및 모둠 토론 질문 선정 - 모둠 내 토론, 모둠 밖 토론 결과 공유 ◆ **13~14차시) 협력적 글쓰기** - 토론 결과 바탕으로 개요 및 글쓰기
온작품 읽기 수업 개요 (15~16차시)	**들어 가기**	◆ **인물과 나 관련짓기** - 공감 가거나 궁금한 인물 또는 나에게 영향을 준 인물 골라 돌아가며 이야기하기
	펼치기	◆ **모둠 재구성하기** - 「인물초대석」에서 내가 맡을 인물 중심으로 모둠 재구성하기 ◆ **질문 만들기** - 내가 맡은 인물을 제외한 나머지 인물들에게 할 질문 브레인스토밍하기 ◆ **질문 우선순위 정하기** - 좋은 질문의 조건에 따라 모둠 토의를 통해 질문의 우선순위 저하기 ◆ **「인물초대석」 참여하기** - 1~4부에 걸쳐 인물과 기자들이 묻고 답하며 「인물초대석」 진행하기
	나가기	◆ **평가 및 성찰하기** - 「인물초대석」 돌아보고 자기 평가 및 동료 평가 - 온작품읽기 소감 나누기

온작품읽기 과정 살펴보기

이 수업은 16차시에 걸쳐 진행된 온작품읽기 프로젝트이기에, 「인물초대석」 활동을 한 본 수업을 들여다보기에 앞서, 수업 전 온작품읽기 과정을 먼저 가볍게 살펴보고자 합니다.

Chapter 1. 읽기 전, 중 활동

먼저 1~9차시에 걸쳐 수업 시간에 아이들과 책을 읽었습니다. 1차시에는 읽기 전 활동으로 표지와 목차를 보고 내용을 예상하였는데요. 『5학년 5반 아이들』은 5학년 5반 7명의 아이들이 각각 주인공으로 등장하는 연작 동화입니다. 그래서 칠판에 목차를 차례로 적고 가장 기대되는 이야기를 선택하고 그 이유를 적었습니다. 표지와 주인공의 이름, 부제를 바탕으로 내용도 예상해 보게 했고요.

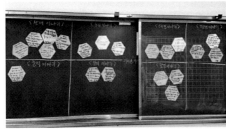

2~9차시까지는 5분 동안 1차시에서 예상한 내용을 살펴보고, 30분 동안 작품을 읽은 뒤, 마지막 5분은 독서 한 줄을 작성하는 식으로 수업을 진행하였습니다. 저는 특히 이야기를 읽을 때 역할 나누어 읽기 방법을 주로 활용하였는데요. 읽기에 앞서 원하는 역할을 자원 받은 후, 자신이 맡은 역할을 실감 나게 읽으며 독서에 생동감이 더해지고 아이들은 작품에 몰입할 수 있었습니다. 또한 날 좋을 때는 교실 밖으로 나가 야외 독서를 하는 등 읽기 장소나 방법에 변화를 주며 읽기 자체의 즐거움을 더하고자 하였습니다.

Chapter 2. 서울형 토론

10~12차시에는 서울형 토론을 하였습니다. 서울형 토론이란 서울시교육청에서 개발한 질문과 탐구 중심의 협력적 토론 모형입니다. 글을 읽고 학생들 각자 토론 질문을 만들고 이 중에서 대표 토론 질문을 선정하여 토론을 진행하는 과정으로 이루어집니다.

10차시에는 서울형 토론에 앞서 독서 토론을 위한 좋은 질문의 조건을 탐구하였습니다. 내가 생각하는 독서 토론을 위한 질문을 브레인스토밍한 뒤, 우리 반이 생각하는 좋은 질문의 조건을 유목화하였습니다. 그리고 서울형 토론에서 각 모둠별로 집중적으로 토론할 등장인물을 선정하였죠.

11~12차시에는 본격적으로 서울형 토론을 진행하였습니다. 본래 서울형 토론은 학급 대표 질문을 정하여 동일한 주제로 모든 모둠이 토론을 진행하는데요. 저는 온작품읽기 도서가 연작 동화임을 고려하여, 각 모둠별로 토론할 인물을 달리 정하였고 이에 따라 모둠별 토론 질문도 작품 속 인물의 상황이나 가치관에 따라 다르게 나왔습니다.

모둠 토론을 할 때에는 먼저 토론 질문에 대한 자신의 의견을 활동지에 작성합니다. 이후 한 사람당 5분의 집중 토론 시간이 주어집니다. 2분 동안 자신의 의견을 말하고 세 명의 모둠원과 각각 1분씩 총 3분 동안 질의응답을 하는 것이죠. 이런 식으로 네 명의 모둠원이 각자 5분씩 총 20분 동안 모둠 토론을 하게 됩니다.

모둠 토론 과정에서 나온 주요 의견이나 질문, 답변은 토론 활동지에 정리해 둡니다.

모둠 토론 후에는 모둠 간 토론 결과를 공유하기 위해 '모둠 밖 토론 나눔' 활동을 했습니다. 「하나 남고 셋 가기」 기법을 이용하여 한 명은 남아서 우리 모둠의 주요 토론 내용을 소개하고, 나머지 세 명은 각 모둠으로 이동하여 다른 모둠의 토론 내용을 듣는 것이죠.

돌아와서는 각자 자기가 정리해 온 다른 모둠 토론 내용을 소개하는 전문가 협동 학습 형태로 모둠 간 토론 결과를 공유하였습니다. 일반적인 발표 형태의 결과 나눔보다는 각자 책임감을 갖고 우리 모둠의 토론 결과를 소개하며 다른 모둠의 발표에 경청할 수 있어 보다 의미 있는 결과 나눔이 될 수 있었습니다.

Chapter 3. 협력적 글쓰기

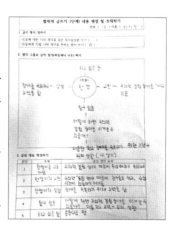

서울형 토론은 몇 년 전 서울형 토론 2.0으로 업그레이드되었습니다. 토론에 그치지 않고 토론을 통해 넓힌 생각을 바탕으로 글을 쓰는 것입니다. 글쓰기 자체는 학생 개개인의 몫이더라도, 글의 내용은 토론을 통해 서로의 생각을 공유하며 넓힌 결과물이므로 협력적 글쓰기라 할 수 있는 것이죠.

저희 반의 경우 『5학년 5반 아이들』 작품
속 인물에 대해 토론한 만큼, 인물에 대한
자신의 생각을 쓰거나 아예 그 인물에게
편지를 쓰도록 하였습니다.

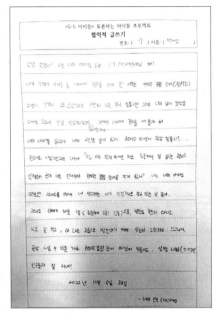

이렇게 글의 형식을 정한 후에는 쓸 내
용을 생각 그물로 정리하고 각 문단의 주
제와 중심 내용으로 개요를 작성하였습니
다. 이때 서울형 토론 활동지를 참고하여
친구들의 좋은 의견, 토론을 통해 넓혀진
나의 생각을 마음껏 적도록 합니다. 글쓰
기에 자신감이 부족한 학생들도 상대적으
로 부담을 덜 갖고 글을 쓸 수 있도록요.

협력적 글쓰기를 완성한 후에는 교실을 자유롭게 돌아다니며 다른 친구들과
글을 교환하여 읽고 읽은 소감을 서로의 방명록에 적어 주었습니다. 글쓰기 나
눔을 통해 다시 한번 협력하고 생각을 넓힐 수 있도록 한 것이죠.

「인물초대석」 수업 자세히 들여다보기

이제부터는 본격적으로 15~16 연차시로 진행한 「인물초대석」 독서 토론을 수업 흐름에 따라 자세히 들여다보겠습니다.

Chapter 1. 인물과 나 관련짓기

「인물초대석」은 교육 연극의 핫 시팅(hot seating)기법을 활용하여 제가 붙인 독서 토론 활동 이름입니다. 작품을 읽고 나서 의자에 앉으면 곧 작품 속 등장인물이 되어 인물의 입장에서 생각하고 질문에 답하며 독서 토론을 하는 것이죠. 서울형 토론과 마찬가지로 「인물초대석」 역시 전통적인 찬반 토론과는 많이 다릅니다. 어찌 보면 '이게 토론 맞나?'라는 생각이 들기죠 하죠. 그러나 기자가 되어 등장인물에게 질문하고 작품 속 인물이 되어 그 질문에 답변하며 대화하는 것 자체가 독서 토론의 과정이라 할 수 있습니다. 「인물초대석」 역시 서울형 토론 못지않게 모두가 적극적으로 참여하는 협력적 토론이라 할 수 있는 것이죠.

이러한 활동에서 중요한 것은 등장인물에 감정이입하고 몰입하는 것입니다. 공감하지 못하는 인물을 맡아 기계적, 형식적으로 답하면 활발한 토론이 이루어지기 어렵기 때문입니다. 그래서 저는 본격적인 활동에 앞서 인물과 나를 관련짓고 연결하는 것으로 수업의 문을 열었습니다. 작품 속 여러 인물들 중 공감이 가거나 궁금한 인물 또는 나에게 영향을 준 인물을 한 명 정해 보고 모둠 안에서 돌아가며 이야기를 나눕니다. 그리고 같은 인물을 정한 학생들을 중심으로 4개의 모둠을 재구하였습니다. 교사의 편의상 모둠별로 맡을 인물을 하나씩 정해 토론을 하는 경우도 있는데, 이렇게 되면 내가 원치 않는 인물을 맡아 토론에 소극적으로 참여할 수 있습니다. 반면 인물과 나를 관련지어 보고 이를 바탕으로 모둠을 재구성하면 자연스럽게 모든 학생들의 참여와 몰입도를 높여 적극적인 토론이 가능해집니다.

인물	인물과 나 관련짓기
미래	- 학원 때문에 스트레스받고 엄마와 싸우는 점이 나와 닮았다. - 마냥 싸우기만 하는 것이 아니라, 솔직한 대화를 통해 문제를 해결하려는 모습을 본받고 싶어 골랐다.

Chapter 2. 토론 질문 만들고 정하기

서울형 토론에서는 하나의 토론 질문을 모둠 안에서 심도 있게 나눠 보았다면, 「인물초대석」에서는 마치 기자 회견장처럼 여러 질문을 통해 작품의 인물과 주제를 다양하게 탐구해 보도록 하였습니다. 그래서 먼저 각 인물에게 할 질문들을 브레인스토밍하였습니다. 이때 내가 맡은 인물에 대해 질문하는 것이 아니라, 내가 맡지 않은 나머지 3명의 인물들에게 할 질문들을 만들게 합니다. 내가 「인물초대석」에 앉아 있지 않을 때 기자로서의 역할을 잘 수행할 수 있도록 말이죠. 브레인스토밍을 할 때에는 어떠한 조건이나 단서를 제공하지 않습니다. 친구와 겹쳐도 되고 작품의 주제와 다소 관련이 떨어져도 비판하지 않도록 합니다. 말 그대로 자유로운 사고의 확장에 목적이 있기 때문입니다. 포스트잇을 충분히 제공하고 질보다는 양으로 최대한 많은 질문을 정해진 시간 동안 만들도록 합니다.

브레인스토밍 후에는 모둠원들의 질문을 유목화합니다. 비슷한 내용의 질문끼리 묶는 것이죠. 그리고 이 질문들을 중요도에 따라 우선순위를 정하도록 합니다. 「인물초대석」에서 모든 질문들을 다 할 수는 없기에, 상대적으로 더 중요하고 가치 있다고 생

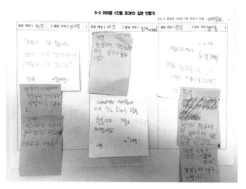

각되는 질문을 뽑아 내는 것이죠. 이때 수업 전 10차시에 우리 반에서 만들었던 좋은 질문의 조건을 화면에 보여 주고 이를 참고하여 만들도록 합니다. 독서 토론의 목적은 작품의 인물과 주제를 더 잘 이해하고 나의 삶에 적용하도록 하기 위함인데, 주제와 전혀 관련 없거나 사소한 질문은 독서 토론에 방해가 되기 때문이죠. 토론 자체도 중요하지만 이처럼 토론 전 질문을 만들고 우선순위를 정하는 과정을 통해 독서 토론이 더 잘 이루어지기 위한 기반을 다지는 것이 중요합니다. 우선순위가 정해진 후에는 질문 대상별로 누가 담당 기자가 되어 「인물초대석」에서 직접 질문할지를 정하였습니다. 이제 「인물초대석」의 모든 준비가 끝났습니다.

Chapter 3. 「인물초대석」을 통해 생각 넓히기

15차시에서 토론 준비를 마치고, 16차시는 개회식을 시작으로 「인물초대석」을 진행합니다. 개회식에서 교사는 「인물초대석」의 사회자가 됩니다. "안녕하세요? 저는 「인물초대석」의 사회를 맡은 ○○○입니다."

라며 지금부터는 이곳이 수업하는 교실이 아닌, 작품 속 인물들과 기자들이 묻고 답하는 기자 회견장이라 인식하게끔 합니다. 이런 활동에서 중요한 것은 학생들이 자신이 맡은 역할에 몰입하도록 하는 것입니다. 진짜 기자가 된 마음으로 질문하고 진짜 작품 속 인물이 된 것처럼 진지하게 답변할 수 있도록 제대로 판을 깔아 주는 것이죠.

이어 「인물초대석」 안내 사항을 사회자인 교사가 전달합니다. 학생들이 「인물초대석」 토론을 하는 것이 처음이기에 토론의 절차와 규칙을 설명하는 것이죠. 교육 과정 성취 기준에서도 토론의 절차와 규칙

〈5-5 아이들 인물초대석 안내사항〉

- 인물들은 자기 차례 때 앞에 마련된 초대석에 앉습니다.
- 기자들은 질문 할 때 발언권을 먼저 얻은 뒤 소속과 이름을 밝힌 후 질문해 주시기 바랍니다. 예) ○○일보 ○○○기자입니다.
- 사전에 준비된 질문을 중심으로 먼저 묻되, 준비되지 않은 보충 질문 및 추가 질문도 가능합니다.
- 인물들은 발언권을 얻고 답변을 하고, 다른 인물이 답변을 한 후에 보충 답변을 이어서 할 수 있습니다.
- 모든 기자와 인물들은 최소 1번 이상 질문 및 답변하도록 합니다.

을 지키며 근거를 제시하며 토론하도록 되어 있기에 이는 중요한 절차라 할 수 있습니다. 안내 사항에서 중요한 규칙 중 하나로서 제시한 것은 질문에 앞서 "안녕하세요? 저는 ○○일보 ○○○ 기자입니다."와 같이 자신의 소속과 이름을 밝히도록 한 점입니다. 학생들이 기자와 인물 역할에 실제적으로 몰입할 수 있도록 하기 위함이죠. 또한 소수가 주도하는 토론이 아닌, 모두가 참여할 수 있도록 기자와 인물로서 각각 1번 이상 질문하고 답변하도록 하였습니다.

「인물초대석」은 네 명의 인물별로 1~4부까지 진행되었고, 자기 차례가 되면 교실 앞에 일렬로 놓인 회견석에 앉아 마이크를 들고 질문에 답하였습니다. 하나의 질문에 하나의 답변만이 아니라 여러 보충 답변이 나왔고, 사전에 준비한 질문뿐 아니라 여러 추가 질문과 이에 대한 답변이 계속해서 이어지며 분위기는 점점 뜨거워졌습니다. 지금 하는 것이 독서 토론이라고 생각도 못 할 정도로, 자신이 맡은 기자와 인물 역할에 몰입하며 말입니다. 그럼에도 전통적인 찬반 토론처럼 경쟁적인 분위기 속에 서로를 비난하는 일은 없었습니다. 오히려 질의응답을 통해 기자로서 궁금한 점을 해소하고, 등장인물로서 속마음을 들여

다볼 수 있는 협력적 토론의 장이 펼쳐졌죠.

「인물초대석」과정에서 나왔던 좋은 질문과 답변을 몇 가지 소개합니다.

인물	질문	답변
미래	엄마가 마지막에 같이 생각해 보자고 했을 때 어떤 기분이 들었나요?	엄마가 지금이라도 나의 생각을 존중해 주는 것 같아 그동안 받은 상처가 아무는 느낌이 들었어요.
한영	만약 ADHD가 사라진다면 무엇을 제일 먼저 할 것인가요?	차분하게 자리에 앉아 이어폰을 꽂고 음악을 듣고 싶어요. ADHD 때문에 작은 소리에도 예민했거든요.

Chapter 4. 과정 중심 평가로 맞춤 피드백 하기

독서 토론 수업은 학생 참여와 협력 중심이긴 하지만, 그렇다고 해서 교사의 역할이 축소되는 것은 결코 아닙니다. 이는 정답이 없는 열린 질문과 대답이 다양하게 오가는 「인물초대석」 활동에서도 마찬가지입니다. 단순히 토론의 절차와 규칙이 준수되지 않을 때뿐만 아니라, 토론 주제와 방향에서 벗어날 때나 작품의 내용과 어긋나는 대답을 할 때 등 다양한 순간에서 교사의 개입과 맞춤 피드백이 필요하죠. 성취 기준에 따른 이 수업의 평가 계획은 다음과 같습니다.

관련 성취 기준	[6국01-03] 절차와 규칙을 지키고 근거를 제시하며 토론한다. [6국02-03] 글을 읽고 글쓴이가 말하고자 하는 주장이나 주제를 파악한다.			
평가 과제	「인물초대석」에 참여하여 독서 토론 하기			
평가 요소	채점 기준			
독서 토론 하기	평가 척도	3	2	1
	척도별 수행 특성	절차와 규칙을 지키며 작품의 주제와 관련지어 자신의 생각을 질문하고 답한다.	절차와 규칙을 지키며 자신의 생각을 질문하고 답한다.	자신의 생각을 질문하고 답하며 독서 토론 한다.

질문하고 답하는 과정으로 독서 토론이 이루어지는 「인물초대석」에서 교사의 피드백은 크게 '질문'과 질문에 대한 '대답'에서 이루어질 수 있습니다.

먼저 질문의 경우 저는 토론 전 질문을 만들고 우선순위를 정하는 과정에서 모둠 토의 과정 및 활동지를 관찰하며 피드백을 제공하였습니다. 이때 지시와 교정보다는 질문을 통해 학생들 스스로 이 질문이 토론할 가치가 있는 질문인지 생각해 보고 수정해 보도록 하는 데 주안점을 두었습니다. 예를 들어 작품의 내용이나 주제와 관련성이 떨어지는 질문을 쓴 학생에게 다음과 같이 피드백을 제공하였죠.

학생의 토론 질문		교사의 피드백 질문		수정한 토론 질문
(한영에게) 왜 ADHD에 걸렸나요?	⇒	ADHD에 걸린 이유를 한영이가 알 수 있을까요? 한영이 입장에서 답할 수 있는 질문을 해 볼까요?	⇒	ADHD가 사라진다면 가장 먼저 무엇을 하고 싶나요?

다음으로 '대답'의 경우 「인물초대석」 활동 중에 토론의 흐름이 끊기지 않도록 사회자로서 추가 질문을 통해 최대한 자연스럽게 개입하였습니다. 대답할 때

생각의 근거를 제시하지 않는 경우, "왜 그렇게 생각했는지 보충 답변해 주시겠습니까?" 작품 속 인물의 성격이나 가치관과 배치되는 답변을 하는 경우, "내성적인 성격의 인물이 그렇게 말하기는 쉽지 않았을 텐데 어떻게 생각하세요?"와 같이 자신이 한 답변을 돌아보고 스스로 수정해 볼 기회를 제공한 것이죠.

그러나 피드백이 필요할 때 매번 교사가 개입하면 아무래도 토론의 흐름이 끊어질 수밖에 없습니다. 그래서 저는 교사의 피드백만이 아닌 동료 학습자 간 피드백이 이루어지도록 하였습니다. 「인물초대석」의 특성상, 한 명의 인물에 대해 3~4명 정도의 학생이 함께 답변하는 방식임을 적극적으로 활용한 것이죠. "앞선 대답과 다르게 생각하는 분 있으십니까?", "○○ 님의 생각에 보충 답변을 하시겠습니까?"와 같은 발문을 통해 다른 학생이 대답해 보고, 이를 들으며 자신의 생각을 수정하고 확장하는 기회를 갖도록요. 특히 이러한 동료 피드백은 교사의 질문만으로 즉각적인 수정 답변이 어려운 배움이 느린 학습자에게 보다 효과적입니다.

「인물초대석」 수업뿐 아니라, 온작품읽기 프로젝트 전 과정에서 학생들의 배움과 성장을 돕기 위해 활용한 평가 방법들을 정리하면 다음과 같습니다.

첫 번째는 자기 평가입니다. 프로젝트 성찰 단계에서 이번 온작품읽기 과정에 참여한 나의 태도를 5점 척도로 평가하고 그 이유를 적으며 스스로를 되돌아보도록 하였습니다.

두 번째는 동료 평가입니다. 체크리스트의 자기 평가 대신 「인물초대석」에서 좋은 질문을 한 친구, 좋은 답변을 한 친구를 찾아 수업 마무리 단계에서 추천하는 질적 평가를 통해 서로를 칭찬 및 격려하고 다시 한번 생각을 넓힐 수 있는 장을 마련하였습니다.

세 번째로 포트폴리오입니다. 독서 중 단계에서 매일 작성한 독서 한 줄, 서울형 토론 학습지, 협력적 글쓰기 결과물, 「인물초대석」 질문지 등 프로젝트 과정에서 누적된 학습 결과물들을 그때그때 확인하고 개별 피드백을 제공하였습니다.

네 번째로 관찰 평가입니다. 서울형 토론, 「인물초대석」 토론 활동 모습을 관찰하며 토론 절차와 규칙을 준수하지 않거나, 의견에 대한 근거가 부족한 모습 등이 있으면 메모해 두었다가 수업 후에 해당 학생에게 개별 피드백을 제공하였습니다.

이처럼 작품에 대한 이해와 감상, 토론 참여 태도 등을 종합적으로 평가하고 맞춤형 피드백을 제공하여 학생들의 독서와 토론에 대한 배움과 성장을 돕고자 하였습니다.

1-1. 온작품읽기 프로젝트에 참여한 나의 태도를 평가해 봅시다.

①매우 높음　　②높음　　③보통　　④낮음　　⑤매우 낮음

1-2. 나의 태도를 위와 같이 평가한 이유는 무엇입니까?

발표도 잘했고 패들렛도 잘 쓴 것 같기 대문에

수업을 통해 성장하다

 4부에 걸친 「인물초대석」이 마무리되었을 때, 학생들의 표정에는 아쉬움이 가득했습니다. 아직 할 말이 많은데 벌써 끝났냐며 말이죠. 평소 찬반 토론에서 말 한마디 꺼내지 않고 침묵하거나 딴짓하던 힘찬이(가명)의 입에서 그런 말이 나오니 새로운 독서 토론 수업에 도전하길 잘했다는 생각이 들더군요. 교과서에 실린 글을 읽고 주어진 문제에 답을 찾는 수업을 계속했다면, 익숙해서 쉽고 편한 찬반 토론만 계속했더라면 결코 얻지 못했을 소중한 결실이었습니다.

 「인물초대석」 수업의 마무리는 온작품읽기 프로젝트 전체의 마무리 시간이기도 했습니다. 그래서 프로젝트 전 과정을 되돌아보며 우리가 어떤 활동들을 했는지 되돌아보고 어떤 순간이 가장 기억에 남는지, 이번 프로젝트를 통해 나는 무엇이 성장했는지 성찰해 보았습니다. 마지막으로 나에게 온작품읽기란 어떤 의미인지 비유하여 정의해 보고 돌아가며 발표하였습니다.

 온작품읽기 프로젝트를 통해 학생들은 독서와 가까워지고 친해졌습니다. 아울러 작품을 깊이 있게 이해하기 위한 질문을 만들어 서로의 감상을 솔직하게 나누는 열린 토론 과정에서 모두가 주인공이 될 수 있었습니다. 독서와 토론의 행복한 만남이 맺은 소중한 결실이었습니다.

나에게 온작품읽기란 (민들레 **)이다.**

왜냐하면 짧은 프로젝트를 하는 과정이고, 민들레 씨가 날아가는 것은 프로젝트가 끝난 것, **때문이다.**

다시 민들레가 또다른 프로젝트 에기

다른 곳으로 떨어진 판 또

'나도 작가' 프로젝트로 책과 친해져요

백 교사의 수업 고민

하나, 책 읽기를 싫어하는 학생

"선생님! 읽고 싶은 책이 없어요."

'(책 읽기에 집중하지 못하고 친구들과) 속닥속닥….'

학교 도서관에 가서 독서를 할 때 학생들이 보인 반응입니다. 읽을 책을 고르지 못하고 이 책 저 책 뽑았다가 넣었다가를 반복하는 학생들과 책을 펼쳐놓고 친구와 다른 이야기를 하는 학생들이 있습니다. 재미있게 읽을 수 있는 책들을 추천해 주거나 같이 책을 읽어 주면 줄곧 집중하긴 하지만 혼자서 책을 읽을 땐 여전히 책과는 거리가 있어 보입니다. 이제 2학년이 된 학생들에게 올바른 독서 습관을 길러 주는 것이 중요한데 걱정이 됩니다.

'어떻게 하면 학생들이 책과 친해질 수 있을까?'

둘, 글을 읽고 무슨 내용인지 모르는 학생

"선생님, 무슨 내용인지 모르겠어요."

"기억에 남는 장면이 없어요."

자신이 읽은 책을 친구들에게 추천하는 시간에 추천할 책을 가져온 학생들에게 책의 내용이나 기억에 남는 장면을 물어봤을 때 보인 반응입니다. 글밥이 적은 그림책 위주로 읽는 데 그림과 함께 있는 글을 보고 내용을 떠올리기 어렵다면 그림이 없을 땐 더욱 글을 이해하기 힘들 것입니다. 영상을 통해 정보를 쉽고 빠르게 얻는 것에 익숙한 학생들이 독서에 집중할 수 있도록 하기 위해선 단순히 책을 읽을 수 있는 시간을 제공하는 것으로는 부족합니다. 따라서 체험 중심의 독서 활동을 통해 글을 읽고 쓰는 능력을 길러 앞으로 모든 학습의 기초가 될 수 있도록 하는 것이 필요합니다.

'어떻게 하면 학생들이 집중해서 글을 읽고 내용을 파악할 수 있을까?'

백 교사의 수업 아이디어

하나, 활발한 독서 문화 조성으로 책과 친해지기

길었던 코로나 기간으로 인해 생겼던 기초 학력 부진을 해결하고자 독서 교육을 주제로 교사 교육 과정을 계획했습니다. 글을 읽고 쓰는 능력은 모든 학습의 기초가 되기 때문에 학생들이 책 자체가 주는 즐거움을 찾고, 독서에 대한 긍정적인 경험을 하는 것을 목표로 하였습니다. 학생들이 원하는 독서 교육은 무엇인지 궁금해 학생들에게 어떤 독서 활동을 하고 싶은지 물어보았습니다.

> "선생님이 그림책을 읽어 주면 좋겠어요."
> "교실 밖에서 책을 읽고 싶어요."
> "책을 보고 그림을 그리고 싶어요."
> "이야기를 만들어 보고 싶어요."

독서보다 놀잇감으로 놀고, 뛰어놀기를 좋아하던 아이들이라 많은 의견이 나올 줄 몰랐는데 학생들의 반응은 뜨거웠습니다. 더욱 놀랐던 것은 도서관에서 책 읽기에 집중하지 못하고 책장에서 친구들과 이야기하던 친구들이 적극적으로 의견을 발표한다는 점입니다. 이러한 의견을 바탕으로 앞으로의 독서 활동에 대해 토의한 결과 우리 반 친구들이 책과 친해지고 책으로 놀 수 있도록 아래와 같이 '나도 작가' 프로젝트를 진행하기로 하였습니다.

프로젝트의 준비 단계로 학생들이 책과 친해질 수 있도록 책의 구성을 살펴보며 평소 책을 읽을 때 그냥 지나쳤을지 모르는 작가명, 출판사, 작가의 말이나 서평 등을 찾아보고, 북플릭스(한 줄 독서록)로 서로 책을 추천하는 문화를 만들었습니다.

먼저 학급 문고에 친구들이 추천하는 책들을 전시할 수 있는 공간을 만들고, 매주 화요일 도서관에서 그림책을 읽고 친구들에게 추천하고 싶은 책을 1~2권 골라 일주일 동안 학급 문고에 비치했습니다. 그리고 추천 책들을 쉽게 알 수 있도록 북플릭스(한 줄 독서록)에 책의 내용, 느낀 점, 가장 인상 깊은 장면 등을 한 줄로 적어 쉽게 볼 수 있도록 게시하여 친구들이 북플릭스를 보고 책을 고를 수 있도록 했습니다.

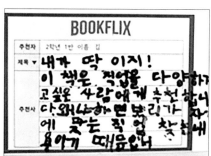

북플릭스의 앞면에는 책을 추천하는 추천사가 있습니다. 그리고 뒷면에는 학생들의 이름과 별점을 줄 수 있는 표가 있습니다. 학생들이 북플릭스를 통해 서로의 책에 대해 함께 생각해 보고 이야기할 수 있도록 영화나 드라마 평점처럼 책을 읽고 별 5개로 점수를 주었습니다. 그래서 북플릭스 점수가 높은 책들을 이번 주의 그림책으로 선정하여 매주 화요일 아침 활동 시간에 함께 읽었습니다. 날씨가 좋을 땐 아침 활동 시간이나 점심시간에 밖으로 나가 돗자리를 깔고 책을 함께 보니

학생들은 매주 이 시간이 기다려진다고 하였습니다.

매주 교실에서는 서로 책을 추천하고 추천받으며 친구들과 책으로 소통하는 방법을 익혔습니다. 그리고 도서관에서 책을 고르지 못해 서성이던 친구들은 지난주 친구들이 빌렸던 책 중에서 읽을 책을 고를 수 있었습니다. 도서관 시간에는 여전히 속닥속닥 이야기하는 소리가 들렸습니다. 그러나 책에 집중하지

못하고 떠들던 그 이야기들은 책을 같이 읽고, 책에 대해 이야기하는 소리로 바뀌고 있었습니다.

둘, 그림책 만들기로 어린이 작가 되기

글을 이해하는 능력을 기르기 위해서 가장 좋은 방법은 글을 적는 것입니다. 글을 적는 과정에서 머리로는 내용을 생각하고, 손으로 글을 쓰고, 눈으로 글을 읽으면서 여러 감각을 통해 집중하여 글을 이해할 수 있는 능력을 기를 수 있습니다. 따라서 글을 읽고 내용을 이해하기 어렵거나 책 읽는 것이 싫은 학생들에게 '나도 작가' 프로젝트를 통해 자유롭게 생각을 그림으로 그리고, 글로 쓰고 고쳐 보는 체험 중심의 독서 활동을 하고자 했습니다.

시집, 더미북, 전자책 등 그림책을 만드는 방법은 다양합니다. 처음에 학급 그림책을 만들며 그림책 만들기 연습을 하고, 더 나아가 창작 그림책을 만들기로 했습니다. 저학년 학생들과 창작 그림책을 만드는 것이 어려운 것은 사실이나 학생들의 적극적인 참여와 의지가 있다면 저학년도 충분히 창작 그림책을 만들 수 있습니다.

본 수업에서는 학급 전자 그림책을 출판하는 것으로 2학년 2학기 국어 〈6. 자세하게 소개해요〉에서 『고구마유』 그림책을 읽고 우리 반 친구들을 소개하는 『꿈우리반 고구마유』 전자책을 만들어 어린이 작가로서의 경험을 했습니다. 학생들이 그림책을 출판해 어린이 작가가 되는 경험을 통해 책의 소중함을 느끼고 삶 속에 책이 함께할 수 있기를 바라는 마음으로 프로젝트를 소개합니다.

'나도 작가' 프로젝트 준비 과정

하나, '나도 작가' 프로젝트 설계하기

'나도 작가' 프로젝트는 총 24차시로 진행하며 1년 동안 총 5권의 그림책을 출판했으며 프로젝트 이외에도 교과 주제에 맞는 그림책을 수업 시간에 함께 읽었습니다. 그뿐만 아니라 서울시교육청에서 지원한 아침 책 산책 프로젝트로 아침, 점심시간에도 학생들이 책과 함께하는 시간을 충분히 가질 수 있었습니다. 그리고 교원학습공동체의 주제 역시 그림책 만들기로 정해서 동 학년 선생님들과 함께 그림책을 공유하고, 그림책 만들기 연구를 할 수 있었습니다.

프로젝트 설계에서 가장 먼저 살펴본 것은 국어과 지도서였습니다. 2학년 국어과 교육 과정을 살펴보고 학습 내용 중 말의 재미 느끼기, 인물의 마음 짐작하기, 겪은 일을 시로 표현하기, 소개하는 글 쓰기, 인물의 모습 상상하기, 실감 나게 표현하기를 중심으로 자율 활동 학급 특색 활동(독서 교육)과 통합 교과를 재구성하여 '나도 작가' 프로젝트를 설계하게 되었습니다.

1~2차시	3~10차시	11~22차시	23~24차시
책과 친해지기 (1학기)	학급 그림책 만들기 (1학기/2학기)	창작 그림책 만들기(2학기)	그림책 전시회 (2학기)

• 책의 구성
  알아보기
• 북플릭스 및
  독서록
  작성 방법
  알아보기
	⇒	• 좋아하는 동시집을 읽고
		  『말놀이 동시집』 만들기
		• 『엄마가 좋은 10가지 이유』를
		  읽고 더미북 만들기
		• 『세상에서 가장 힘이 센 말』을
		  읽고 시집 만들기
		• 『고구마유』를 읽고 전자책 만들기
			⇒	• 작가와의 만남
				• 그림책 만들기
				• 그림책 출판하기
				  (ISBN 발급)
					⇒	• 어린이
						  작가와의
						  만남(1학년
						  초청)
						• 그림책
						  전시회

※ 본 프로젝트는 자율 활동(독서 교육, 11차시), 국어(10차시), 통합(3차시)을 재구성하였습니다.

'나도 작가' 프로젝트에서 학생들이 창작 그림책을 만들기 위해서는 어린이 작가로서의 마음가짐을 가질 수 있는 동기 부여가 필요했습니다. 그래서 '학급 그림책 만들기'로 학생들과 먼저 1학기에 『말놀이 동시집』, 『우리 부모님이 좋은 18가지 이유』 2권과 2학기에 『세상에서 가장 힘이 센 말』, 『꿈우리반 고구마유』 2권의 학급 그림책을 출판하여 친구, 부모님께 공유하고 이야기를 나누며 작가로서의 경험을 쌓았습니다. 학급 그림책을 만들며 경험을 쌓고 나니 학생들이 그림책에 더욱 호기심이 생겨 그 이후로는 공책에 이야기를 만들거나 캐릭터를 만들어 가지고 오는 학생들이 생겼습니다. 그리고 서로의 그림과 이야기를 보며 그림을 고쳐 주기도 하고 이야기에 살을 붙여 주기도 했습니다.

'창작 그림책 만들기'에서는 이분희 작가의 『한밤중 달빛 식당』 책을 읽고, 이분희 작가를 만나 책에 대해 소통할 수 있는 '작가와의 만남' 자리를 마련했습니다. 학생들은 학급 그림책을 만들면서 궁금했던 점과 앞으로 창작 그림책을 만들기 전에 궁금한 내용들을 작가에게 물어볼 수 있었습니다. 이렇게 하나씩 하나씩 학생들이 공부한 내용들을 바탕으로 포토북과 전자책으로 학생 창작 그림책을 출판하여 포토북은 개인 소장용과 학교 도서관에 등록할 책 2권을 인쇄하고, 전자책은 국립중앙도서관에 ISBN을 등록 및 납본하였습니다.

'그림책 전시회'에서는 창작 그림책을 만든 작가와 만날 수 있는 시간이었습

니다. 쉬는 시간, 점심시간에 전교생을 대상으로 전시회를 진행하고 국어 수업 시간에는 1학년 학생들을 초청하여 '작가와의 만남'을 했던 경험을 떠올리며 자신의 창작 그림책을 읽고 설명해 주는 시간을 가짐으로써 책으로 소통할 수 있는 어린이 작가가 될 수 있었습니다.

둘, 그림책 만드는 방법 알기

그림책을 만들고 끝이 아닌 앞으로 학생들이 어린이 작가로서의 삶을 살 수 있도록 국제표준도서번호(ISBN)를 서지정보유통지원시스템에 등록하여 출간한 책으로서의 의미를 가질 수 있도록 했습니다. ISBN은 본래 책 유통에 대한 데이터를 쉽게 정리할 수 있도록 돕는 책의 국제적인 주민 등록 제도와 같은 번호입니다. 학생들의 책을 유통할 것은 아니었지만 책의 구성 중 ISBN의 의미를 공부하며 하나뿐인 자신의 그림책을 갖고 싶어 한 학생들의 바람을 이루고, 평생 국립중앙도서관에 책이 소장되어 관리되어 책이 손실되어도 찾을 수 있다는 장점이 있으니 ISBN 등록을 해 보실 것을 추천합니다. ISBN 등록은 학교 이름으로 발급받거나 ISBN 대행업체를 이용할 수 있습니다.

학교 이름으로 ISBN 발급받는 방법

1. '서지정보유통지원시스템'-'출판사 신고'에서 학교 고유 번호로 출판사 등록을 합니다.
2. 출판사 등록 후 발행자 번호를 신청합니다.
   ※ 첫 ISBN 발급 시 10권을 발급받을 수 있어 10권이 넘을 경우 추가로 발행자 번호를 신청해야 합니다.
3. 도서 번호(ISBN) 신청 후 바코드를 다운받을 수 있습니다.
   ※ 책 등록 시 국립중앙도서관에 책의 사본(2권)을 납본해야 하는데 전자책으로 등록하면 PDF 형태로 납본할 수 있습니다.

본 프로젝트에서 그림책은 더미북(가제본), 전자책, 출판사 인쇄, 포토북 인쇄의 방법으로 이루어졌습니다.

종류 『제작한 그림책』	비용	제작 방법	비고
더미북(가제본) 『우리 부모님이 좋은 18가지 이유』	★☆☆☆☆	• 학생 작품을 모아 링바인더로 제작	• 종이로 8칸 책 접기 • 드로잉북에 바로 그리기
전자책 『말놀이 동시집』 『꿈우리반 고구마유』	☆☆☆☆☆	• 학생 작품 스캔 • '쿨북스' 사이트에서 PDF 업로드 혹은 편집 프로그램에서 PNG 파일로 편집	• 쿨북스 편집기 사용 시 사진/ 영상/소리/링크 등 삽입 가능 • PDF 업로드가 가능해 모든 작품을 쉽게 전자책으로 만들 수 있음 • ISBN을 발급받아 등록 가능
출판사 『세상에서 가장 힘이 센 말』	★★★★★	• 학생 작품 스캔 • 출판사(북팟)에 학생 작품 스캔본 전송 및 디자인 의뢰 • 책 출판	• 보통 40페이지 이상, 대량 인쇄시 인쇄 가능 • 비용이 비싸 보통 얇은 종이로 인쇄 • 출판사에서 ISBN 발급
포토북 『창작 그림책』	★★★☆☆	• 학생 작품 스캔 • 포토북(찍스) 편집 프로그램에서 스캔한 사진으로 편집 • 책 출판	• 단단한 인화지로 실제 책과 같이 인쇄 가능 • ISBN을 발급받아 편집 시 이미지로 삽입 가능

위의 방법으로 더미북(가제본)은 드로잉북에 스케치한 작품 그대로 만들거나 학생들의 수업 작품을 하나씩 엮어 만들었습니다. 전자책은 학생들의 수업 작품을 스캔하여 '쿨북스' 사이트에서 PDF를 업로드하거나 PNG 사진 파일들을 쿨북스 편집 프로그램에서 편집하여 만들 수 있습니다. 이때 발급받은 ISBN을 함께 등록할 수 있습니다. 출판사 인쇄는 정해진 수량이 있어 소량으로 인쇄하는 창작 그림책 출판으로는 힘들고, 학급 그림책을 출판할 때 출판사에서 ISBN까지 발급받을 수 있어 인쇄할 때 이용하면 좋습니다. 창작 그림책을 포토북으로 인쇄할 때에는 ISBN을 미리 발급받아 PNG로 다운받아 포토북에 함께 인쇄했습니다.

본 프로젝트에서는 학급 운영비 20만 원, 교사 교육 과정 운영비 50만 원으로 그림책 만들기에 필요한 재료(드로잉북, 40색 마카펜 등) 및 창작 그림책 인쇄(포토북)에 활용하였습니다. 그리고 학급 그림책 중 『세상에서 가장 힘이 센 말』은 2학년 전체 학생들의 동시집으로 출판사에서 책 디자인 및 인쇄했으며 학년 예술 교육비를 활용했습니다. 결국 그림책 인쇄에 학급에서 사용할 수 있는 예산 대부분을 사용했습니다. 그러나 학생들이 창작 그림책 만들기에 몰두하며 그림책과 친해지고, 하나뿐인 자신의 그림책을 평생 간직할 수 있었기 때문에 학생, 학부모, 교사 모두가 만족할 수 있었습니다.

'나도 작가' 프로젝트 과정 살펴보기

Chapter 1. 책과 친해지기

 '책과 친해지기'에서 학생들과 매주 자신이 친구들에게 추천한 도서로 북플릭스와 독서록을 작성했습니다. 북플릭스에서 친구들의 추천을 가장 많이 받은 책은 도서관에 반납하기 전에 책을 고른 친구가 아침 활동 시간에 친구들에게 읽어 주고 느낀 점을 나누는 시간을 가졌습니다. 아래 2개의 북플릭스 사진은 처음에 "읽고 싶은 책이 없어요.", "선생님, 책 내용을 모르겠어요."라고 하며 북플릭스 작성을 힘들어했던 학생들이 마지막 달에 작성한 북플릭스입니다. 1년 동안 학생들이 책과 친해지며 이제는 책의 내용을 파악하고 친구들에게 책을 추천할 수 있게 된 모습을 보며 '나도 작가' 프로젝트 하길 잘했다고 생각했습니다. 학생들이 작성한 독서록 중 다른 학생들에게 소개해 줄 내용이 있는 경우 명예의 전당에 게시하여 다른 학생들이 독서록을 작성하는 데 참고하도록 했습니다.

Chapter 2. 학급 그림책 만들기

※ '"나도 작가' 프로젝트를 마치며'에서 전자책 QR코드를 제공합니다.

학급 그림책 만들기는 1학기에 2권, 2학기 2권으로 국어 교과에서 공부한 학생 작품들을 모아 만들었습니다. 학생 작품을 모아 학급 그림책을 만들 수 있다는 것에 학생들은 "선생님, 책을 이렇게 쉽게 만들 수 있어요?"라며 물어보며 놀라워했습니다. 이후로 학생들은 자신이 그리고 작성한 창작물들을 소중히 여기게 되었습니다. 아래 작품은 『말놀이 동시집』, 『우리 부모님이 좋은 18가지 이유』, 『세상에서 가장 힘이 센 말』에서 한 명의 작품들을 가져온 것입니다. 이 학생은 글을 읽고 쓰는 것이 서툴러 글을 쓰는 것을 싫어하는 학생이었습니다. 그렇지만 학급 그림책을 만들기 시작하고는 시간 안에 끝내지 못한 것은 스스로 남아서 하고, 집에서 혼자 힘으로 완성해서 가져올 정도로 열심히 참여했습니다. 더 놀라운 변화는 평소 돌아가며 말하기를 할 때면 발표를 안 해서 다른 친구들이 애원과 같은 응원을 하곤 했었는데 자신이 쓴 동시를 친구들 앞에서 또박또박 읽게 된 것이었습니다.

이렇게 만든 학급 그림책들은 알림장에 전자책 링크와 QR코드로 가정으로 안내되어 학생들의 성장에 대해 소통할 수 있는 창구가 되었습니다. 그리고 학급 그림책을 만들며 학생들은 점점 책 만들기에 자신감이 생겼고, 창작 그림책 만들기에 더욱 열의를 보이기 시작했습니다.

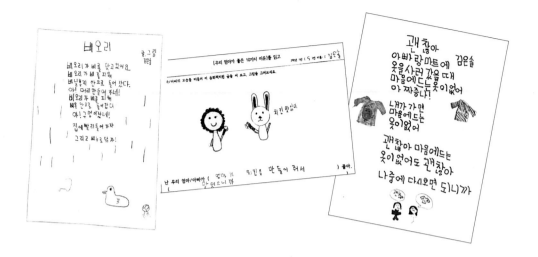

Chapter 3. 창작 그림책 만들기

11~13차시	14~19차시	20~23차시	24차시
아이디어 기획하기	이야기와 그림 그리기	더미북 만들기	포토북 만들기
• 그림책의 주제나 내용 상상하기 • 누구에게 추천해 주고 싶은 책인지 생각하기 • 작가와의 만남 (이분희 작가)	• 그림책 주인공, 제목 정해서 표지 그리기 • 그림책 내용 상상해서 쓰기 • 그림책 내용 정리하여 쪽수(24쪽)대로 분리하기 • 그림책 썸네일 그리기	• 드로잉북에 그림 그리기 • 그림책에 들어갈 글 정리하기	• 작가의 말 쓰기 • ISBN 등록 후 포토북으로 인쇄하기

⇒ ... ⇒ ... ⇒

※ 창작 그림책 만들기는 개인차가 있기 때문에 부족한 부분은 개별 과제로 완성했습니다.

학생들이 글의 구조와 책을 직접 만들며 책의 구성이 어떠한지, 그리고 작가가 어떻게 생각을 책으로 옮기는지 생각하며 책과 친해질 수 있도록 '나도 작가' 프로젝트에서는 창작 그림책 만들기 계획을 했습니다. 원래 계획은 모둠별로 창작 그림책을 만들고자 했으나 학생들의 열의에 못 이겨 개인 창작 그림책을 만들게 되었습니다. 저학년 학생들을 데리고 19권의 그림책을 만들 수 있을까 걱정이 앞섰습니다. 그러나 만들기를 시작하고 학생들이 그 어느 때보다 진지하게 창작 그림책 만들기에 참여하는 것을 보고 더욱 몰입하여 프로젝트를 진행할 수 있었습니다. 창작 그림책 만들기를 할 때는 개인차가 있어 학생들을 파악하여 알맞은 그림책을 예시로 제시하는 것이 중요합니다.

Chapter 4. 그림책 전시회

그림책 전시회는 '나도 작가' 프로젝트의 결과 발표회로 어린이 작가로서 독자들을 만나는 자리였습니다. 학생들과 함께 교실에 모둠별로 그림책을 만드는 과정을 전시하고, 복도 게시판에 포스터와 책 표지들을 붙이고, 쉬는 시간에 모둠별로 자신의 책을 들고 전시회 홍보도 했습니다.

그림책 전시회는 쉬는 시간, 점심시간에 참가 학생들이 자유롭게 둘러보고 어린이 작가들은 자신의 모둠에서 역할을 정해 창작 그림책을 만드는 과정과 책 소개를 했습니다. 역할1은 아이디어 기획, 역할2는 이야기와 그림 그리기, 역할 3은 더미북 만들기, 역할4는 완성본에 대해 설명을 했습니다.

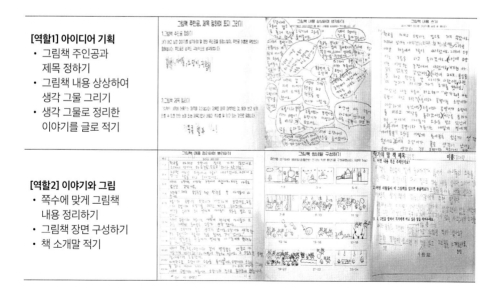

[역할1] 아이디어 기획	
• 그림책 주인공과 제목 정하기 • 그림책 내용 상상하여 생각 그물 그리기 • 생각 그물로 정리한 이야기를 글로 적기	
[역할2] 이야기와 그림	
• 쪽수에 맞게 그림책 내용 정리하기 • 그림책 장면 구성하기 • 책 소개말 적기	

[역할3] 더미북
- 장면에 들어갈 그림과 말 구성하기
- 등장인물 소개하기
- 더미북의 구성 소개하기

[역할4] 완성본
- 표지의 구성 소개하기
- 작가의 말 소개하기
- 창작 그림책 소개하기

수업 시간에는 1학년 학생들을 초청하여 '어린이 작가와의 만남'을 진행했습니다. '어린이 작가와의 만남'에서는 모둠별로 작가의 말을 소개하며 책을 쓰게 된 이유와 함께 이야기를 들려주고 질문을 받았습니다. 어린이 작가들은 이분희 작가와의 만남을 떠올리며 열정적으로 자신의 책을 읽어 주고 1학년 친구들의 엉뚱한 질문에도 진지하게 대답해 주며 어린이 작가로서의 모습을 보여 줬습니다.

다음으로 소개할 수업은 총 24차시 '나도 작가' 프로젝트 중 10차시로, 학급 그림책 만들기 단계의 마지막 수업입니다. 전자책 형식으로 학생 작품을 활용하여 쉽게 학급 그림책을 출판하는 방법을 소개합니다.

수업 훑어보기

대상	2학년 2학기
관련 교과 및 단원	국어 6. 자세하게 소개해요
성취 기준	[2국 03-03] 주변의 사람이나 사물에 대해 짧은 글을 쓴다.
학습 목표	인물을 자세하게 소개하는 글을 쓸 수 있다.
수업 준비하기	◈ (9차시) 『고구마유』를 읽고 나를 고구마로 표현하기 - 『고구마유』를 읽고 말의 재미 느끼기 - 등장인물의 특징 살펴보기 - 나의 특징을 살려 고구마 캐릭터 그리기

	들어 가기	◈ (10차시) 『고구마유』 등장인물 소개하기 - 『고구마유』 등장인물의 특징을 생각하며 소개하기
수업 개요	펼치기	◈ 소개하는 글 쓰기 방법 탐색하기 - 『브레인스토밍』으로 『고구마유』 등장인물의 특징 찾아보기 - 인물을 자세하게 소개하는 방법 알아보기 ◈ 인물을 소개하는 글쓰기(자기 평가) - 고구마 캐릭터를 보고 자세히 소개하는 글 쓰기 - "누구예유" 놀이 하기(소개하는 글로 캐릭터 맞추기)
	나가기	◈ 평가 및 정리하기 - 『꿈우리반 고구마유』의 인물 소개하는 글을 돌아가며 읽기 - 학습 내용 정리하기
	수업 후	◈ 『꿈우리반 고구마유』 전자책 출판 - 인물 소개하는 글을 수정하여 녹음하기 - 쿨북스 전자책 편집 프로그램에서 학생 작품과 녹음 파일을 넣어 전자책 출판하기

'학급 그림책 만들기'
수업 자세히 들여다보기

'학급 그림책 만들기'에서는 2학년 교과 수업을 그림책을 중심으로 재구성하여 학습 결과물로 학급 그림책 만드는 것을 목표로 했습니다. 본 수업은 2학년 2학기 국어 〈6. 자세하게 소개해요〉에서 나를 표현한 고구마 캐릭터를 친구들에게 자세히 소개하는 것을 목표로 재구성했습니다. '나도 작가' 프로젝트에서 학생들은 등장인물을 만드는 것을 어려워합니다. 그래서 먼저 나를 캐릭터화하여 등장인물 만들기를 연습한 뒤 나의 그림책 등장인물 만들기를 합니다. 따라서 이번 시간에 인물을 자세히 소개하는 방법을 공부한 뒤 '창작 그림책 만들기' 단계에서 자신이 만든 등장인물 소개하는 글을 작성합니다.

수업의 흐름은 다음과 같습니다. 본 수업 전에 『고구마유』그림책을 읽고 그림책 속 제각각 특징을 가진 고구마들처럼 나의 특징을 담아 고구마 캐릭터를 그립니다. 친구들이 그린 고구마 캐릭터를 보고 소개하는 글을 쓰는 방법을 탐색합니다. 탐색한 결과로 나를 소개하는 글을 쓰고 친구의 소개 글을 보고 소개하는 글의 친구가 누구인지 맞히는 놀이를 합니다. 마지막으로 학생들의 고구마 캐릭터와 소개 글을 하나로 엮어 전자책으로 출판합니다.

| 『고구마유』 그림책 읽고 캐릭터 만들기 | → | 소개하는 글 쓰는 방법 탐색하기 (『브레인스토밍』) | → | 인물을 소개하는 글 쓰기 (자기 평가) | → | 전자책으로 출판하기 |

Chapter 1. 수업 전『고구마유』그림책 읽고 캐릭터 만들기

'나도 작가' 프로젝트는 학생들이 그림책과 친해지고 독해력을 기르는 것을 목표로 합니다. 따라서 수업에서 전달하고자 하는 내용을 학생들이 자연스럽게 느낄 수 있도록 학습 내용과 어울리는 그림책을 찾아 수업에 활용하였습니다.

2학년 2학기 국어 〈6. 자세하게 소개해요〉에서 그림책 속 인물 소개를 통해 자신이 알고 있는 주변 사람을 소개하는 방법을 알아보고자 합니다. 그래서 말놀이를 공부할 때 활용해서 학생들에게 익숙하고, 등장인물의 특징이 두드러지게 드러나는『고구마유』그림책을 함께 읽을 책으로 선정했습니다. 본 수업 전에 학생들과 그림책을 읽고, 역할을 정해 역할 놀이를 하며『고구마유』등장인물들의 특징을 살펴봅니다. 부왕! 보옥! 보로로! 그림책 속 고구마들은 저마다의 방구 소리에 어울리는 생김새와 이름을 갖고 있습니다.

옆의 고구마 캐릭터는『고구마유』등장인물처럼 자신의 특징이 드러나는 고구마 캐릭터를 그린 작품입니다. 학생들이 그린 고구마 캐릭터는 본 수업에서 학급 그림책의 등장인물이 되며, 그림책 속 인물을 소개하는 글을 쓰는 자료로 활용합니다.

Chapter 2. 소개하는 글 쓰는 방법 탐색하기

『고구마유』그림책에 어떤 등장인물이 등장하는지 소개하는 활동으로 수업을 시작합니다. 처음 학생들이 등장인물을 쉽게 알아맞히지 못하도록 "나는 분홍색이에요.", "나는 배가 불룩해요." 등 모호한 설명으로 등장인물 소개했습니다. 학생들은 "선생님, 정확하게 누구인지 맞힐 수 없어요."라며 자세히 설명해 달라고 합니다. 이번에는 학생들이 등장인물들을 설명했습니다.

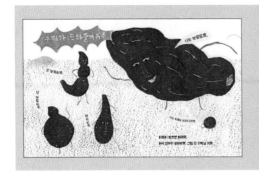

"보옹, 부왕, 부식, 보로로,
이름 모르는 고구마가 있어요."
"보로로는 엄청나게 커요."
"이름을 모르는 고구마는
가장 작고 동그래요."

학생들은 눈에 보이는 특징으로 그림책 속 등장인물의 이름이나 생김새를 찾아 등장인물들을 소개했습니다. 눈에 보이는 특징으로 충분히 등장인물들을 구분할 수 있습니다. 그러나 그림책의 내용을 좀 더 깊게 이해하기 위해서 그림책의 내용을 모르는 친구들이 궁금해할 인물들의 특징을 찾으며 소개하는 글을 자세히 쓰는 방법을 탐색했습니다.

인물을 자세히 소개하는 방법을 탐색하기 위해서 모둠별로 『고구마유』 그림책을 한 권씩 나누어 갖고 모둠 친구들과 책을 한 번 더 읽으며 「브레인스토밍」으로 등장인물들에 대해 알 수 있는 내용들을 정리했습니다. 학생들에게는 책을 읽을 때 유의할 점으로 그림책 속 인물들이 무슨 말과 행동을 하는지를 잘 살펴볼 수 있도록 지도했습니다.

「브레인스토밍」 결과물로 붙임딱지에 정리된 내용들을 함께 살펴보며 처음에 이름과 생김새를 설명한 것에 인물이 잘하는 것, 좋아하는 것, 성격 등을 덧붙여 훨씬 더 자세한 소개 글을 완성하였습니다. 그리고 인물의 특징을 중심으로 정리하며 그림책의 내용도 쉽게 파악할 수 있었습니다.

Chapter 3. 인물을 소개하는 글쓰기

인물을 소개하는 글쓰기에서는 지난 시간에 그렸던 자신의 고구마 캐릭터를 보며『꿈우리반 고구마유』등장인물을 소개하는 글을 작성합니다. 이때 앞에서 정리한 인물을 자세하게 소개하는 방법을 바탕으로 내가 잘하는 것, 좋아하는 것, 성격, 친구들이 궁금해할 내용 중 등장인물을 가장 잘 나타내는 중요한 내용을 작성하였습니다. 특히 소개하는 글을 작성할 때 글을 보고 누구인지 알 수 있도록 특징을 효과적으로 전달할 수 있도록 꾸며 주는 말을 작성하도록 했습니다.

『꿈우리반 고구마유』등장인물 소개로 자신의 특징을 살려 그린 고구마 캐릭터를 소개하는 글을 작성했습니다.『고구마유』그림책을 말놀이로 읽었기 때문에 "~유", "음층" 등 충청도 사투리나 "슈팅슈팅" 같은 표현을 자유롭게 쓸 수 있도록 허용했습니다.

『꿈우리반 고구마유』등장인물 소개하는 글 작성 방법은 다음과 같습니다. 첫째,『고구마유』그림책과 같이 자신의 특징이 드러나는 이름을 정합니다. 둘째, "저는 ~이에유.(자기소개)"의 형식으로 자신을 소개하는 글을 작성합니다. 셋째, 꾸며 주는 말에는 밑줄을 그어 표시합니다.

다음으로는 소개하는 글을 보고 누구를 소개하는 글인지 맞히는 놀이를 했습니다.

놀이에서 글씨체나 그림을 알고 있어 맞힌 경우도 있었지만 고구마 캐릭터를 소개할 때 특징이 잘 드러나 비교적 간단하게 캐릭터 그림과 소개하는 글들이 모두 자기 짝을 찾아갔습니다. 지난 시간에 그림을 그리며 자신의 두드러진 특징을 생각했기 덕분에 등장인물의 특징이 잘 드러나도록 소개하는 글을 작성할 수 있었습니다.

Chapter 4. 과정 중심 평가와 피드백

수업을 정리하면서 학생들은 자기가 작성한 소개하는 글을 보고 체크리스트에 꾸며 주는 말을 사용했는지, 자신의 특징을 담은 이름 작성했는지, 자신의 특징을 잘 작성했는지 3가지로 평가했습니다. 학생들의 체크리스트 평가 내용과 학습 결과물을 보고 책으로 출판하기 전에 특징이 자세히 드러났는지와 맞춤법에 맞게 작성했는지를 확인하여 피드백합니다.

체크리스트

평가 과제	인물의 특징이 효과적으로 드러나게 짧은 글을 쓸 수 있는가?
성취 기준	[2국03-03] 주변의 사람이나 사물에 대해 짧은 글을 쓴다.

평가 요소	채점 기준		
특징이 드러나는 이름을 지을 수 있나요?	○	△	×
자세하게 소개하는 글을 쓸 수 있나요?	○	△	×
꾸며 주는 말을 사용하여 특징을 효과적으로 나타낼 수 있나요?	○	△	×

평가 내용	(지식) 자세하게 소개하는 글을 쓰는 방법을 알고 있는가? (기능) 인물의 특징이 효과적으로 드러나게 짧은 글을 쓸 수 있는가? (태도) 놀이에 적극적으로 참여하는가?
평가 방법	관찰 평가, 자기 평가
평가 도구	발표, 학생 작품, 체크리스트

피드백한 내용으로 학생들은 자신의 학습 결과물을 수정하여 학급 그림책을 출판했습니다.

Chapter 5. 학급 그림책을 전자책으로 출판하기

수업 후에 학생들의 고구마 캐릭터와 소개하는 글을 이미지(PNG)로 스캔하여 쿨북스로 학급 그림책인 『꿈우리반 고구마유』를 전자책으로 출판했습니다. 쿨북스에서 PDF를 업로드하면 바로 전자책을 만들 수 있습니다. 그러나 이미지(PNG)를 활용해 쿨북스 편집기를 사용하면 전자책을 세부적으로 편집할 수 있습니다. 전자책은 동영상과 소리, 링크 등을 첨부해 책을 읽으면서 동영상과 소리 등을 함께 확인할 수 있는 장점이 있습니다. 그래서 학생들이 작성한 소개하는 글을 『고구마유』 책의 충청도 사투리로 실감 나게 읽어서 녹음한 파일을 쿨북스 편집기로 전자책에 함께 첨부하여 말의 재미를 느끼며 책을 읽을 수 있었습니다.

쿨북스 전자책 편집기

수업을 통해 성장하다

 1년 동안 진행한 '나도 작가' 프로젝트는 교실에 큰 변화를 가져왔습니다. 책을 멀리하던 학생들이 책과 친해지고, 쉬는 시간에 책에 대해 서로의 의견을 공유하고, 이야기를 만들거나 그림을 그리며 처음 교사 교육 과정을 계획하며 꿈꿨던 모습으로 교실이 바뀌어 가는 것을 볼 수 있었습니다.

 '나도 작가' 프로젝트를 통해 학생들이 한 권의 책을 구상하고, 기획하여 작품을 완성하는 경험을 통해 어엿한 어린이 작가가 될 수 있었습니다. 어린이 작가가 한 땀 한 땀 도화지를 채워나갈 때 무한한 가능성과 잠재력이 반짝이게 빛나는 것을 보았습니다. 그림책 전시회를 방문록에 적힌 글처럼 '나도 작가' 프로젝트를 시작할 때의 설렘과 나만의 책이 완성되었을 때의 행복함을 품고 앞으로도 어린이 작가의 목소리를 글과 그림으로 활짝 펼쳐 내기를 바랍니다.

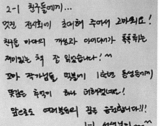

학급 그림책 전자책으로 보기

학생 창작 그림책 전자책으로 보기

학생 창작 전자책 보러가기

↓

꿈우리반 창작 그림책

천편일률적인 흉내 내는 말 수업 어떻게 바꿀까?

심 교사의 수업 고민

하나, 천편일률적인 흉내 내는 말?

"오리는 꽥꽥! 병아리는 삐약삐약!"

1학년 2학기 국어 〈2. 소리와 모양을 흉내 내요〉를 시작하기도 전에 아이들은 흉내 내는 말을 익히 알고 있습니다. 동요나 이야기를 통해 흉내 내는 말을 자주 접해 보았기 때문입니다. 그러나 때론 익숙함이 창의적인 사고를 제한하기도 합니다. 삽화의 예시처럼 아이들 대다수가 '오리' 하면 '꽥꽥'만 떠올린다는 것이죠. 오리의 모습, 소리, 냄새, 촉감 등을 통해 더욱 다양한 흉내 내는 말을 떠올릴 수 있음에도 불구하고요.

 '아이들의 톡톡 튀는 생각을 더 자극해 줄 순 없을까요?'

둘, 아이들의 경험을 다루기에 충분하지 않은 교과서 내용

흉내 내는 말은 우리말의 아름다움과 가치를 지닌 어휘로써 다양한 시, 이야기 속에서 활용되고 있습니다. 교과서에도 흉내 내는 말이 포함된 시와 이야기가 수록되어 있습니다. 하지만 이를 읽는 정도의 소극적인 방법으로는 흉내 내는 말의 아름다움과 가치를 충분히 느낄 수 없습니다. 특히 교과서에 수록된 글이 아이들의 삶과 맺는 연관이 적으면 그 안에 포함된 어휘들도 아이들의 내면에 의미 있게 기억되지 못할 것입니다.

'교과서에 제시된 몇 개의 흉내 내는 말로는 부족합니다!'

셋, 혼자서 쓰기 어려워하는 아이

'구름이 ( ) 떠 있다.', '자전거를 탄 사람이 ( ) 지나간다.'라고 쓰여 있는 교과서 문제를 본 아이들은 어떤 답을 적을까요? 얼핏 보면 답을 적기 쉬워 보이는 문제지만 어려워하는 아이들도 있습니다. 몇몇의 아이는 빈칸에 무엇을 써야 할지 고민하다 주어진 시간 안에 완성하지 못하지요. 결국 선생님이 답을 불러 주면 아이들은 받아 적는 식으로 수업이 흘러갑니다. 이런 일이 반복되면 아이들은 쓰기 과제에 흥미를 잃어버리게 됩니다. 교사들은 결과(답)가 아닌 과정을 학습하게 하고 싶지만, 수업 시간에 각각의 아이들을 위해 별도로 시간을 내기가 쉽지 않습니다.

'교사의 일방적인 도움이 아닌 친구와의 협력을 통해 배움이 일어날 수 없을까요?'

심 교사의 수업 아이디어

하나, 오감을 통해 다양한 흉내 내는 말을 떠올리게 하자

수업 시간을 통해 이미 만들어지고 익숙하게 알려진 흉내 내는 말을 학습하는 것도 의미 있습니다. 하지만 답이 정해진 수업은 흉내 내는 말을 자주 접하지 못한 아이들의 수업 참여를 어렵게 합니다. 친구들이 쉽게 대답하는 사이에 정작 자신은 고민하고 생각해 볼 여유를 갖지 못하기 때문입니다. 멀뚱멀뚱 다른 친구들의 발표만 듣다 보면 몇몇 아이들은 결국 흥미와 자신감을 잃곤 합니다.

〈2. 소리와 모양을 흉내 내요〉 단원의 주안점은 흉내 내는 말을 익히고, 흥미를 가지게 하는 것에 있습니다. 따라서 단순 어휘 교육으로서의 '흉내 내는 말' 지도가 아닌 **학생 스스로 오감을 통해 느껴지는 것들을 자신만의 흉내 내는 말로 표현하는 역량**을 갖게 하는 것이 더욱 중요합니다.

이를 위해 오감을 최대한 활용할 수 있는 주제를 제시하는 것이 필요합니다. 모양, 색깔, 소리, 냄새, 맛, 촉감 등을 다양하게 탐색할 여지가 있는 주제어를 선정하는 것이지요. 예를 들어, '국수'라는 주제어를 준다면 아이들은 어떤 반응을 보일까요? 아이들은 쉽게 '후루룩', '냠냠' 등의 흉내 내는 말을 떠올립니다. 이때, 오감 카드를 보며 국수를 다른 감각으로 느끼고 표현할 수 있도록 발문을 제시합니다. 쉽게 연상할 수 있는 흉내 내는 말 말고 색다른 것을 떠올리도록 자극하는 것입니다.

아이들은 오감 질문을 통해 새로운 흉내 내는 말을 발견하고 "국수에서 모락모락 김이 피어나요.", "냠냠 먹기 전에 후후 불어요.", "탱탱한 국수가 맛있어요!"라는 문장을 표현하게 됩니다.

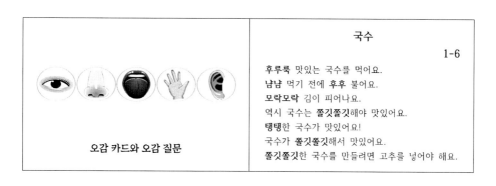

| 오감 카드와 오감 질문 | 국수
1-6

후루룩 맛있는 국수를 먹어요.
냠냠 먹기 전에 **후후** 불어요.
모락모락 김이 피어나요.
역시 국수는 **쫄깃쫄깃**해야 맛있어요.
탱탱한 국수가 맛있어요!
국수가 **쫄깃쫄깃**해서 맛있어요.
쫄깃쫄깃한 국수를 만들려면 고추를 넣어야 해요. |

둘, 아이들에게 익숙한 계절(가을)을 소재로 활용하자!

앞서 국어 교과서에 제시된 글만으로는 흉내 내는 말을 충분히 경험하기 어렵다고 하였습니다. 많은 교사들도 저와 비슷한 생각으로 교과서 밖 다양한 자료들을 활용하고 있습니다. 오히려 너무 많은 자료들이 있어 무엇을 선택해야 할지 고민이 될 정도입니다. 그러나 **아무리 좋은 자료라도 아이들의 삶과 연관**

이 적으면 학습의 과정과 결과가 의미 있게 기억되지 못합니다.

저는 아이들에게 익숙한 계절(가을)을 소재로 활용하기로 하였습니다. 초등학교 1~2학년 통합 교과는 계절이라는 대주제로 학생들의 삶-학습을 연결하기 때문에 아이들은 이미 계절을 탐색하고 표현하는 데 익숙합니다. 시시각각 빛깔이 변하는 자연, 무르익은 곡식과 과일, 풍성한 음식이 있는 가을이라는 주제는 흉내 내는 말로 표현하기에 제격입니다. 저는 **아이들과 교정에서 직접 주운 감과 밤송이, 낙엽과 솔방울을 바구니에 모아 가을 바구니를 만들었습니다.** 아이들이 스스로 보고, 듣고, 맛보고, 느낀 것들에 흉내 내는 말을 더하면서 가을의 아름다움이 더욱더 실감 나게 표현되었습니다.

아이들과 함께 모은 가을 바구니

셋, 협동 시 짓기로 쓰기의 과정을 배우게 하자!

초등학교 1학년 1학기 국어 교과는 주로 한글 교육으로 이루어져 있습니다. 2학기에는 1학기 때 배운 한글 읽기·쓰기를 바탕으로 자신의 생각과 느낌을 다양하게 표현하는 데 중점을 둡니다. 따라서 1학년 2학기부터 학생들은 1학년 수준의 다양한 글을 접하고, 자신의 생각과 느낌을 문장 수준으로 표현하거나 유창한 말로 발표하는 활동을 합니다. 그러나 교실에는 읽기·쓰기를 어려워하는 아이들이 있습니다. 특히 쓰기를 어려워하는 아이들은 문장을 쓸 시도조차 못한 채 멀뚱멀뚱 앉아 시간을 보내기도 합니다.

그런 학생들에게 시 짓기를 하게 한다는 것이 너무 막연하게 느껴질 수도 있겠습니다. 시를 완벽하게 쓰게 하려는 욕심만 내려놓으면 아이들이 시를 쓰는 것은 '다'나 '요'로 끝나는 문장을 쓰는 것보다 훨씬 쉽습니다. 시는 노래와 같아서 아이들에게 오히려 친숙합니다. 또한 잘 설계된 협력 학습을 통하여 시 쓰기의 과정을 경험하게 하면 배움이 느린 아이들도 쉽게 참여할 수 있습니다. 아이들이 툭툭 내뱉은 표현들을 순서를 바꾸어 갖다 붙이기만 하면 그럴싸한 시가 됩니다. 아이에게 혼자서 시 한 편을 쓰라고 한다면 어렵겠지요. 그러나 '너 한 줄, 나 한 줄' 딱 한 줄씩만 써서 모으면 시 한 편이 뚝딱 완성됩니다. 아주 쉽게 쓰기의 쾌감을 맛보게 할 수 있습니다.

수업 워밍업, 무엇을 준비할까?

하나, 흉내 내는 말 나무

　모든 수업에서 아이들은 서로 다른 배경 지식을 가지고 출발합니다. '흉내 내는 말' 수업에도 예외는 없습니다. 어떤 아이는 양적으로도 많은 어휘를 알고 있고, 각각의 흉내 내는 말이 갖는 어감, 느낌까지도 충분히 이해할 수 있습니다. 반면 어떤 아이는 한정된 지식을 가지고 있고, 상황에 적절한 흉내 내는 말을 떠올리길 어려워합니다.

　그래서 이 단원을 시작하며 〈흉내 내는 말 나무〉를 칠판에 붙여 두었습니다. 처음에는 가지만 있는 나무였지만 다양한 작품을 통해 새로운 흉내 내는 말을 배울 때마다 가장 마음에 드는 흉내 내는 말을 나뭇잎에 적어 붙이게 하였습니

다. 나뭇잎을 한 번 보세요. 저마다 다른 색깔, 글씨체로 흉내 내는 말의 성격을 표현한 것이 보이시나요? '비틀비틀'은 비틀비틀한 글씨체로 쓰고 그 옆에 비틀비틀한 선을 그려 놓았습니다. 우리 반 흉내 내는 말 나무는 브레인스토밍의 결과이자 출발점이 됩니다. 누군가의 글에서 얻은 흉내 내는 말은 다시 나의 글 재료가 됩니다. 흉내 내는 말 나무는 **주어진 상황에 어울리는 문장을 쓰기 위해 언제든 참고할 수 있는 좋은 자료**가 되었습니다.

둘, 창문 학습판에 돌아가며 쓰기

저는 아이들이 협력 학습을 통해 쓰기의 과정을 배워 나가길 바랐습니다. 이를 위해 1학년도 쉽게 접근할 수 있는 「브레인 라이팅」, 「명목집단법」 등을 적극 활용 하였습니다. 그중에서 「브레인 라이팅」은 창의적인 아이디어를 만들어 내기 위해 기존 인식을 벗어난 자유로운 상태에서 새로운 생각을 만들어 내는 것을 말합니다. 학습지 1장을 모둠에 나눠 주고 브레인 라이팅을 하라고 하면 가장 똑똑한 아이가 종이를 차지하고 친구의 도움 없이 종이를 가득 채웁니다. 교사의 의도와 다르게 협력이 제대로 이루어지지 않습니다. 반면 **창문 학습판은**

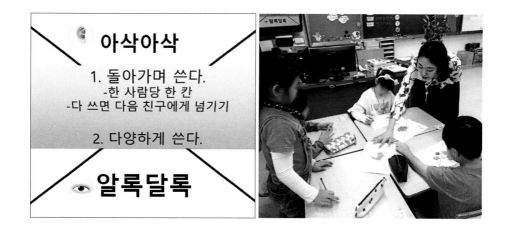

무임승차를 방지하고, 친구와 다른 의견을 적어 나갈 수 있도록 유도합니다. '돌아가며 쓰기, 다양하게 쓰기'라는 간단한 원칙만 제시해 주면 됩니다.

그럼에도 불구하고 칸을 채우지 못하는 아이가 있습니다. 그럴 땐 교사가 아이에게 다가가 의견을 낼 수 있도록 격려해도 되고, 친구가 도움을 제공할 수도 있습니다. 억지로 쓰게 하기보다는 〈흉내 내는 말 나무〉를 참고하여 충분히 생각할 기회를 주는 것이 좋습니다. 브레인 라이팅은 최종 의사 결정이 아닌 아이디어 제시 단계에서 쓰이는 기법이기 때문에 친구들이 적은 의견을 읽어 보는 것으로 다음 활동을 준비하게 할 수도 있습니다.

셋, 문장 쓰기를 밥 먹듯이 하기

쓰기는 인지적 부담이 많은 작업입니다. 한글을 막 뗀 1학년 아이들에게는 특히 어려운 일이지요. 이맘때 아이들은 일기 쓰기와 받아쓰기 경험으로 인해 쓰기를 할 때면 긴장, 두려움의 정서를 느끼곤 합니다. **글의 내용과 철자에 대한 지도도 중요하지만 밥 먹는 것처럼 습관적인 쓰기를 하도록 격려하는 것이 더 우선입니다.**

그래서 저는 2학기 시작과 동시에 아이들에게 예쁜 수첩을 선물하였습니다. 매일 15~20분 정도의 시간을 주어 주제에 관한 1~2줄의 문장을 쓰고, 서로 돌아다니며 읽고 이야기를 나누게 하였습니다. 딱 이 시간만큼은 글의 내용이나 철자에 대한 직접적인 교정을 멈추려고 노력했습니다. 제가 개입하는 대신 아이들끼리 친구의 글을 읽고 이야기할 시간을 충분히 주니 웃음소리도 더 많아졌습니다.

일상에서 보고 겪은 일을 쓰게 하는 것도 좋지만 글쓰기에 익숙하지 않은 아이들에게는 그마저도 쉽지 않습니다. 무엇을 써야 할지 고민하다가 한 자도 쓰지 못하기 때문입니다. 아무리 물어도 "기억이 안 나요.", "잘 모르겠어요."라는 대답뿐입니다. 일상 쓰기 대신 '이야기 그림 카드'를 무작위로 골라 그림에 어울리게 문장을 쓰게 하였는데, 아주 반응이 좋았습니다. 각자 쓴 글을 친구들과 바꾸어 읽고, 추천하는 시간을 통해 쓰기 습관을 형성할 수 있었습니다.

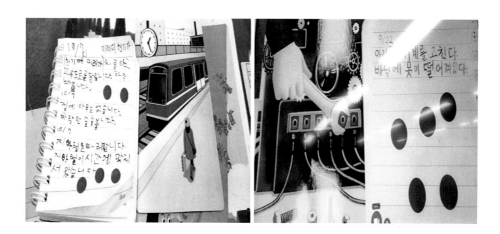

수업 훑어보기

대상	1학년 2학기
관련 교과 및 단원	국어/2. 소리와 모양을 흉내 내요
성취 기준	[2국05-05] 시나 노래, 이야기에 흥미를 가진다. [2국05-03] 여러 가지 말놀이를 통해 말의 재미를 느낀다.
학습 목표	흉내 내는 말을 사용하여 가을 시를 만들 수 있다.
수업 준비하기	◈ 동요, 시, 이야기 속 다양한 흉내 내는 말 경험하기 (1~4차시) - 동요, 시, 이야기 속 흉내 내는 말 찾기 - 흉내 내는 말의 느낌을 살려 동요, 시, 이야기 읽기 - 흉내 내는 말 몸으로 표현하기 - 흉내 내는 말 빙고 놀이하기 ◈ 흉내 내는 말을 사용해 문장 만들기 (5-6차시) - 흉내 내는 말이 사용된 문장과 사용되지 않은 문장 비교하기 - 흉내 내는 말 브레인스토밍 하기 - 흉내 내는 말로 문장 만들고 돌아가며 말하기

수업 개요	들어 가기	◈ 다섯 고개로 가을 흉내 내기 - 실물과 그림 자료를 보며 오감을 활용하여 다양한 흉내 내는 말 떠올리기
	풀어 내기	◈ 흉내 내는 말 사용하여 협동 시 짓기 - 모둠별 주제에 맞는 문장 만들기 - 돌아가며 쓰기와 명목집단법을 활용하여 협동 시 완성하기 ◈ 느낌을 살려 협동 시 낭송하기 - 언어적 표현(어조, 운율 등)과 비언어적 표현(몸짓, 표정 등)을 살려 돌아가며 시 낭송하기 - 다른 모둠의 발표 경청하기
	나가기	◈ 성찰하기 - 공부한 소감을 흉내 내는 말로 표현하기 - PMI 기법으로 상호 평가하기

수업 자세히 들여다보기

이 단원은 아이들이 흉내 내는 말에 흥미를 느끼고 그것을 익히는 데 목적이 있습니다. 이를 위해 동요, 시, 이야기 속에서 다양한 흉내 내는 말을 찾는 활동을 학습의 출발점으로 삼았습니다. 이어 제시된 '흉내 내는 말을 몸으로 표현하기', '흉내 내는 말 빙고 놀이' 등의 활동들도 시와 이야기 등의 문학 작품에 흥미를 가지도록 하는 정의적 측면에 목적이 있습니다. 이 단원의 학습을 통해 아이들은 소리와 모양을 흉내 내는 말을 익히면서 우리말의 재미를 경험하고, 낱말과 문장에 관심을 가지게 됩니다. 또 흉내 내는 말을 시, 이야기, 노래 등의 작품에서 발견함으로써 문학 작품에 대한 흥미와 긍정적인 태도를 가지게 됩니다.

저는 본 차시 수업을 통해 아이들이 문학 작품을 보다 적극적으로 향유할 수 있기를 바랐습니다. **이미 생산된 것에서 흉내 내는 말을 찾아 소비하는 것을 넘어 흉내 내는 말이 들어간 시를 직접 써 보도록 하는 것입니다.** 내가 만든 것만큼 애착이 느껴지는 것은 없지요. 이 수업을 통해 몇 편의 시를 지은 아이들의 애정 어린 눈빛이 모든 걸 말해 주었습니다.

Chapter 1. 다섯 고개로 가을 흉내 내기

수업을 시작하며 아이들과 함께 줍고 모아 만든 가을 바구니를 교탁 위에 올려놓았습니다. 붉게 익은 감과 뾰족뾰족한 밤송이를 가까이서 보고 싶어서 아이들의 엉덩이가 들썩거립니다. "여기 보세요."라고 하지 않아도 모든 아이들이 수업에 집중합니다. 그중 한 아이가 앞에 나와 가을 바구니 중 하나를 고릅니다. 다른 아이들은 앞에 나온 아이에게 오감을 활용한 다섯 고개 질문을 냅니다. "어떤 모양이야?", "어떤 소리가 나?" 앞에 나온 아이는 흉내 내는 말을 사용해서 대답합니다. "뾰족뾰족(모양이야)", "바스락바스락(소리가 나)" 교사가 하던 오감 질문을 아이들끼리 주고받으며, 이번 수업에서 표현할 가을을 흉내 내 봅니다. 흉내 내는 말은 장황하게 설명하지 않아도 흉내 내는 대상을 명확히 묘사합니다. '뾰족뾰족'과 '바스락바스락'만 들어도 친구가 설명하는 것이 낙엽인 줄 금방 알아차립니다.

아이들과 함께 모은 가을 바구니

다섯 고개 흉내 내기

Chapter 2. 협력 시 짓기의 과정

동기 유발 이후 첫 번째 활동에서는 창문 학습판을 활용해 흉내 내는 말을 「브레인 라이팅」합니다. 창문 학습판을 주면서 꼭 돌아가며 쓰기, 다양하게 쓰기 원칙을 강조합니다. 일부 학생이 학습판을 독점하거나, 반대로 무임승차하는 것을 막기 위해서입니다. 그리고 교사가 오감을 사용해서 흉내 내는 말을 떠올리고 적는 과정을 다음과 같이 예시로 보여 줍니다. "사과! 사과를 떠올리면 선생님은 사과를 베어 먹는 소리가 들려요. 어떤 소리일까요?", "아삭아삭이요."

창문 학습판에는 도토리, 단풍, 밤송이 등의 그림을 넣었습니다. 아이들은 각각의 그림에 어울리는 흉내 내는 말을 적습니다. 이때 "생각이 나지 않아요.", "제가 쓰고 싶은 걸 옆 친구가 이미 썼어요."라고 말하는 아이들이 있습니다. 모둠의 창문 학습판을 살펴보

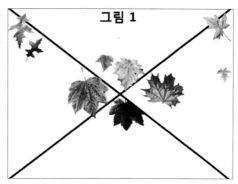

그림 1

고 아이들이 놓친 오감 질문을 언급해 새로운 흉내 내는 말을 떠올리게 하는 방법이 있습니다. 또는 칠판에 붙여진 〈흉내 내는 말 나무〉를 참고하여 적도록 합니다.

다 적은 후엔 돌아가며 말하기로 발표합니다. 이때, 그냥 읽는 것이 아니라 손짓, 몸짓, 목소리의 높낮이 등을 이용해 실감 나게 흉내 내는 말을 읽도록 합니다. 사소한 방법이지만 흉내 내는 말의 느낌, 맥락을 이해하고 그 말과 친숙해질 수 있습니다.

두 번째 활동은 **「명목집단법」**을 활용한 협동 시 짓기입니다. 명목집단법은 모둠원 간에 아이디어를 공유하는 방식으로 각각 한 장의 종이에 한 개의 개념을 써서 생각을 제안하고 나누는 협력 학습 기법입니다. 이 수업에서는 제안된 아이디어 중 몇 개를 선택하는 것이 아닌 한 사람당 한 문장씩 쓴 후 모아 한 편의 시를 완성하는 방식으로 활용하였습니다. 미리 써 둔 문장을 사용해도 좋고, 새로 쓴 문장을 써도 좋습니다. 어떤 방식이든 문장에 흉내 내는 말을 더하면 더욱 실감 나게 된다는 것을 경험하면 됩니다.

동시는 대체로 '달님이 반짝반짝해요.'보다는 '달님이 반짝반짝'처럼 표현하기 때문에 아이들이 문장을 쓸 때 이 점을 지도해야 합니다. 교사가 먼저 문장을 떠올리고 강조하고 싶은 것만 남기는 과정을 시범으로 보여 주는 것이 필요합니다. 이후엔 각자 쓴 문장을 어울리게 배치하는 것도 중요합니다. 순서를 이리

저리 바꿔 보며 가장 좋은 결과를 상의합니다. 마지막으로 시의 제목을 지으면
완성입니다.

세 번째 활동은 「돌아가며 말하기」로 모둠 시를 발표하는 것입니다. 앞에 나
와 다 같이 시 제목을 읽은 후, 4문장으로 구성된 시를 한 문장씩 차례대로 읽습
니다. 읽을 때에는 언어적 표현(어조, 운율 등)과 비언어적 표현(몸짓, 표정 등)을 살
려 낭송하게 합니다. 글과 말에 생기를 더하는 방법입니다. 아이들의 예쁜 몸짓
과 소리를 더한 시는 더욱 아름답게 들립니다.

Chapter 3. 과정 중심 평가와 피드백

> **※ 과정 중심 평가 과정**
> 1. 과정 평가 1 (교사 관찰 평가):【활동1】브레인라이팅(창문 학습판)
>   - 그림을 보고 흉내 내는 말을 다양하게 떠올릴 수 있는가?
> 2. 과정 평가 2 (교사 관찰 평가):【활동2】명목집단법
>   - 흉내 내는 말을 넣어 문장을 만들 수 있는가?
> 3. 과정 평가 3 (학생 상호 평가):【활동3】돌아가며 말하기
>   - 흉내 내는 말을 실감 나게 표현할 수 있는가?

평가를 위해 성취 기준과 학습 목표를 다시 한 번 살펴보겠습니다.

성취 기준	[2국05-05] 시나 노래, 이야기에 **흥미**를 가진다. [2국05-03] 여러 가지 말놀이를 통해 말의 **재미**를 느낀다.
학습 목표	흉내 내는 말을 사용하여 가을 시를 만들 수 있다.

성취 기준에서 특히 강조되어 보이는 것이 흥미와 재미입니다. **눈에 보이지 않는 흥미와 재미는 학생들의 참여도(학습 결과물, 발표, 모둠원과의 의사소통)를 통해 드러납니다.**

먼저 창문 학습판과 모둠 시 결과물을 통해 그림에 어울리는 흉내 내는 말을 떠올려 문장을 쓸 수 있는지를 과정 중에 확인할 수 있습니다. 만약 적절한 흉내 내는 말을 찾지 못하고 있다면 오감 질문을 통해 흉내 내는 말을 찾아보도록 합니다. 예를 들어, '네가 낙엽을 밟으면 어떤 소리가 날까?', '도토리는 어떻게 굴러가지?', '밤송이를 손으로 만지면 어떤 느낌일까?'라고 물으면 백지였던 아이의 머릿속에 여러 경험들이 떠오를 것입니다. 또는 〈흉내 내는 말 나무〉에 있는 흉내 내는 말을 골라 사용할 수 있도록 합니다. 문장 쓰기에 어려움이 있다면 글로 쓰는 대신 말로 표현해 본 후, 교사의 도움을 통해 짧은 문장을 구성하도록 격려합니다.

다음으로 '돌아가며 말하기'를 통해 흉내 내는 말의 의미와 느낌을 이해하고

있는지 확인할 수 있습니다. 흉내 내는 말을 목소리, 몸짓 등을 사용하여 실감 나게 표현할 수 있도록 제안하고, 실감 나게 표현한 학생의 예시를 다시 강조하여 제공합니다.

수업을 통해 성장하다

"오리는 꽥꽥, 병아리는 삐약삐약" 흉내 내는 말은 말 자체로 흥미롭습니다. 다만 단순히 흥미로운 형태의 말을 반복하는 것 이상의 즐거움을 알게 하고자 〈흉내 내는 말로 가을 시 만들기〉 수업을 계획하였습니다. 학생들이 실감 나는 말을 사용할 수 있도록 먼저는 구체물을 충분히 활용하여 오감을 자극하였고, 다음으로 시각·청각·후각·촉각·미각에서 비롯되는 흉내 내는 말을 탐색할 수 있도록 발문을 제공하였습니다. 때로는 급식에 나온 국수를, 때로는 몇 주간 지속되는 태풍을 흉내 내는 말로 표현해 보기도 했습니다. 삶 속에서 직접 경험한 것으로부터 출발하니 학생들은 교과서에 없는 다양한 흉내 내는 말을 찾아내기도 했습니다. 〈흉내 내는 말 나무〉에 나뭇잎이 가득 찰 정도였습니다.

문장 쓰기는 어렵지 않았습니다. 흉내 내는 말이 모든 것을 설명해 주었기 때

문에 문장을 길게 쓸 필요도 없었습니다. 아이들은 글을 쓰고, 모았고, 제목을 붙였습니다. 너 한 줄, 나 한 줄 모은 글은 시가 되었고, 아이들이 직접 그린 시화와 함께 쓰여 멋진 작품이 되었습니다.

이 작품을 한 땀 한 땀 엮어 우리 반의 소리가 들리는 동시집, 모양이 상상되는 동시집을 만들었습니다. 자그마한 소리로 발표했던 아이도, 쓰기가 어려워 표정이 어두워졌던 아이도 자신들이 만든 시를 오랫동안 애정 어린 눈으로 바라보았습니다. 마지막으로 다른 모둠이 만든 시를 보고 '돌아가며 말하기'로 소감을 말하였습니다. "우리가 만든 시가 책이 되어서 뿌듯해요.", "얼른 집에 가서 엄마 보여 줄 거예요.", "이 책 안 버릴 거예요."라고 말한 소감이 생각납니다.

내가 만든 것만큼 애착이 가는 것은 없습니다. 성취 기준이 말하는 문학 작품에 대한 흥미, 우리 말의 재미를 느끼게 하는 방법으로 '더 많은 문학 작품'이 아닌 '아이들의 작품'을 택했습니다. 이 선택으로 인해 교사인 저에게도 성장이 있었습니다. 여러 선생님들께서는 "1학년에게 시 쓰기 수업은 너무 어렵지 않느냐"고 하셨지만 1학년도 충분히 할 수 있다는 확신을 갖게 되었습니다.

3부

두렵지 않은
영어 수업 이야기

영어 말하기 두려움 극복하기

김 교사의 수업 고민

영어 말하기, 왜 이렇게 어려울까요?

월요일 1교시 영어 시간, 아이들은 영어 수업을 듣기 위해 영어 교실로 하나 둘 들어옵니다. "Hello, teacher!"라고 밝게 웃으며 말하는 아이들을 보니 수다 배터리가 가득 찬 모습입니다. 자기들끼리 하고 싶은 말이 얼마나 많은지, 참새 처럼 포르르 모여 근황을 나눕니다. 어제 본 드라마 결말이 맘에 안 든다는 둥, 동네 형과 한 축구 게임에서 몇 골을 넣었다는 둥, 한 보따리씩 풀어 놓습니다. 영어교실은 순식간에 키즈 카페로 돌변하지요. 이렇게 말이 많은 아이들에게 갑자기 마법의 주문을 걸어 봅니다. "주말을 쉬고 오니 서로 나누고 싶은 이야 기가 많지요? 우리 한번 영어로 수다를 한 번 떨어 볼까요? What did you do last weekend?" 이 한마디에 교실은 순식간에 고요해집니다. 영어 말하기의 위 력이 보이시나요?

정적을 뚫고, 영어 시간에 항상 열심히 참여하는 수연이가 번쩍 손을 들며 지 난 주말에 있었던 일을 보란 듯 말하기 시작합니다. "I go to the park and ride a bike with my family!"

수연이의 말을 이해한 선생님과 아이들은 고개를 끄덕입니다. "우와, 발음 진 짜 좋다." 옆에서 듣던 나연이와 지수가 부러운 듯 쳐다보는군요. 수연이의 발 표에 자신감을 얻고 여기저기 발표하려는 손이 조금씩 올라옵니다.

"야, 과거형 동사니까 went랑 rode라고 해야지." 영어 학원에 다니는 진형이가 옆에서 핀잔을 줍니다. 수연이는 진형이에게 대꾸하려다가 조용히 입을 닫습니다. 진형이의 한마디에 어렵게 올라온 다른 손들이 하나둘 내려가는데요. 아차, 수연이가 마음이 좀 상했겠는걸요.

"근데 김수연이 뭐라고 한 거야?" 맨 뒤에 앉은 진호가 옆 친구를 툭툭 치며 큰소리로 물어보지요. 짝꿍인 민영이의 말이 더 재미있습니다. "나도 몰라." 다 같이 하하하 웃으며 잠시 고요 마법이 풀리곤 합니다.

성격도 영어 실력도 천차만별, 하지만 같은 교과서?

한 학급 스무 명 남짓의 아이들, 제각기 얼굴과 성격이 다르듯이 영어 실력도 천차만별입니다. 학급에는 교과서가 너무 쉬운 아이, 교과서조차 어려운 아이들이 섞여 있습니다. 그런데 그런 아이들에게도 공통점이 있어요. 바로 영어 말하기를 어려워한다는 것입니다. 영어를 공용어로 사용하지 않는 우리나라에서 아이들에게 영어로 말하기를 강요하기란 정말 미안한 일입니다. 영어를 어려워하는 아이는 무엇이라 말해야 할지를 모릅니다. 영어를 잘하는 아이는 혹여나 틀려서 주변 친구들이 웃거나, 반대로 너무 잘난 체한다고 할까 봐 친구들의 눈치를 봅니다. 어느 쪽이든 영어로 말하기를 망설입니다.

어떻게 하면 영어 수준이 서로 다른 아이들 모두에게 영어 말하기를 재미있게 경험하도록 도와줄 수 있을까요?

김 교사의 수업 아이디어

원칙을 세우니 보이는 영어 말하기 수업

'모두가 말하는 영어 수업'을 고민하며 제가 수업에서 가장 중요하게 생각하는 요소가 무엇이어야 하는지를 먼저 생각해 보았습니다. 영어 공부를 해 본 분이라면, 영어 말하기가 익숙해질 때까지 반복하지 않으면 영어 말하기에 대한 어려움을 극복하기 어렵다는 것을 공감하실 것입니다. 그래서 흔히 '반복의 힘'이 중요하다고 하지요.

그리고 반복만큼 중요한 것이 실제로 그 표현을 활용해 보는 것이겠지요. 내가 말하고 싶은 표현에 맞게 배운 것을 응용하여 사용할 수 있어야 합니다. 교과서에서는 'Go straight and turn left'만 실컷 배워 놓고, 실제 지도를 보고 아무 말도 할 수 없다면 무슨 소용이 있겠어요.

하지만 아이들의 수준은 천차만별이기 때문에, 모두 똑같은 수준에서 응용하기를 바라는 것은 교사인 저의 욕심이라는 생각이 들었습니다. 자신이 할 수 있는 선까지 도전하기, 그리고 자신감이 생겼을 때 더 높은 과제에 도전할 수 있는 발판을 마련해 주는 것이 필요하다고 생각했습니다.

이렇듯 **'반복'**과 **'활용'** 그리고 과제 **'선택'**의 기회 세 가지를 생각하며 영어 수업을 새롭게 준비하게 되었습니다.

하나, 반복하되, 반복인지 모르게 하라

초등 영어 말하기 활동에서 반복이라 하면, 교과서에서 제공하는 음성파일이나 애니메이션에서 핵심 표현을 듣고 따라 하는 활동을 예로 들 수 있습니다. 하지만 그저 TV만 바라보며 따라 하는 것은 학생들에겐 너무 지루한 일일 것입니다. 따라서 자신이 말하는 것이 반복이라는 생각이 들지 않도록 하려면 어떤 방법이 필요할지 고민해 보게 되었습니다. **같은 문장을 반복하더라도, 말하는 방식을 다양하게 바꾸어 주는 것이** 교사가 가장 신경 써야 할 부분이라고 생각하였습니다. 한 학생은 짝과 대화를 나눌 수도 있지만, 같은 모둠의 다른 두세 명의 친구와도 대화를 나눌 수 있으며, 교실에서 일어나 다른 모둠에 있는 친구와도 대화를 나눌 수 있습니다.

이렇게 반복하여 배운 표현을 곧바로 실제 상황에 활용해 보는 일은 쉽지 않습니다. 따라서 반복에서 활용 사이를 연결하는 '응용'이라는 징검다리가 필요하겠지요. 이미 알고 있는 짧은 표현을 다양한 상황에 맞게 바꾸어 표현해 볼 수 있는 활동이 필요합니다.

영어 수업에서는 게임을 활용하여 반복 표현을 더욱 재미있게 응용할 수 있습니다. 아이들은 게임을 너무나도 좋아합니다. 운에 따라서 점수가 뒤집히기도 하고, 점수를 얻기 위해 친구들과 경쟁하는 재미도 있지요. 요즘은 캐릭터를 골라 튀어나오는 동전을 얻거나, 여러 문장 중에 하나를 골라 읽으면 보석을 가져가는 게임처럼 화려한 디자인의 파워포인트 게임이 많이 사용되고 있는 것 같습니다. 화려한 파워포인트 화면에 아이들이 매료되기도 하고 왠지 더 열심히 참여하는 듯 보입니다. 그런데 이런 형식의 파워포인트 게임들은 대표 학생이 선택권을 가지고 대답하는 동안 나머지 학생들은 입을 꼭 다물고 있어야 합니다. 그리고 학생들이 배운 표현을 응용하기보다 그저 스크린에 뜬 문제의 정답을 맞히는 데 시간을 보낸다고 느껴집니다. 그래서 저는 학생들이 동시다발적으로 대화를 나누는 게임, 경쟁보다는 서로 도울 수 있는 협력 요소가 포함된 다양한 게임을 활용하여 아이들이 재미있게 표현을 응용해 볼 수 있는 기회를 주고자 하였습니다.

둘, 내 생각을 표현할 기회를 주자

다음으로 배운 표현을 실제로 활용해 보는 단계입니다. 아무 관련 없는 표현을 사용하기보다는, 학생 자신의 경험이나 생각을 반영하도록 도움을 주어야 합니다. '내가 필요한 표현', '내가 실제로 쓸 표현'을 말하는 연습을 통해 실제 대화에 적용해 보는 거지요. 하지만 한 명의 선생님이 스무 명이 넘는 아이들이 각자 표현하고 싶어 하는 내용을 모두 알려 주기에는 어려움이 있습니다. 어쩌면 교육 과정에서 원하는 성취 수준을 넘어서는 어려운 표현을 일일이 알려 주어야 하겠지요. 따라서 배운 표현을 활용하여 자신의 경험이나 생각을 이야기할 수 있도록 대화의 틀을 마련해 주는 고민의 과정이 필요했습니다.

셋, 모든 아이가 성취감을 느끼도록 하자

하지만 위와 같이 공통의 틀을 제공하는 데에도 문제는 있었습니다. 교과서 내용이 너무 쉬운 학생이 지루함을 느끼게 되는 것입니다. 교사가 제공하는 공통 과제를 완수하면서도, 새로운 표현에 도전하게끔 도움을 주고 싶었습니다. 그래서 영어 학습 수준이 서로 다른 학생들이 개별적으로 성취감을 느끼게 해 주는 도전 과제를 마련하게 되었습니다. 학생들에게 말하기 수업마다 '상, 중, 하' 세 가지 난이도 중에서 **원하는 도달점을 스스로 선택하게 하고, 목표에 도달할 수 있게 도움을 주는 방법을 마련하였습니다.** 이러한 방법을 선택하면 자기 평가도 될 뿐만 아니라, 원하는 레벨을 선택하였기 때문에 성취감도 느낄 수 있습니다. 또한 학생 자신이 배운 표현을 새롭게 표현하며 자연스럽게 학습 내용을 습득하는 기회가 되겠다고 판단하였습니다.

수업 워밍업, 무엇을 준비할까?

영어 말하기 수업에서의 반복과 활용, 선택의 요소를 모두 반영하기 위해서는 학기 초부터 여러 가지 학습 훈련으로 루틴을 마련해야 합니다.

하나, 확인 질문으로 수업 열기

학생들을 위한 수준별 선택 과제를 계획하기 위해서는 교사인 제가 가장 먼저 학생들의 수준을 파악해야 했습니다. 학생들의 영어 말하기 수준이나 영어 말하기 습관, 성취도 등을 면밀하게 관찰해야 하지  만 영어 전담 교사는 많게는 6~7학급을 동시에 만나기에 시간이 부족합니다. 학생 전체와 한두 마디 대화를 나누며 학습상황을 점검할 수 있는 보다 효율적인 장치가 필요했고, 이를 위해 영어실에 아이들이 하나둘 줄지어 들어오는 시간을 활용하게 되었습니다.

먼저, 학생들을 한 줄로 세워 입장하게 합니다. 학습 목표와 관련된 사전 지식을 확인할 수 있는 질문을 하고, 학생들의 대답을 듣습니다. 예를 들어, 지난 시간에 집 안에 있는 물건의 이름에 대해 배웠다고 가정해 봅시다. 그렇다면 저는 지난 시간에 배운 단어 그림(소파, 숟가락, 가스레인지 등)을 5~6가지 준비하여 벽에 붙여 놓고, 자신 있는 물건 세 가지를 영어로 말하게 하였습니다. 대답을 잘한 학생은 바로 자리표를 받아 자리에 앉고(자리표에 대해서는 이후에 설명하겠습니다.), 대답이 서툰 학생은 생각할 시간을 주거나 교사의 말을 따라서 반복하게 됩니다. 대부분의 학생들은 앞 친구가 말하는 과정을 지켜보기 때문에 크게 어려움을 겪지는 않고, 자신감을 가지고 수업에 참여합니다. 이러한 과정에서 교사는 아이들이 지난 시간에 배운 것 중 어떤 부분을 어려워하였는지, 도움이 필요한 학생은 누구인지, 어떤 도움을 줄 수 있는지를 생각할 시간을 가지게 됩니다.

둘, 말하는 방법을 바꾸어 지루함 없애기

'반복의 힘'을 끌어내기 위해서 학생들에게 수업 시간에 같은 표현을 말하고 또 말하도록 지도하는 수밖에 없습니다. 하지만 매번 칠판만 보며 같은 내용을 듣고 따라 하는 것만 하면 수업이 얼마나 재미가 없을까요? 다양한 대화 형태로 반복의 지루함을 줄여 보고 싶었습니다. 학생들이 모둠 활동을 하면서도 모둠의 모든 짝을 만나 역동적으로 대화를 나눌 수 있도록 「짝 바꾸어 대화하기」 기법 훈련이 필요하였습니다.

아이들은 가장 흔한 모둠 수업 형태인 4인 모둠 구성으로 앉습니다. 그림(모둠 구성)의 노란 네모는 각 모둠의 자리 번호를 의미합니다. 그리고 화살표는 대화를 나누는 상대를 의미합니다. 모둠끼리 말하기 활동이 시작되면 먼저 1번과 2번, 3번과 4번이 각각

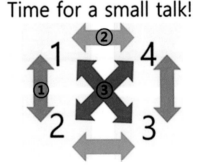

짝이 되어 대화를 나누게 됩니다(주황색 화살표). 이후 짝을 바꾸어 초록색 화살표 방향, 마지막으로는 대각선 방향의 친구와 만나 대화를 나눕니다(파란색 화살표). 이렇게 상대를 바꾸어 대화하면, 같은 패턴의 대화더라도 대상이 바뀌어 다른 표현으로 느껴지기 때문에 반복의 지루함을 피하면서도 반복하도록 도움을 줄 수 있습니다. 이러한 훈련을 하기 위해서 저는 '자리표'라는 것을 활용했습니다.

앞서 소개한 확인 질문에서 언급하였듯이, 영어실에 입장하면서 교사의 확인 질문을 듣고 잘 대답한 아이는 자리표를 받아서 정해진 자리에 앉습니다. 자리표에는 모둠 번호와 질문이 하나씩 쓰여 있습니다. 이 질문들은 1학기에 배운 영어 표현을 기초로 만든

질문입니다. 예를 들어 '가장 좋아하는 과목은?' '오늘 몇 시에 일어났니?' 등의 질문이 영어로 적혀 있습니다. 자리표는 매시간 무작위로 주어지기 때문에 매번 자리가 바뀌고 질문도 바뀝니다. 아이들은 누구와 짝이 될지 설레하면서 자리표를 받습니다. 자신의 모둠 번호를 확인하면, 모둠의 네 자리 중에 앉고 싶은 자리를 골라서 착석합니다. 모둠에 모든 사람이 자리에 앉으면 학생들은 앞서 말한 「짝 바꾸어 대화하기」 방법을 사용하여 서로에게 영어로 질문하고 답하는 시간을 가집니다. 각 질문은 이미 이전 학기에 교과서에서 배운 질문을 활용하였기 때문에 어렵지 않게 저마다의 생각을 묻고 답하는 모습을 보였습니다. 이러한 사전 워밍업은 아이들을 '영어로 말하기가 어색하지 않은 수업'의 분위기로 인도하기 때문에 말하기 수업의 준비 단계로 효과적이었습니다.

이 외에도, 기본적으로 번호 순서대로 돌아가며 말하기, 역순으로 말하기, 다음 말할 상대 지목하기 등 방법을 다양하게 바꾸어 가며 반복의 지루함을 피하는 장치를 마련하였습니다.

셋, 3단계 교과서 표현 말하기 루틴

누군가와 수다를 떠는 장면을 떠올려 볼까요? "새로운 카페가 생겼대서 가 보니 베이글도 팔고 커피도 맛있어요! 사람 엄청 많아요. 거기서 누가 '김 선생님!' 하고 불러서 돌아봤더니, 글쎄, 최 선생님이지 뭐야? 최근에 우리 동네로 이사 왔다고 하시더라고요." 우리는 평소 내가 보고 들은 것을 전달하며 수다를 떨지요. 아이들에게도 영어로 수다를 떨기 위해서는 이렇게 '본 것', '들은 것', '누군가 말한 것'을 전달하며 말해야 한다는 것을 알려 줄 필요가 있다고 생각했습니다. 계속해서 반복하고 따라 해야 하는 교과서 애니메이션을 조금 더 집중하고, 생각하며, 나만의 표현으로 말할 수 있는 3단계 교과서 표현 말하기 단계(Step)를 만들었습니다. 아래처럼 세 가지 카드를 교실 칠판 맨 앞에 붙여 두고, 순서대로 수업을 진행합니다.

첫 번째로 '그림 읽기(I can see)' 단계입니다. 교과서 1~2차시에 해당하는 표현 듣기 단계에서는 항상 주어진 그림을 보고 예상을 해 보는 단계가 있습니다. 학생들은 교과서의 듣기 활동에 나타난 그림을 자세히 보고, 그림에 보이는 단어를 자신의 표현으로 모둠 친구들과 돌아가며 이야기해야 합니다. 예를 들어, "I can see a red bag."처럼 말이지요.

두 번째로는 '들린 것 말하기(I heard)' 단계입니다. 애니메이션 속 교과서 핵심 표현을 들으며 어휘나 문장을 교과서의 빈 공간에 메모하고, 친구들과 공유합니다. 이러한 과정을 통해서 아이들은 어떤 표현이 오늘의 핵심 표현일지, 다른 친구들은 어떤 표현을 기억했는지 확인합니다. 친구들이 많이 언급하는 표현일

수록 단원의 핵심 표현에 가까워지는 것이지요. 서로 들은 것이 달라서 이견이 있기도 하고, 같은 내용을 기억하고 있을 때 공감하기도 하며, 때로는 누가 얼마나 많이 기억하고 있는지 경쟁하기도 합니다. 자신이 말한 어휘가 애니메이션에서 그대로 들렸을 때 "이것 봐, 맞잖아!"를 외치기도 합니다.

마지막으로는 '남의 말 전하기(~said)'입니다. 교과서 캐릭터들이 말한 내용을 듣고 따라 한 뒤, 전체 내용을 자신의 말로 표현해 보는 것입니다. "Suho said ___."로 시작하는 문장으로 자신이 원하는 내용을 다시 기억하게끔 하는 장치가 됩니다.

이러한 학습 훈련을 거쳐 아이들은 매일 저를 만나 확인 질문을 받고, 세 단계에 따라 교과서 표현을 배우고, 대화 상대를 바꾸어 가며 반복적으로 연습하고, 실제로 자신의 생각을 반영하여 배운 표현을 자신의 수준에 맞추어 활용해 보면서 학습 결과를 확인합니다. 그리고 저는 교실을 둘러보며 아이들이 어느 정도 학습했는지를 확인하고, 어려워하는 부분을 기억해 두었다가 다음 수업에서 확인 질문으로 아이들을 맞이하게 됩니다. 이렇게 반복과 활용, 선택의 사이클을 저만의 루틴으로 고정하여 영어 수업을 운영하게 되었습니다. 이어지는 수업 소개에서 하나의 수업 사례를 보시면서 실제 수업이 어떻게 이루어졌는지 확인하시겠습니다.

수업 훑어보기

대상	5학년 2학기
관련 교과 및 단원	영어, 11. What's in the Bedroom?
관련 성취 기준	[6영02-07] 일상생활 속의 친숙한 주제에 관해 간단히 묻거나 답할 수 있다. [6영02-04] 주변 위치나 장소에 관해 쉽고 간단한 문장으로 설명할 수 있다.
학습 목표	집안에 있는 물건의 위치를 묻고 답할 수 있다. Students will be able to ask and answer questions about the place of the things in each room,
수업 준비하기	◆ 그림을 보고 집 안에 있는 물건의 이름 말하기 ◆ 그림을 보고 방의 이름 말하기(거실, 침실, 화장실 등)

수업 개요	들어 가기	◆ **Entering mission** - 확인 질문으로 지난 수업 이해도 점검하기 ◆ **Small Talk(짝 바꾸어 대화하기)** - 자리표의 질문으로 대화 분위기 조성하기 ◆ **Find the Odd One** - '셋 중 다른 것 하나 고르기' 질문으로 대화 열기
	펼치기	◆ **Look and Say** - 교과서 표현을 듣고 핵심 표현을 3-step talking으로 따라 말하기 - Step 1: "There is a _____." 삽화 묘사하기 - Step 2: 섀도잉 후 "I heard _____. 들린 표현 공유 - Step 3: 따라 말하기 후 "Somebody said~" 자신의 말로 다시 발표하기 ◆ **Talk Together(반복 연습)** - 핵심 표현 함께 말하기 - 폭탄 돌리기 게임을 통해 배운 표현을 적용하기 ◆ **Tell About Your House(활용)** - 주어진 아이템으로 방을 꾸미기(개인 활동) - 교실을 돌아다니며 친구와 자신의 방을 서로 소개하기(전체 활동)
	나가기	◆ **Level Up Speech(선택 활동)** - 활동 결과를 정리하여 발표하기(짝 바꾸어 대화하기)
	수업 후	◆ (Check Up Mission) 점검 질문 - 수업 종료 미션으로 이해도 점검하기

수업 자세히 들여다보기

소개해 드릴 수업은 교과서 표현을 듣고 반복하여 따라 하고, 자신의 표현으로 바꾸어 대화를 나누는 것이 목적인 수업이었습니다. 수업의 주제는 '방 안에 있는 물건의 위치 말하기'로, 학생들은 이전 학년에서 각 방의 이름을 영어로 배웠으며 방 안에 있는 물건의 이름을 이전 수업에서 학습한 상태였습니다.

Chapter 1. 입장 전 확인 질문

"What's in the bedroom? Tell me three items." 아이들이 교실로 들어올 때 저는 방 안에 있는 물건의 그림을 벽에 붙여 놓고, 네 가지 방을 무작위로 물어보며 가장 자신이 있는 것의 이름을 말해 보도록 하였습니다. 어떤 아이는 'lamp', 'sofa'

등 단어로 대답하기도 하고, 어떤 아이는 'A lamp is in the living room.'이라며 방의 이름을 함께 언급하기도 합니다. 그리고 자리표를 받은 아이들은 모둠 친구들과 함께 자리표에 쓰인 질문을 주고받으며 영어 수업 시작 준비를 하였지요.

Chapter 2. 말하기 연습 활동

학생들의 활동을 잠시 기다렸다가 자리표를 거두어들입니다. 그리고 확인 질문으로 물어보았던 것 중 아래 그림을 보여 주며 단어들을 확인하며 수업을 시작합니다. "What's this?"라는 질문에 학생들은 TV 화면을 보고 물건의 이름을 하나씩 대답합니다. "stove, sink, sofa, spoon." 대답하는 학생들에게 한 번 더 묻습니다. "How many spoons?" 학생들은 "four.", "four spoons." 등 다양하게 대답합니다. 이전 단원의 수업을 거치며 학생들이 물건이 여러 개일 때 물건을 복수형으로 나타내는 데 어려움을 느낀다는 것을 미리 알고 있었기 때문에 이 질문을 추가했습니다.

이어서 학생들에게 네 가지 그림 중 다른 것 하나가 무엇인지 묻습니다. 그리고 모둠에서 각자의 생각을 이야기하도록 합니다. 분명 우리말로 표현하기에는 쉽지만, 영어로 같은 말을 표현하기는 쉽지 않을 것입니다.

이 질문의 의도는 '소파는 거실에 주로 있는 물건이지만, 나머지 물건들은 보통 부엌에 있다.'를 발견하게 하는 것이었지요. 하지만 다른 정답도 예상할 수 있습니다. 소파를 제외한 나머지 물건들은 '흑백'으로 되어 있습니다. 그리고 숟가락은 다른 그림과 다르게 여러 개가 놓여 있지요. 이 단원에서는 물건의 개수에 따라서 문장을 다르게 표현하는 방법도 안내하고 있기 때문에 물건의 개수를 달리하기도 하였습니다. 이렇게 **열린 질문이지만, 교사는 학생들의 창의적인 대답을 앞서 예상하고, 그에 대한 피드백을 준비해야** 합니다.

만일 한 학생이 'Spoon is four. But stove, sofa, sink is one.'이라고 대답한다면, 교사는 발표한 학생을 크게 칭찬하며 "Yes, spoons are four, but others are?" 하고 정련된 질문으로 바꾸어 줄 수 있습니다.

이어지는 첫 번째 활동에서는 3-step talking을 활용하여 교과서의 표현을 학습하였습니다. 교과서에서 주어지는 대화 표현은 보통 40초 남짓의 짧은 영상으로 이루어져 있습니다. 가장 먼저 학생들에게 교과서를 펼치게 하고 그림을 관찰하게 합니다. 교과서 그림에는 한 남학생이 두 명의 친구를 자신의 집에 초

대해서 침실과 거실에 있는 물건을 소개하는 장면이 보입니다.

먼저 거수 발표를 통해 학생들에게 몇 가지 예시 문장 말하도록 합니다. 거수 발표를 하는 이유는, 모둠 활동에서 돌아가며 말하기를 할 때 준비 없이 시작하는 경우 처음 발표하는 학생에게 부담이 갈 수 있기 때문입니다. 간단한 워밍업이라고 할 수 있겠지요. 손을 들어 한 학생이 "I can see a book."이라고 대답합니다. 그림에는 책장에 책이 여러 권 꽂혀 있습니다. 이때, 교사가 할 수 있는 추가 질문은, "Are there many books, or only one book?" 또는 "Where is the book?"이 될 수 있습니다. 이러한 질문을 통해 학생에게 단지 간단한 단어뿐만이 아니라, 물건의 위치, 물건의 개수 등을 더 자세하게 묘사할 수 있음을 안내합니다.

그리고 저는 뒤이어 첫 번째 단계의 발표 문장을 'I can see ___.'라는 형식 대신 'There is/There are'를 활용하여 발표하도록 안내하였습니다, 교과서의 핵심 표현이었기 때문이지요. 이때, 발표는 모둠의 1번부터 4번까지 순서대로 돌아가며 1~2분 정도 말하도록 하였습니다. 단어를 모르는 경우 이전 친구의 발표 내용을 반복하여 말하거나 조금 바꾸어 표현하는 것이 가능하므로, 학생들은 천천히 그림을 보며 들릴 내용을 예상합니다.

두 번째 단계로 영상을 듣고 따라 하며 메모하는 시간을 가졌습니다. 어떤 아이는 '배쓰룸'처럼 들리는 영어 발음을 한국어로 메모해 두기도 하고, 어떤 아이는 문장을 적지 않고 모두 기억하기도 합니다. 이어서 다시 돌아가며 말하기를 통해 "I heard ___." 표현을 사용하여 자신에게 들린 단어나 문장에 대해 발표합니다. 이번에는 각 모둠의 2번 학생부터 발표를 시작합니다.

세 번째로는 교과서 인물이 말한 대사를 한 번씩 따라 해 보는 시간을 가지게 됩니다. 이때, 교사는 모둠에서 자신이 따라 하고 싶은 인물을 정하게 하고, 그 인물의 대사를 기억하도록 지시합니다. 어떤 학생은 대사가 비교적 적은 인물을 선택하기도 하고, 어떤 학생은 여러 인물을 선택하기도 합니다. 이후 학생들은 자신이 선택한 인물의 대사를 가지고 "Ben said ___.", "Tina said~" 등 대사를 한 인물의 이름을 붙여 전달하는 형식의 발표를 돌아가며 말합니다. 자신이

들은 내용을 전달하게 되는 것이지요. 이 모든 과정은 혼자서 TV를 보고 그저 의미 없이 반복하는 것이 아니라 모둠에서 돌아가며 말하기 형식으로 대화를 나누는 것에 가깝습니다.

이렇게 세 단계에 걸쳐 학생들은 교과서 핵심 표현으로 '대화'를 나눕니다. 수업에 대해 고민하는 시간이 없었더라면 그저 영상을 4~5번 정도 틀어 주며 표현을 듣고 따라 하는 데 그쳤을 수 있습니다. 하지만 3단계 교과서 표현 말하기 단계를 통해 교과서 표현을 반복하되, 반복하는 것 같지 않은 상황을 만들어 주고 싶었습니다.

Chapter 3. 반복에서 활용으로

두 번째 활동에서는 '폭탄 돌리기' 게임 요소를 덧붙여 교사가 제시한 다양한 상황에서 보이는 것들을 자신이 알고 있는 표현을 사용하여 말합니다. 교사가 보여 주는 그림을 보고, 부엌이나 거실, 화장실 등에 어떤 물건이 보이는지 문장으로 표현하는 것입니다.

먼저 교사는 위의 사진을 제시합니다. 침실 안에 아이들에게 익숙한 여러 물건이 보입니다. "What's in the bedroom?"이라고 묻자, 학생들은 저마다 lamp, book, clock 등 다양한 단어를 말합니다. 그러면 교사는 다시 묻습니다. 교사는 "How many lamps are there? There are?"와 같은 유도 질문을 통해 학생들이 문장으로 표현하도록 노력하고, 그리고 보이는 물건의 '개수'에 주의하도록 도움을 줍니다.

이번에는 모둠에서 4번 학생부터 시작하여, 돌아가며 말하기를 합니다. 그림에서 보이는 내용을 하나씩 짚어 가면서 문장을 말합니다. 학생들은 지난 시간에 물건의 이름에 대해서 익혔기 때문에, 말하는 문장의 예시를 듣고 금세 문장 말하기에 익숙해집니다. 부엌의 장면이 그려진 그림을 보고 "There is a sink in the kitchen."이라고 말하기도 하고, 영어 수준이 높은 학생은 'There is a steaming pot on the stove.'라고도 이야기합니다. 이렇게 서로 돌아가면서 문장을 말하다가 폭탄이 터지는 소리가 들리면, 말을 하던 사람은 일어나서 발표하는 단순하지만 재미있는 말하기 게임입니다. 이 게임은 영어 실력에 상관없이 즐길 수 있기 때문에, 경쟁하기보다는 모둠 안에서 서로의 표현을 들으며 배우는 활동이 됩니다.

보통 폭탄 돌리기 게임에서 학습 수준이 낮은 아이들이 무엇을 말해야 할지 몰라 머뭇거리는 상황에서 폭탄이 터져 걸리게 되는 경우가 많습니다. 이런 실패 경험은 아이들을 당황하게 하므로 반드시 도움이 필요합니다. 따라서 교사는 그림이 바뀌고 모둠 말하기가 시작하기 전에 반드시 한두 가지의 예시를 제시하거나, 모둠을 돌아다니며 어려움을 느끼는 학생 옆으로 다가가 다른 사람이 말한 것을 그대로 똑같이 말하여도 넘어갈 수 있다고 격려하며 탈출구를 마련해 줍니다.

나아가 제시해 주는 그림의 개수를 두 개로 늘려서 아이들이 스스로 원하는 그림을 선택하여 배운 표현을 다양한 방법으로 활용해 볼 수 있도록 기회를 줍니다.

Chapter 4. 나만의 표현으로 활용하기

마지막 세 번째 활동에서는 학생들이 자신이 생각한 것을 반영하여 대화를 나누는 활동을 준비했습니다. 그냥 보이는 그림에 대해 묘사하기보다, 자신이 직접 꾸민 방을 소개하는 것이 더 유의미하다고 생각했습니다. 따라서 저는 사전에 아래의 그림과 같이 코팅한 인쇄물, 벨크로 테이프를 활용해서 간단한 교구를 제작하였습니다. 영어 수업은 여러 학급에서 교구를 활용하기 때문에, 일회성 교구가 아닌 재사용이 가능한 교구를 제작하였습니다.

네 가지 방(거실, 침실, 부엌, 화장실)이 있는 그림을 A4로 인쇄하고, 다섯 가지 물건(쿠키, 양말, 축구공, 거울, 꽃)을 원하는 방에 배치할 수 있도록 벨크로 테이프를 붙였습니다. 이때, 쿠키와 양말, 꽃은 물건이 여러 개일 때 표현이 달라진다는 점을 강조하기 위하여 일부러 개수가 여러 개인 것을 넣었습니다.

활동을 시작하기 전, 모둠 바구니에 이 활동판을 미리 넣어 놓습니다. 활동이 시작되면 아이들에게 어떤 물건을 배치할 수 있는지 물어보고, 각각의 이름을 말해 보도록 합니다. 그리고 잠깐의 시간을 주어 다섯 가지 물건(쿠키, 양말, 축구공, 거울, 꽃)을 자신이 원하는 방에 배치하도록 안내합니다.

자신의 방을 다 꾸미고 나면, 모둠 바구니의 보드 마커를 활동판과 함께 준비하게 합니다. 그리고 교실을 돌아다니며 자신이 만나고 싶은 친구와 대화를 나누는 방법을 TV에 보여 주며 소개합니다.

활동 순서

1. 교실을 다니다가 한 친구를 만나 가위바위보를 합니다.
2. 이긴 사람부터 'What's in the kitchen?'과 같이 네 가지 방 중에 한 방을 골라서 질문합니다.
3. 상대방은 자신의 활동판을 보고 배치한 물건에 따라 대답을 합니다.
4. 만약 서로의 방에 같은 물건이 있다면, "I have a soccer ball in the bedroom, too!" 또는 짧게 "Me, too!" 하고 대답합니다. 그리고 그림 밑에 서로의 이름을 메모합니다.
5. 대화 순서를 바꾸어 2~3과 같은 질문을 한 번 더 묻고 답합니다.
6. 서로 배치한 물건이 다르다면 이름을 적지 않고 헤어집니다.
7. 적은 이름이 셋 이상이면 자리에 앉습니다.

영어 수업이기 때문에 저는 이러한 활동 순서를 그냥 읽거나 설명만 주는 것이 아니라 반드시 학생 한 명 또는 두 명을 칠판 앞으로 초대하여 시범을 보여 주고 활동을 시작합니다. 나아가 소외되는 학생이 없도록 '남자와 여자를 골고루 만나기', '앞뒤 번호는 꼭 만나기', '우리 모둠이 아닌 다른 모둠 사람 만나기'를 추가하기도 합니다.

이 활동에서 교사는 아이들을 관찰하며 대화의 오류를 수정해 주거나, 짝을 찾지 못한 아이에게 다가가 교사와의 대화 기회를 주며 학생이 학습 목표를 성취하였는지를 관찰해야 합니다. 자신과 같은 공간에 같은 물건을 배치한 사람을 셋 이상 찾은 학생은 자리에 앉도록 하였기 때문에, 자리에 앉은 학생은 집안의 물건에 대해서 적어도 세 번 이상 대화를 나누었다고 볼 수 있습니다. 먼저 활동을 마치고 자리에 앉은 학생은 대부분 영어 수준이 높은 학생이기 때문에 활동을 마치지 못해서 서 있는 친구들의 활동을 마저 도와줄 수 있도록 자리에 앉아 또래 교수자로서 활동하는 기회를 줍니다.

활동판과 보드 마커를
들고 3~4분가량 교실을
돌아다니며 1:1 말하기
활동한 내용을 스스로
정리해 볼 수 있는 선택
과제를 주었습니다. 바
로 '난이도 선택하여 말
하기'입니다 자신이 만

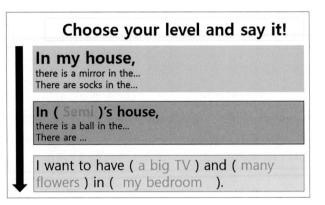

들어 낸 상황에 맞게 배운 표현을 적용할 수 있을 뿐만 아니라, 다른 사람의 방
에 대해서도 이야기 나누며, 자신의 아이디어까지 더해 볼 수 있는 활동입니다.

학생들은 활동판에 적은 내용을 보고 모둠 친구들과 「짝 바꾸어 대화하기」기
법으로 대화를 나눕니다. 대화를 할 때에는 교사가 제공하는 세 가지 카드를 보
고, 주어진 틀에 맞추어 대화를 시작합니다. 학생이 선택할 수 있는 도달점은
총 세 가지로, 노란색 카드에서 출발하여 희망하는 경우 빨간색, 초록색 카드까
지 모두 도전할 수 있습니다.

본 수업에서는 가장 기본이 되는 대화 틀은 노란색 카드로, '자신의 집에 대해
서' 소개하기를 목표로 하였습니다. 가장 기본적인 도달 목표라고 할 수 있지
요. 따라서 활동판에 물건 카드로 꾸며진 자신의 집을 보며 자신의 집에 배치한
물건에 대해 소개합니다.

빨간색 카드는 활동판에 메모해 온 친구들의 이름을 바탕으로 자신이 만난 친
구의 집에 대해서도 한두 가지 소개하는 것입니다. 'In Semi's house, there are
socks in the living room and a soccer ball in the kitchen. (세미의 집에는 양말이
거실에 있고, 축구공이 부엌에 있어.)'라고요.

마지막 초록색 카드는 자신이 각 방에 더 설치하고 싶은 것에 대해 자신의 아
이디어까지 덧붙여 말하는 것입니다. 영어 선행 학습을 많이 한 학생들은 냉장

고나 정수기, 전자레인지 등 알고 있는 어휘가 더 많기 때문에 슬그머니 실력 발휘를 할 수 있는 장치를 마련해 준 것이지요.

하지만 대화 카드를 사용하여 곧바로 말하기를 진입하기보다는, 자신의 발표를 정리할 수 있는 시간을 주어야 합니다. 따라서 교사와 함께 모든 색의 카드를 함께 말해 보는 것이 필수적입니다. 이후 원하는 카드 개수를 선택하여 스스로 연습할 시간을 1분 정도 줍니다. 개인 연습을 마치면, 아이들은 「짝을 바꾸어 대화하기」 기법을 통해 모둠 친구들과 말하기 연습을 합니다. 이렇게 하면 3~4분 정도에 한 학생이 3~4번 가량 여러 문장을 반복하여 발표할 수 있게 됩니다. 어떤 아이들은 노란색 카드만 선택하다가도, 다른 친구의 발표를 듣고 빨간 카드나 초록 카드까지 도전하기도 합니다. 여러 번 반복하기 때문에 처음에는 말하기 카드를 보면서 말하다가, 점점 외워서 대화를 나누는 학생도 생겨납니다.

Chapter 6. 학습 성취 점검하기

수업을 마치며 교사는 학생들에게 점검 미션(Check Up Mission)을 공개합니다. TV의 그림을 보면서 각 방에 무엇이 있는지 각 모둠 자리의 1번부터 4번까지 릴레이식으로

묻고 답하도록 합니다. 그림은 활동판과 같아서 어려움이 느껴지지 않습니다. 대화를 마친 아이들은 교과서를 챙겨 교실 문 앞에 대기하여 섭니다. 발표에 자신이 없는 학생이라도 앞에서 말한 친구들의 발표를 보면서 순서를 기다리기 때문에 충분히 준비 시간을 가질 수 있으므로 어렵지 않게 성공합니다. 마지막

으로 수업 목표 도달의 기회를 주는 것이지요. 이러한 과정을 통해 아이들이 공통으로 실수하거나 모르는 부분에 대해서 인지하고, 다음 수업에 반영할 수 있도록 합니다.

이러한 점검 미션은 1:1 학생 관찰 평가이면서도, 제가 그날 수업을 잘 해냈는지에 대한 성찰 평가가 되기도 합니다. 아이들이 말하는 문장 하나하나를 마주할 수 있기 때문입니다. 아이들은 물건의 위치를 나타내는 것뿐만 아니라 물건의 개수에 따라서 달라지는 표현도 함께 이해하며 수업 목표에 도달하는 모습을 보였습니다. 간혹 'There is a bedroom in the bed.'와 같이 표현을 거꾸로 말하는 학생도 있었기에 다음 수업의 동기 유발에서 활용해 보아야겠다는 생각을 하였습니다.

평가 기준	평가 수준	세부 평가 기준	평가 방법
거실, 부엌, 침실 등 집 안에 있는 물건의 위치를 묻고 답할 수 있다.	잘함	거실, 부엌, 침실 등 집안에 있는 물건의 위치를 세 가지 이상 묻고 답할 수 있다.	관찰 평가
	보통	거실, 부엌, 침실 등 집안에 있는 물건의 위치를 한두 가지 묻고 답할 수 있다.	
	노력 요함	거실, 부엌, 침실 등 집 안에 있는 물건의 위치를 교사나 친구의 도움을 받아 따라 묻고 답할 수 있다.	

수업을 진행하며 위의 세 가지 평가 기준으로 나누어 학생들이 성취 수준에 도달하였는지 확인하였습니다. 단순히 관찰 평가라고 하여 눈으로 쓱 훑는 평가가 아닙니다. 교사는 세 번째 활동에서 학생들의 대화 장면을 관찰하고, 필요한 피드백을 제공합니다. 마지막 활동의 선택 과제 등을 수행하는 모습에서도 학생들의 대화 장면을 충분히 관찰할 기회가 됩니다. 그리고 마지막 점검 미션에서도 추가적인 학습 평가를 하고, 어느 학생이 도움이 필요한지 확인하였습니다.

수업을 통해 성장하다

위와 같은 형식으로 다양한 말하기 수업을 진행하다 보니, 어느새 교실은 영어로 수다를 떨 수 있는 장이 되어 있었습니다. 물론 콩글리시도 섞이고 우스운 번역을 하기도 하겠지만, 그저 교과서와 출판사에서 제공하는 CD 애니메이션 프로그램을 클릭하고 반복해서 따라 하는 수업과는 아이들이 말한 횟수 측면에서 크게 다르리라고 생각합니다.

이 수업을 준비하면서 우리 학교에 교생 실습을 나오신 교생 선생님들에게 수업을 보여 줄 기회가 되었습니다. 아이들 입에서 영어를 이끌어 내는 방법에 대해 궁금해하셨던 서른여 명의 교생 선생님들이 처음부터 끝까지 이 수업을 보시고, 아래 그림과 같이 소감을 남겨 주셨습니다.

> 모든 학생이 영어로 의사소통이 참여하는 협력적인 분위기가 느껴졌다. 라운드 토크, 지목 토크, 정면차 활동 등 다양한 유형의 활동 방법을 도입함으로써 학생들이 흥미를 잃을 새 없이 활발한 상호작용이 이루어졌다.

> 그림차 톡, 뜻 톡 등 다양한 수업 방법을 활용하여 학생들이 대화을 반복을 지루하게 느끼지 않도록 수업을 설계하신 점이 인상깊었다. 영어 수업인 만큼 교사나 학생 사이에 약속된 구호 및 동작이 매우 다양했다. 영어 학습의 경우 반복 연습을 해야하는 경우가 상당히 많은데, 이번 새로운 게임과 활동을 계획하여 지루함 없이 pattern drill을 수행할 수 있었다고 생각한다.

'반복적인 연습이었지만, 지루하지 않았다.' 제가 바라는 영어 수업의 방향입니다. 영어 공개 수업을 처음 마주한 교생 선생님들의 눈에도 재미있어 보였다면 어느 정도 의도한 방향으로 가고 있었던 것으로 봐도 될까요?

영어를 어려워하고 힘들어하던 아이들에게도 변화의 모습이 보였습니다. '선생님, 저는 영어 몰라요.'라고만 대답하던 아이들, '뭐라는 거야?'라고 거부 반응을 먼저 보이던 아이들에게는 이러한 루틴이 학습에 힘이 되었습니다. 교과서 따라 하기 루틴을 따라 학습을 하다 보니 자신이 해야 할 과제가 무엇인지 예상하는 힘이 생겼습니다. 핵심 표현이 무엇인지, 어느 부분을 주로 기억해야 하는지, 수업 말미의 점검 미션을 쉽게 성공하려면 어느 부분을 공부해야 하는지 예상하게 되었습니다.

또한 선택 과제를 제시하다 보니 영어를 잘하고 좋아하는 학생들의 도전 정신에도 자극이 되었습니다. 일부러 노란 카드, 빨간 카드를 넘어 초록 카드까지 선택하여 발표하기도 하고, 심지어 모든 표현을 외우기까지 하는 학생도 있습니다. 이 수업에 열심히 참여한 한 학생이 학급 친구들 앞에서 발표했던 내용이 기억에 남습니다. 평소 장난기가 많았던 이 어린이가 번쩍 손을 들길래 어떤 재미있는 발표를 할까 궁금했습니다. 노란색 카드와 빨간색 카드를 넘어, 세 번째 초록 카드에서 저는 웃지 않을 수 없었습니다.

"I want to have a Samsung Bespoke refrigerator in my kitchen, and a galaxy 22 smartphone in my bedroom."

발표가 끝나자 아이들은 자신이 가지고 싶은 온갖 브랜드의 가전제품을 영어로 이야기하기 시작했습니다. 말 그대로, 영어 수다가 꽃피는 순간이었지요. '그동안 열심히 연습한 표현을 얼마나 말해 보고 싶었을까?' 생각해 보는 시간이 되었습니다.

하지만 저만의 이런 루틴도 계속해서 하다 보면 아이들에겐 또다시 하나의 지루한 반복 사이클이 될 수 있겠다는 생각이 들곤 합니다. 그래서 지금까지 소개해 드린 것 말고도 보다 다양한 새로운 대화 연습 방식을 계속해서 개발하고 적용해 보고 싶습니다.

영어 그림책으로 문자와 친해지기

김 교사의 수업 고민

선생님, 영어 읽기 어떻게 지도하세요?

영어를 몇 년 정도 지도한 경험이 있거나, 영어를 가르치는 데 관심이 있는 선생님들과 모여 영어 수업에 관한 이야기를 종종 나눌 기회가 있었습니다. 말하기·듣기만큼 영어 읽기 지도에 대한 선생님들의 고민은 굉장히 다양합니다. '고학년인데 읽기가 안 돼요. 아직 ABC도 어려운 아이들도 있네요.', '읽기 게임이 정말 읽기를 하는 데 효과가 있을까요?' 말하기·듣기에 비해 문장 읽기는 학생들의 수준 차이가 대단히 큰 편입니다. 소리 내어 읽는 것은 물론 알파벳을 미처 습득하지 못한 학생들이 있는 반면, 교과서 내용은 이미 너무 쉬워서 읽기 싫다는 표정으로 선생님을 마주하는 아이들도 있거든요.

교과서에서는 국가 수준의 초등 영어 성취 기준과 영어 교육 과정상에 지정된 어휘 범주에 맞도록 정련된 표현이 기재되어 있습니다. 제가 주변에서 만나 온 영어 교과 전담 선생님들께서는 대부분 교과서를 기준으로 하여 목표 표현을 정하시고, 그 표현을 게임 활동을 통해 반복하여 익히는 데 초점을 두고 계셨습니다. 저도 처음 영어를 가르칠 때 그렇게 수업을 이끌어 왔습니다.

하지만 교과서에 등장하는 표현은 그 가짓수가 제한되어 있고, 교과서의 대여섯 문장만을 반복하다 보면 게임 활동의 목적이 무엇인지 고민하게 됩니다. 재미와 즐거움만 좇다가 영어 읽기 학습은 그냥 지나가 버리는 것은 아닐까요? 보다 효과적으로 아이들에게 문자 언어를 자신 있게 읽어 낼 수 있는 능력을 길러 줄 방법을 고민하게 됩니다.

우리는 다양한 과정을 거쳐 정보를 수집합니다. 어른이 미처 인식하지 못한 것을 아이들은 자신의 시선에서 보고 기억하지요. 언어 규칙에서도 마찬가지일 것입니다. 교과서에서 익숙하게 익힌 표현을 새로운 상황에서 발견한다면 아이들은 자신의 시선에서 새롭게 표현을 받아들일 것입니다. 더욱 자유로운 표현을 읽고 익혀 볼 수 있도록 아이들에게 문자 언어에 대한 시야를 넓혀 줄 수는 없을까요?

김 교사의 수업 아이디어

하나, 영어 그림책을 가르친다? NO! 그림책으로 영어를 가르친다? YES!

국어 수업뿐만 아니라 생태, 인성 교육의 다양한 영역에서 그림책을 활용하듯이, 영어 수업에서 그림책을 활용할 수 있도록 연수나 교사 연구회도 많이 늘었습니다. 영어 그림책에 대한 현장의 관심도 점점 높아지는 것을 실감할 수 있습니다. 교과서의 정제된 표현에서 나아가 더욱 생생하고 다양한 표현을 학습할 기회를 주기 때문에 저 역시 그림책을 활용한 수업에 관심이 많았습니다.

하지만 제게 영어 그림책을 활용한 수업의 목적은 '그림책에 있는 모든 표현을 읽고 이해하기'가 아닙니다. 그림책 속 텍스트는 초등 교육 과정에서 제시한 어휘 목록에서 크게 벗어난 어휘도 있기에, 이것을 모두 이해하는 것을 목적으로 삼으면 교사에게도 아이들에게도 큰 짐이 될 것입니다.

따라서 교사가 교육 과정 성취 수준과 수업의 목표에 도달하기 위하여 그림책 중 필요한 부분만을 추출하여 수업의 재료로써 사용하는 것이 무엇보다 중요하다고 생각합니다.

둘, 동상이몽, 아이들은 서로 다른 것을 기억한다

우리는 같은 것을 먹더라도 다른 맛을 느끼고, 같은 것을 보더라도 다른 느낌을 가집니다. 아이들의 학습도 마찬가지라고 생각합니다. 같은 책을 읽더라도 중요하다고 생각되는 내용이나 알게 되는 어휘가 다른 것이지요. 따라서 영어 그림책을 활용한 읽기 수업을 하더라도, 아이마다 기억하게 되는 것은 다릅니다. 그렇다면 적어도 아이들이 영어 그림책을 보고 자신이 원하는 것을 선택하여 학습할 수 있는 기회를 주기 위해 교실에서도 개별적인 학습을 도울 수 있는 학습 환경이 마련되어야 하지 않을까요?

셋, 읽은 것은 다시 말로 표현할 수 있다

가끔 책이나 뉴스에서 읽은 내용이 대화 주제가 되는 날이 있지요? 자신도 모르게 읽은 내용이 머릿속에 떠오른 경험은 누구에게나 있을 것입니다. 그리고 신기하게도, 떠오른 생각을 자신의 말로 표현했을 때 그 내용은 상당히 오래 기억에 남습니다.

저는 읽기를 통한 무의식적인 기억의 힘이 학생들에게도 발휘되기를 기대합니다. 읽은 내용을 다시 소리 내어 말로 표현하면서 무의식적인 기억을 장기 기억으로 옮길 수 있도록 도움을 주고 싶었습니다.

따라서 학생들이 자신이 원하는 표현을 취사 선택 하여 무의식적으로 기억한 내용을 친구들과 함께 나누면 더 큰 학습 효과를 이끌 수 있으리라 생각하며 '영어 그림책을 활용하여 문자 언어와 친해지는 수업'을 준비하게 되었습니다.

수업 워밍업, 무엇을 준비할까?

영어 읽기 수업에서 '영어 그림책을 활용하여 문자 언어와 친해지기'를 실현하기 위해서 다음과 같은 준비가 필요하였습니다.

하나, 그림책 선정하고 배울 내용 추리기

그림책을 수업에 활용하기 위해서는 먼저 어떤 책을 활용할 것인지 결정하는 과정이 필요했습니다. 저는 다음의 세 가지 기준에서 책을 선정하였습니다.

그림책 선정의 기준

첫째, 교과서의 핵심 표현이 드러나 있거나, 교과서 속 대화 맥락(주제)에 어울리는가?
둘째, 학급 학생의 80% 이상이 이해할 수 있는 정도의 난이도인가?
셋째, 여러 단원에서 배운 표현이 드러나 있는가?

첫째, 교과서에서 배운 핵심 표현이나 교과서 속 대화의 맥락에 어울리는지 살펴보았습니다. 가령, 가르치고자 하는 단원의 핵심 표현이 '허락 구하기'와 관련된 내용이라면, 그림책에서 'Can I~?' 또는 'May I~?'와 같이 허락을 구하는 표현이 드러나거나, 그림책의 대화 맥락이나 주제가 '규칙 지키기, 예의 지키기'와 관련된 내용이어야 할 것입니다.

둘째, 학급 학생의 80% 이상이 이해할 수 있는 정도의 난이도의 책을 골랐습니다. 그림책에는 아이들이 사용하는 언어가 있지만, 그만큼 의태어나 의성어가 자주 등장하기 때문에 등장하는 어휘가 너무 복잡하지 않은 것을 골랐습니다. 만약 책의 내용이 흥미롭고, 주제가 적합한데 책에서 사용하는 어휘나 문장수가 너무 많아 학생들이 어려워할 가능성이 있는 책은 교사가 필요한 부분만추출하여 활용하거나, 일부 문장을 쉬운 문장으로 바꾸어 제공하였습니다.

셋째, 다른 단원과 연계하여 가르칠 수 있는 그림책인지를 살펴보았습니다. 가령 시장 놀이와 관련된 책을 선정하더라도, 이전 단원에서 배웠던 '출신 국가나 원산지를 묻고 답하기', '과거에 있었던 경험에 대해 묻고 답하기'와 같은 표현이 드러나 있는지를 확인하고, 학생들이 그 표현을 다시 상기할 수 있는 도서를 선정하였습니다.

학기 초부터 위 세 가지 기준에 따라서 수업에 활용할 그림책을 13권 선정하고, 단원 차시를 재구성하여 읽기 수업에 활용하였습니다. 초등 영어 교과서는한 단원이 6차시로 구성이 되어 있습니다. 그래서 기본 표현을 듣고 익히는1~3차시 수업 이후, 그림책을 읽고 활용해 보는 수업을 4차시와 5차시로 배치하여 지도하였습니다. 이후에 소개해 드릴 수업은 그중 4차시에 해당하는 수업입니다.

둘, 개별화 학습을 위한 읽기 환경 마련해 주기

영어 그림책을 활용할 때 그림책을 학생들에게 보여 주는 방법에 대한 고민이많았습니다. 대부분의 책들은 다 같이 보기에는 글씨 크기가 작습니다. 한글의경우 그림만 보여 주고 선생님이 읽어 주어도 크게 문제 될 것이 없겠지만, 영어 읽기를 위해 영어책을 보여 주는 경우는 조금 다릅니다. 또한 영어책을 선생님이 소리 내어 읽어 주는 것 자체에 대해 부담을 느끼는 선생님도 계실 것입니다. 이런 어려움을 해소하고자 스마트 기기를 활용한 교실 속 개별 학습 환경을 마련했습니다.

온라인에서는 영어 그림책 'Read Aloud(소리 내어 읽어 주기)' 영상을 어렵지 않게 찾아볼 수 있습니다. 따라서 저는 학교에 있는 스마트 패드를 활용하여 학생들에게 그림책의 Read Aloud 영상을 개별로 볼 수 있게 했습니다. 교실의 TV 화면에 영상 링크를 QR코드로 변환하여 띄워 주면, 학생들이 스마트 패드를 활용하여 QR코드를 스캔하고, 각자의 이어폰을 활용하여 영상을 보고 듣습니다. 교사가 힘겹게 한 장씩 읽어 주지 않아도 더 좋은 화질로 책을 보며 깨끗한 소리를 들을 수(viewing) 있지요. 이렇게 들으면서 보는 형태의 언어 이해 활동은 다양한 매체를 통해 언어를 접하는 우리 아이들에게 가장 익숙한 형태의 언어 소통 방식이기도 합니다.

'Read Aloud' 영상을 볼 때에는 다음과 같은 순서로 보도록 하였습니다. 책을 처음 볼 때에는 어떤 내용인지 이해하도록 노력하면서 그림과 글을 보며 소리를 듣습니다. 읽지 못하는 단어를 소리로 들으면서 읽을 때, 어휘를 인지하는 데 도움이 될 뿐만 아니라 내용 파악에도 도움이 됩니다. 두 번째 볼 때에는 영상의 목소리를 들리는 대로 따라 해 봅니다. 소리에 집중하면서 발음과 강세를 따라 해 보는 것이지요. 마지막 세 번째 볼 때에는 수업에 필요한 목표 표현과 관련지어 과제를 주고, 책 내용에 맞게 메모를 합니다. 내용을 이해했는지 점검할 수도 있고, 교사의 수업 의도에 따라 핵심 표현에 근접하게 다가가도록 하는 장치입니다. 세 가지 순서를 통해 학생들은 저마다의 속도에 따라 영상을 보다가 멈출 수도 있고, 놓친 부분은 뒤로 가기도 하고, 재생 속도를 조정하기도 하며, 개별 학습에 최적화된 환경에서 그림책과 만납니다.

Read Aloud (소리 내어 읽어 주기) 영상 시청의 TIP

① 그림과 글을 보며 소리에 집중하기

② 들리는 대로 따라 하기(섀도잉)

③ 목표 표현에 대한 과제 해결하기(메모하기, 마음에 드는 것 적기 등)

셋, 함께 배우는 기회 주기

하지만 그림책 읽어 주기 영상을 그저 보고 들었다고 해서 전부는 아니겠지요. 학생들이 책 속에서 어떤 것을 배웠는지 서로 나누고 대화할 수 있는 기회를 주어야 하겠습니다. 따라서 그림책의 내용에 따라 메모한 내용을 발표할 수 있도록「돌아가며 말하기」,「짝 바꾸어 대화하기」,「둘 가고 둘 남기」 등의 다양한 협력 학습 기법을 활용하여 핵심 표현을 연습할 수 있는 기회를 주었습니다.

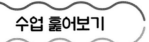

수업 훑어보기

대상	5학년 2학기
관련 교과 및 단원	영어, 10. How Much Are These Gloves?
관련 성취 기준	[6영03-03] 일상생활 속의 친숙한 주제에 관한 쉽고 짧은 글을 읽고 세부 정보를 파악할 수 있다. [6영01-04] 대상을 비교하는 쉽고 간단한 말이나 대화를 듣고 세부 정보를 파악할 수 있다.
학습 목표	이야기책을 바탕으로 물건을 사고파는 대화문을 읽을 수 있다. Students will be able to read a dialogue about buying and selling things in the market.
수업 준비하기	◆ 물건의 이름과 물건의 원산지를 묻고 답하는 표현 상기하기 - It's from (Russia, Mexico 등) ◆ 과거에 있었던 일을 나타내는 표현 알기 - went, visited, saw 등의 과거 동사를 사용하여 문장 만들기 ◆ 물건의 가격을 묻고 답하는 음성 표현 익히기 ◆ 물건의 개수에 따라 달라지는 표현 익히기 - How much is this? How much are these?

<table>
<tr><td rowspan="5">수업
개요</td><td>들어가기</td><td>◆ Entering mission
- 확인 질문으로 지난 수업 이해도 점검하기
◆ Small Talk(짝 바꾸어 대화하기)
- 여행 가 본 곳과 기념품에 대해서 이야기하기</td></tr>
<tr><td rowspan="2">펼치기</td><td>◆ Listen and Read(개별화 학습)
- 태블릿을 사용하여 개별 책 읽기
- 읽은 내용 메모하기
◆ Read and Talk(돌아가며 말하기)
- 메모한 것을 바탕으로 책 내용에 대해 말하기</td></tr>
<tr><td>◆ Read Together(반복 연습)
- 핵심 표현이 드러난 대화문 연습하기
◆ Let's go to market (둘 남고 둘 가기)
- 둘 남고 둘 가기로 대화문 발표하기
- 다른 사람의 발표 듣고 대화 내용에서 세부 정보 파악하기</td></tr>
<tr><td>나가기</td><td>◆ Level Up Speech(선택 활동)
- 활동 결과를 정리하여 발표하기(돌아가며 말하기)</td></tr>
<tr><td>수업 후</td><td>◆ 이야기책의 내용을 바탕으로 시장 놀이 준비하기</td></tr>
</table>

수업 자세히 들여다보기

소개해 드릴 수업은 물건을 사고파는 다양한 상황의 대화문을 읽을 수 있도록 물건을 사는 것에 관련된 그림책을 활용한 수업입니다. 수업을 위해 활용한 그림책은 Stella Blackstone의 『My Granny Went to Market』이라는 책입니다. 이 책에서는 주인공 할머니가 마법 양탄자를 타고 열 개의 나라를 다니며, 그 나라에서 유명한  물건을 사러 다니는 간단한 내용으로 이루어져 있습니다. 학생들은 여러 나라 이름을 영어로 배우며 물건의 원산지를 묻고 답하는 표현을 배우고(1단원), 과거의 경험을 묻고 답하는 표현(8단원)을 이미 학습했기 때문에 단원 연계 표현도 함께 학습할 수 있겠다는 생각이 들어 이 책을 선택하게 되었습니다. 책에 있는 글을 모두 이해하고 학습하는 것이 아닌, 책의 내용을 활용해서 교과서 핵심 표현을 '다른 나라에서 물건 사고팔기'라는 무대로 끌어내고자 하였습니다.

Chapter 1. 읽기 전, 그림책으로 안내하기

학생들은 저마다 여행에 대한 추억이 있을 것입니다. 수업에 들어가기 전, 학생들에게 방문해 본 여행지(I went ___.)와 본 것(I saw ___.) 또는 산 것(I bought ___.)에 대해 이야기를 나누며 과거의 경험을 나타내는 표현을 복습해 볼 수 있는 간단한 시간을 주었습니다.

그리고 학생들에게 책의 표지를 보여 주며 보이는 그림에 대해 이야기하였습니다. 카펫이나 할머니를 발견하기도 하고, 책의 제목을 크게 읽기도 합니다. 그림책의 주인공이 누구인 것 같은지 묻자, 아이들은 주저함이 없이 할머니라고 답합니다. '표지를 보니 어떤 나라에 방문했는지 알겠나요?'라고 묻자 아이들은 베트남, 미국 등 자신이 알고 있는 여러 나라의 이름을 영어로 답하였습니다.

Chapter 2. 디지털 오디오 북 개별화 읽기

학생들에게 세계의 시장(World market)에 간 할머니의 이야기를 읽어 볼 것이라고 이야기한 뒤, Read Aloud(소리 내어 읽어 주기) 영상의 링크가 담긴 QR코드를 TV에 띄워 주며,

1.Listen and do shadow speaking
2.Write the answers on No.1 in your worksheet

1. 이야기를 듣고, 두 번 따라 하세요. 그리고 할머니가 여러 나라를 다니며 산 물건이 무엇인지 메모해 보세요.

나라 이름	Turkey (Istanbul)	Thailand	Mexico	China	Switzerland
산 물건	one carpet				
나라 이름	Kenya	Russia	Australia	Japan	Peru
산 물건			Boomerangs		ten llamas

다음의 세 가지 과제를 주었습니다. 첫째, 책의 내용을 영상과 함께 들어 보기. 둘째, 영상의 소리를 듣고 내용 따라 읽어 보기. 셋째, 주어진 활동지에 할머니가 여행한 나라에서 산 물건을 영어로 적어 보기였습니다. 활동지에는 학생들이 간단하게 메모할 수 있도록 나라의 이름을 순서대로 적어 주었습니다.

Thailand나 Switzerland와 같은 나라 이름을 읽기 어려워할 것 같아 활동 시작 전에 나라 이름을 함께 읽어 보고 영상을 보도록 안내하였습니다.

학생들은 주어진 시간에 영상을 반복하여 재생하고, 주어진 활동지에 할머니가 산 물건을 메모하였습니다. 학생들이 개별 학습을 하는 동안, 교사는 학생들

이 기기 조작에 문제가 없는지 살펴보고, 이해가 어려운 학생에게 다가가 도움을 제공합니다.

책을 다 읽고 나면, 학생들은 자신이 메모한 내용을 확인하기 위하여 모둠 친구들과 '돌아가며 말하기'를 합니다. 모둠에서 한 사람씩 돌아가며 Granny went to __ and bought _____. 라고

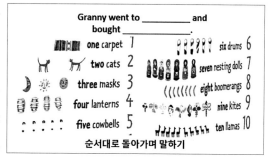

발표하며 자신이 메모한 것이 맞는지 친구와 확인합니다. 이때, 답을 적지 못한 학생이 있으면 서로 도와 정답을 찾아갈 수 있도록 안내합니다.

Chapter 3. 책 속 대화 연습하기

책의 내용에 대한 이해를 마치면, 책 내용과 관련된 대화문을 모둠별로 연습하는 시간을 줍니다. 모둠에 나누어 준 대화문은 서로 다른 내용이었습니다. 대화문은 책 내용을 각색하여 교사가 학생 수준에 맞게 변형하였으며, 그림책에서 할머니가 나라별로 산 물건을 준비하여 소품으로 활용할 수 있도록 준비하였습니다. 역할을 바꾸어 가면서 상인과 할머니를 모두 연기하는 연습을 할 수

있도록 모둠별로 같은 대화문을 네 개씩 주었습니다.

대화문을 각색할 때 학생들이 여러 가지 물건에 대해 사고파는 대화를 할 수 있도록 그림책에서 등장한 나라와 할머니가 구매한 물건 이름을 넣었습니다. 그림책에는 열 개의 나라가 등장하였는데, 그중 1단원에서 학습하여 학생들에게 익숙한 다섯 나라(중국, 일본, 러시아, 호주, 멕시코)를 우선적으로 선정하였습니다. 단순히 물건의 가격만 묻고 답하는 것에서 나아가 '비싸다고 표현하기', '다른 색깔이 있는지 묻기' 등 다양한 대화 장면을 포함하여 연습하도록 제작하였습니다. 또한 학생들이 해외 통화 단위에 대해 관심이 많기 때문에, 흥미를 돋우기 위해 그 나라의 화폐 단위가 드러나도록 하였습니다.

대화문이 상인과 할머니의 대화로 되어 있기 때문에, 두 사람이 대화를 나누어야 합니다. 한 사람과 연습하기보다는 모둠 구성원 모두와 한 번씩은 연습을 할 수 있도록 안내하였습니다. 잘 읽는 것 같으면서도 발음이 틀리는 경우가 있기 때문에 서로 듣고 고쳐 줄 수 있도록 말이지요. 따라서 학생들은 4인 모둠을 기준으로 두 사람씩 짝을 지어 연습하고, 한 번 더 짝을 바꾸어서 연습하였습니다.

Chapter 4. 「둘 남고 둘 가기」로 대화문 발표하기

연습한 내용을 무대에 나오듯이 한 모둠씩 발표를 하는 것도 좋겠지만, 영어 대화문은 비교적 내용이 간단하고 길이가 짧기에 「둘 남고 둘 가기」를 활용하여 발표를 하는 것이 짧은 시간에 여러 번 발표해 볼 수 있다는 점에서 효과적입니다.

1. 모둠의 두 사람은 자리에 앉아 역할극을 하고, 나머지 두 사람은 교실을 다니면서 다른 모둠의 역할극을 구경합니다.
2. 역할극을 보여 주는 사람은 보고 있는 관객이 한 명이라도 있다면 계속해서 대화문을 반복하여 말하는 '무한 역할극'을 합니다.
3. 관람하는 사람은 해당 모둠에서 주인공이 어떤 나라에서 어떤 물건을 얼마에 사는지를 메모합니다.
4. 제한 시간이 지나면 자리로 돌아와 역할을 바꾸어 진행합니다.

돌아다니며 관찰하는 학생들의 경우 그냥 보고 오는 수준에서 학습이 끝나는 경우가 있습니다. 따라서 다른 사람의 발표를 귀 기울여 듣고, 어떤 내용이었는지 메모를 하도록 과제를 주는 것이 좋습니다. 다섯 모둠이 서로 다른 나라, 다른 화폐, 다른 물건에 대해 발표하기 때문에 아이들이 들고 있는 활동지는 이런 내용을 간단하게 메모할 수 있는 것으로 준비하였습니다. 대화문에는 할머니가 산 물건과 그 나라의 화폐가 등장하기 때문에, 아이들은 이전에 읽은 책 내용과 관련하여 그 나라가 어떤 나라인지 추측하여 적을 수 있습니다. 만약 대화 내용으로 판단이 어려울 경우, 추가적으로 역할극을 하는 인물들에게 "Where are you from?", "What are these?"와 같이 추가적인 질문을 하여 답을 찾아갈 수 있도록 안내하였습니다.

2. 다른 모둠 친구들의 대화 장면을 살펴보고, 할머니가 어떤 나라에서 어느 물건을 샀는지, 얼마인지 메모해 보세요.

방문한 나라					
산 물건과 갯수					
총 가격					

또한 아이들은 자신도 모르게 1모둠부터 관찰하러 가는 성향이 있기 때문에, 반드시 자신이 앉아 있는 모둠에서 가장 가까운 자리부터 구경하기, 시계 방향으로 구경하기 등 관람 방향을 지정해 주는 것이 필요합니다.

앉아 있는 학생들은 이미 대화문
을 충분히 연습한 상태이긴 하지
만, 외워서 말을 할 수 있는 상태가
아니기 때문에 대화문을 손에 들고
역할극을 해야 합니다. 하지만 대
화문을 손에 들고 있는 경우, 글자
만 보고 읽어서 관찰하는 학생들이
내용을 파악하기 어려운 상황이 생
길 수 있습니다. 따라서 주어진 소품을 최대한 활용하여 시각적으로 보는 사람
에게 도움이 될 수 있도록 '연기'를 펼칠 것을 미리 이야기했습니다. 우리가 평
소 대화를 하는 모습은 그저 말만 듣는 것이 아니라, 대화가 펼쳐지는 상황 자
체를 함께 보는 형태(viewing)로 인지되기 때문입니다. 듣고 메모하는 역할을
맡은 학생들이 영어 대화를 모두 이해하지 못하더라도 이해할 수 있다는 자신
감을 심어 주기 위한 장치라고 할 수 있습니다.

학생들은 저마다 연기를 펼치며 대화문에 점차 익숙해졌습니다. 시간이 지날
수록 보지 않고 말하려는 시도를 하는 학생들이 늘어났습니다. 또한, 친구들을
재미있게 해 주기 위해서 대화문을 실감 나게 읽으려고 노력하거나, 감탄이나
놀라움, 괴로움을 나타내는 영어 표현을 함께 사용하는 모습을 보였습니다. 교
사는 학생들과 함께 전체 그룹의 발표를 보며, 잘못 읽고 있는 부분을 몰래 고
쳐 주거나, 수준이 낮은 학생의 대사를 한 두 단어로 짧게 줄여 주는 등 난이도
를 조절해 주며 활동에 참여할 수 있도록 독려하는 역할을 하였습니다.

Chapter 5. 활동 정리하기

마지막으로 「둘 남고 둘 가기」 활동을 통해 서로 보고 온 것을 대화하며 확인

할 수 있는 기회를 주었습니다. 모
둠에서 서로 돌아가며 자신이 메모
해 온 것을 보고, 할머니가 간 곳,
산 물건과 가격에 대해 이야기하는
시간을 가졌습니다.

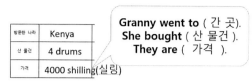

방문한 나라	Kenya
산 물건	4 drums
가격	4000 shilling(실링)

Granny went to (간 곳).
She bought (산 물건).
They are (가격).

　이 활동을 통해 각자 돌아다니며 배운 것을 다시 자신의 말로 표현하는 시간
을 가지기도 하고, 미처 활동지를 완성하지 못한 학생들은 친구들의 발표를 듣
고 배움을 채워나갔습니다.

Chapter 6. 학습 성취 점검하기

평가 기준		평가 수준	평가 방법
이야기책의 내용을 바탕으로 물건을 사고파는 대화문을 읽을 수 있는가?	잘함	이야기책의 내용을 바탕으로 물건을 사고파는 대화문을 문장 형태로 읽을 수 있다.	관찰 평가. 활동 결과물 (학습지)
	보통	이야기책의 내용을 바탕으로 물건을 사고파는 대화문을 어휘 나 어구 단위로 읽을 수 있다.	
	노력 요함	이야기책의 내용을 바탕으로 물건을 사고파는 대화문을 친구 의 도움을 받아 읽을 수 있다.	

　이 수업에서는 위의 세 가지 평가 기준으로 학생들이 성취 수준에 도달하였는
지를 평가하였습니다. 교사는 세 번째 둘 남고 둘 가기 활동에서 발표하는 학생
들을 관찰하고, 대화문을 발표하는 모습을 평가합니다. 또한 학생들의 활동지
를 보며 읽은 내용에 대한 이해도를 점검하고 피드백 하였습니다.

수업을 통해 성장하다

　물건의 값을 묻고 답하는 단원에서 시장 놀이가 단연 꽃이라고 할 수 있겠지요. 하지만 그냥 물건을 사고파는 행위에 집중하기보다, 시장에서 물건의 값을 묻고, 원하는 물건의 수를 이야기하고, 물건값을 흥정하거나 처음에 물어본 것 대신 다른 물건의 값을 물어보는 실용적인 표현을 활용하는 데 집중하고 싶었습니다.

　수업을 준비하기 위해 여러 영어 도서를 살펴보고, 단원을 재구성하는 데에는 상당히 긴 시간과 노력이 필요했습니다. 단원의 핵심 표현과 관련되어 있으면서도 학생들 수준에 너무 어렵지 않은 책을 고르는 것도 쉽지 않았습니다. 비록 이 수업이 그림책의 모든 문장을 꼼꼼히 읽고 내용을 이해하는 수업은 아니었지만, 적어도 책의 내용을 활용해서 보다 실감 나게 물건을 사고파는 대화를 나눌 수 있는 연결 고리가 되었다고 생각합니다.

　수업을 통해 학생들이 수업에서 다양한 표현을 익힐 수 있었는지에 대해 걱정은 되었지만, 이 걱정은 며칠 뒤에 바로 해결되었습니다. 영어 그림책을 활용한 수업 후에는 직접 학생들이 책 속에 등장한 나라의 상인이 되어 책 속의 물건을 사고파는 수업을 진행했습니다. 학생들은 저마다의 영어 표현으로 물건을 사고파는 모습을 보여 주었습니다. 교과서에 등장하는 기본 표현인 "How much is this?", "They are 3000won."으로 반복되는 패턴 대화만 사용하는 것이 아니라, "These shoes are from Russia.", "I don't like the color. How about this?" 등의 알고 있는 다양한 영어 표현을 사용하는 모습을 볼 수 있었습니다.

교과서에서 몇 번 배웠던 표현을 그림 책에서 읽고 새로운 맥락에서 활용하여 말하면서 학생들은 무의식적으로 알고 있던 내용을 더욱 깊이 인지할 수 있는 기회가 되었던 것 같습니다.

4부

뻔하지 않은
과학, 도덕, 사회 수업 이야기

학생이 중심이 되어 느끼고 체험하는 과학!

백 교사의 수업 고민

하나, 재미있는 단원, 재미없는 단원

"선생님! 오늘 어떤 것 배워요? 오늘 실험 없어요?"
"오늘 과학 수업 재미없겠다…. (수군수군)"

교실에서 과학 수업을 할 때면 학생들은 위와 같은 반응을 보이곤 합니다. 더군다나 과학 수업 전에 실험 도구들이 보이지 않는다면 수업을 시작하기도 전에 흥미가 떨어진 눈빛을 보여 줍니다. 그래서인지 5학년 1학기 〈2. 태양계와 별〉 단원은 특히 학생들의 호불호가 많이 갈리는 단원입니다. 과학 교과는 특히나 모둠 협력 수업이 주가 되는데, 이번 단원에는 실험이 없어 태양계와 별을 좋아하는 학생들이 모둠을 이끌어 가고 싫어하는 학생들은 무임승차하는 경우가 있습니다.

무임승차하는 학생들도 실험할 때는 재미있게 참여하는 경우가 많습니다. 그러나 과연 그런 재미만으로 충분한 탐구가 이루어질까요? 아닐 것입니다. 재미있는 단원, 재미없는 단원 없이 학생들이 과학 수업에 몰입하기 위해서는 학생들이 중심이 되어야 합니다. 학생들이 꼬마 과학자가 되어 우리 주변에서 일어나는 자연 현상에 호기심을 갖고 탐구하여 결론을 이끌어 낼 수 있는 살아 있는 과학 수업이 필요합니다.

'어떻게 하면 학생들이 중심이 되는 살아 있는 과학 수업을 할 수 있을까?'

둘, 수업 재구성의 필요성

"이번 단원은 외울 것이 너무 많아요. 어려울 것 같아요."

"수, 금, 지, 화, 목, 토, 천, 해. 저는 다 알고 있어요! 선생님, 명왕성은 태양계 행성에서 빠졌대요!"

학생들이 교과서를 펼쳐 보고 보인 반응입니다. 5학년 1학기 〈2. 태양계와 별〉 단원은 초등학교에서 처음으로 우주에 대해 공부하는 단원입니다. 그러나 이미 과학 만화나 과학 서적을 통해 이번 단원에서 공부할 내용들을 자세히 알고 있는 학생들도 있습니다. 반면 직접 눈으로 관찰하기 어려운 내용에 대해 기억해야 한다는 부담을 가지고 있는 학생들도 있습니다. 어떻게 하면 외울 것이 많아 어려울 것 같다는 학생과 우주에 대해 관심이 많은 학생들 모두 만족하는 수업을 할 수 있을까요?

지도서와 교과서를 살펴보면 과학 준비물로 제시된 '행성 크기 비교 모형'을 제외하곤 그림이나 사진을 활용한 탐구 활동들로 단원이 구성되어 있습니다. 따라서 행성 크기 비교 모형은 이번 단원 4, 5차시 태양계 행성의 크기와 거리 비교하기부터 9~11차시 마지막 우주 교실 꾸미기까지 활용할 중요한 준비물입니다.

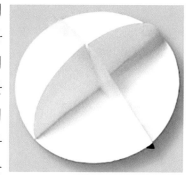

행성 크기 비교 모형은 행성의 상대적인 크기를 고려하여 행성마다 원 모양 흰 종이 2개와 반원 모양 흰 종이 2개를 엇갈려 끼워 구 형태로 쉽게 만들 수 있도록 구성되어 있습니다. 만들기 쉽고 오차가 거의 없는 이 모형들은 실제 행성들의 상대적인 크기를 비교하기엔 좋은 자료입니다. 그러나 놓여진 8개의 흰색 모형들을 보면 지난 시간 공부한 행성들의 모습이 그려지지 않습니다.

'수업을 재구성해서 다양한 준비물로 행성들의 특징을 담아 행성 크기 비교 모형을 만들면 어떨까?'

백 교사의 수업 아이디어

하나, 살아 있는 과학 수업

 과학 교과에서 가장 중요한 것은 자연 현상을 탐구하고자 하는 호기심입니다. 학생들이 처음 보는 것이 아닌 것을 관찰할 때 진짜 호기심을 갖는 경우는 '실제와 똑같을 때' 혹은 '도움이 되는 지식일 때'입니다. 과학 탐구 활동에서는 대상을 자세히 관찰하는 것이 중요합니다. 왜냐하면 미세한 차이라도 대단한 발견이 될 수 있기 때문입니다. 따라서 학생들에게 **실제적인 체험의 기회**를 제공할 필요가 있습니다.

 5학년 1학기 〈2. 태양계와 별〉의 학습 요소는 태양과 태양계의 구성원, 태양계 행성의 크기와 거리, 별과 별자리입니다. 학생들은 1~2차시에서 태양의 소중함과 태양계의 행성들의 특징을 공부합니다. 그리고 3차시에서는 태양계 행성들의 상대적인 크기를 비교하기 위한 모형을 만듭니다. 이 모형들은 4차시 태양으로부터의 상대적인 거리를 비교하고 9~11차시 우주 교실 꾸미기에도 사용합니다. 따라서 3차시를 핵심 차시로 설정하여 1~2차시에서 학습한 내용을 3차시에 활용할 수 있도록 수업을 설계하였습니다.

 3차시에서는 교과서 준비물로 제시된 행성 크기 비교 모형이 아닌 행성들의 특징을 나타낼 수 있는 여러 가지 준비물로 행성 크기 비교 모형을 만듭니다. 학생들은 학습한 태양계 행성들의 특징들을 바탕으로 알맞은 준비물을 선택하여 실제적인 행성 크기 비교 모형을 만들어 태양계 행성들의 상대적인 크기를 비교합니다. 따라서 제시된 준비물을 조립하고 끝나는 과학 수업이 아닌 학생들이 과학 수업의 중심이 되어 조사하고, 탐구하여 모형을 만들며 몰입하는 살아있는 과학 수업을 학습할 수 있습니다.

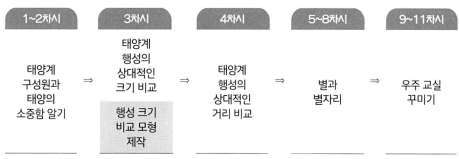

※ 3차시에 만든 행성 크기 비교 모형을 4차시~11차시까지 활용함.

둘, 수업 재구성으로 수업 업그레이드

5학년 1학기 〈2. 태양계와 별〉에서는 학생들이 우주 공간에 대한 공간적 감각을 익히게 하고자 태양계 행성들의 상대적인 크기와 거리를 비교하는 과제를 제시하고 있습니다. 실제 태양계는 너무 커서 그 크기를 실감하기 어렵습니다. '태양의 지름은 지구의 지름의 109배입니다.'라고 했을 때 지구의 크기를 직접 눈으로 보지 못했기 때문에 태양의 크기 역시 크게 와닿지 않습니다. 따라서 눈으로 직접 보고 비교할 수 있도록 작게 모형을 만들어 비교합니다. 지구가 반지름 1㎝ 구슬이라면 태양계 행성 중 가장 큰 목성이 배구공 크기 정도입니다. 그렇다면 태양은 과연 얼마나 클까요? 태양의 부피는 무려 지구의 부피의 1,300,000배입니다. 얼마나 큰지 감이 오시나요? 어른들도 가늠하기 어려운 크기이기에 아이들에게도 실감이 나지 않을 것입니다.

우리는 크기를 비교할 때 수치로 비교할 때보다 우리가 알고 있는 물건들의 크기로 비교할 때 더 쉽게 이해합니다. 따라서 교과서에서 태양계 행성들의 크기를 비교할 때 행성 크기 비교 모형을 직접 만들어 학습한다면 더 효과적으로 학습할 수 있습니다. 한 가지 아쉬운 점은 교과서에서는 행성 크기 비교 모형으로 태양계 행성들의 크기는 비교하지만 태양과 행성들의 크기는 사진과 수치로만 비교합니다. 따라서 3차시에서는 수업을 재구성하여 학생들은 모둠별로 태양계 행성들의 특징이 드러난 행성 크기

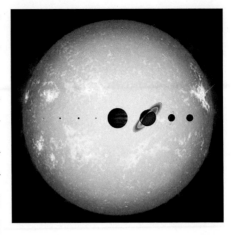

비교 모형을 만들어 크기를 비교하고, 마지막에는 지구의 부피보다 1,300,000 배 큰 태양 모형과 비교하는 활동을 통해 우주 공간의 공간감을 체험합니다.

9~11차시 우주 꾸미기에서는 학생들이 아직 밝혀진 것이 많이 없는 미지의 우주를 떠올리며 태양계를 비롯해 모둠별로 만든 태양계 행성들을 미지의 행성들로 꾸며 태양계와 비슷한 우주 공간이 존재할 수 있다는 생각까지 확장하여 실감 나는 우주 공간을 만드는 수업으로 재구성할 수 있습니다.

학생 중심 수업 준비 과정

하나, 거꾸로 수업으로 늘어난 탐구 시간

과학 교과는 준비물이 많아 수업 전, 중, 후 모두 시간이 오래 걸리는 과목 중 하나입니다. 그래서 과학 수업을 블록 타임으로 운영하거나 과학 보조 교사의 도움을 받아 과학실에 학년마다 과학 준비물을 미리 준비해 두는 방법 등을 사용하지만 늘 시간이 부족하다고 느껴집니다. 현실에서는 시간의 제약으로 인해 교과서에 제시된 탐구 계획대로 탐구하고 과정에 대한 고민 없이 결과만 정리하는 경우가 있습니다. 그러나 학생 중심 과학 수업에서는 교사의 설명을 줄이고, 학생들에게 충분한 탐구 시간을 주어 과학적 탐구 능력을 충분히 기를 수 있는 기회를 제공해야 합니다. 어떻게 하면 충분한 탐구 시간을 줄 수 있을까요?

학생들의 탐구 시간을 늘리기 위해 고민을 했을 때 40분이라는 정해진 수업 시간을 늘릴 수는 없었습니다. 그래서 학생들의 충분한 탐구가 필요한 단원 혹은 차시에서 **거꾸로 수업**을 통해 학생들에게 충분한 탐구 시간을 확보하였습니다.

둘, 거꾸로 수업 준비하기

거꾸로 수업은 학생들이 수업 전에 가정이나 학교 쉬는 시간에 스스로 학습을 할 수 있습니다. 그리고 본 수업에서는 교사가 수업을 설계한 대로 학생들이 과제를 수행하여 학습 목표를 달성할 수 있도록 보조의 역할을 하며 학생 스스로 성장·발달할 수 있도록 돕습니다.

거꾸로 수업은 가정과의 연계가 필요하기 때문에 학생과 학부모의 동의가 필요합니다. 저는 학기 초 학생, 학부모에게 거꾸로 수업에 대해 설명하고, 거꾸로 수업을 위한 준비를 합니다. 벌써 어렵게 느껴질 수 있습니다. 그러나 거꾸로 수업을 위한 준비는 이미 코로나19로 인해 원격 수업을 준비했던 경험과 유사합니다.

첫째, 학생과 학부모가 모두 가입할 수 있는 온라인 학급(구글 클래스룸, 밴드, 하이클래스 등)을 개설합니다. 수업 전과 후 온라인 학급을 통해서 학생들과 끊임없는 소통이 필요합니다.

둘째, 10분 내외 짧은 디딤 영상(수업 전)과 심화 영상(수업 후)를 온라인 학급에 제공합니다. 수업 전에 학생들은 디딤영상으로 본 수업에서 필요한 지식 혹은 단서를 얻습니다. 만약 가정에서 디딤영상을 보지 못한 경우 아침 활동 시간, 쉬는 시간에 교실에 준비된 노트북/태블릿PC 혹은 개인 휴대폰으로 학습할 수 있도록 준비합니다. 수업 후에는 심화 영상을 온라인 학급에 제공하여 학습 내용을 정리하고 학생들의 생각을 확장할 수 있도록 합니다. 그리고 수업 후 학생들이 서로의 질문들을 해결하는 자료를 조사하여 올릴 수 있습니다.

셋째, 거꾸로 수업 게시판으로 수업 준비와 정리를 합니다. 학생들은 수업 전과 후에

학습한 내용과 궁금한 점을 붙임쪽지에 작성해 붙입니다. 교사는 거꾸로 수업 게시판으로 수업 전 학생들의 이해 정도를 쉽게 파악할 수 있습니다. 그리고 학생들이 붙임쪽지에 작성한 질문들은 교사가 즉각적으로 피드백을 할 수 있을 뿐만 아니라 수업에 바로 반영할 수 있습니다. 학생들은 수업 전 디딤영상 내용과 관련된 붙임쪽지들을 보고 학생들은 서로 학습한 내용을 비교하기도 하고, 서로의 궁금한 점을 보면서 더욱 수업에 몰입되기도 합니다. 그리고 수업 후에는 학생들이 학습 목표에 도달하였는지 확인하기 쉽고, 더 알고 싶은 내용을 작성하도록 하여 학생들의 반응을 확인하고 피드백할 수 있습니다.

첫 한 달 동안은 거꾸로 수업이 처음이기 때문에 학생들이 낯설어할 수 있습니다. 따라서 허용적인 분위기에서 학생들이 거꾸로 수업에 적응할 수 있도록 돕는 것이 중요합니다.

셋, 토의하는 과학 수업

학생들에게 자유로운 탐구 시간이 주어졌을 때 정작 무엇을 할지 모른다면 탐구 활동이 이루어지지 않거나 다른 모둠을 방해하기도 합니다. 교과서 탐구 활동에는 탐구 과정이 제시되어 있습니다. 따라서 학생들은 탐구 문제나 과정을 충분히 생각해 보지 않고 교과서에 안내된 탐구 과정 순서대로 탐구하곤 합니다.

과학 교과서의 1학기 첫 번째 단원은 과학 탐구 단원이고, 거의 유일하게 학생들이 탐구 문제나 과정에 대해 깊게 생각해 보는 단원입니다. 그렇지만 과학 탐구 단원이 지나고부터는 다시 활동에만 집중하게 됩니다. 따라서 과학 탐구 단원이 끝나고 나서도 학생들이 탐구 문제, 과정, 결과에 대해 깊이 생각하고 계속 토의하며 탐구 능력을 기를 수 있는 시간이 필요합니다.

협력 학습 기법을 활용하여 학생들이 탐구 전과 후에 충분히 토의할 수 있는 환경을 만들 수 있습니다. 거꾸로 수업으로 충분한 탐구 시간 확보, 배경지식 학습, 동기 유발이 되었으니 탐구 전과 후에 학생들이 토의할 수 있는 준비가 되었습니다. 학기 초부터 학생들과 과학 수업을 할 때 탐구 활동 전과 후에 탐구 문제와 과정에 대해 토의하는 연습을 합니다. 탐구 활동을 하기 전에 학생들이 준비물을 보고 탐구 문제와 연결 지어 탐구 과정과 이유를 생각하며 서로의 생각을 나누고, 탐구 활동 후에는 탐구의 과정과 결과를 「브레인라이팅」, 「창문 학습기법」, 「다중투표」, 「PMI」 등으로 정리하며 함께 생각을 모읍니다.

학생들이 탐구 전과 후에 충분히 토의를 하게 되면 탐구 활동이 시간이 오래 걸릴 수 있습니다. 그리고 때로는 탐구 결과가 교과서 정답과 다를 수 있습니다. 그러나 그 탐구 결과가 교과서 정답과 다르더라도 학생들은 왜 그런 결과가 나왔는지 까닭을 생각할 수 있다는 점에서 의미가 있습니다. 꼭 탐구 결과가 잘 나와서 교과서의 정답과 같아야 학생들이 만족하는 과학 수업과는 다른 점입니다.

학생들에게 늘 해 주는 말이 있습니다. 발명왕 에디슨은 수많은 실패 끝에 전구를 발명했습니다. "수많은 실패는 성공을 위한 단계일 뿐이다." 과학자들도 실험을 하면 수많은 실패를 하게 됩니다. 그리고 실패를 통해 더욱 대단한 발견을 하기도 합니다. 그래서 학생들이 중심이 되어 충분히 생각하고 실패를 통해서도 배우고 즐길 수 있는 과학 수업 분위기를 조성합니다.

수업 훑어보기

대상	5학년 1학기	
관련 교과 및 단원	과학 2. 태양계와 별	
성취 기준	[6과02-01] 태양이 지구의 에너지원임을 이해하고 태양계를 구성하는 태양과 행성을 조사할 수 있다.	
학습 목표	태양계 행성의 상대적인 크기를 비교할 수 있다.	
수업 준비하기	◈ **디딤영상 시청하기** - 태양계 행성의 분류와 특징 - 태양과 금성의 크기 비교를 보고 다른 행성의 크기 예상하기 - 상대적인 크기란? ◈ **거꾸로 수업 게시판 작성하기** - 학습한 내용과 궁금한 것 붙임쪽지에 적어 붙이기	
수업 개요	들어가기	◈ **디딤영상 학습 내용 확인하기** - 디딤영상 내용 확인 및 궁금증 확인 - 학습 문제 확인하기 - 학습 활동 안내하기
	펼치기	◈ **상대적인 크기 비교하기(「브레인라이팅」)** - 태양계 행성들의 크기 비교하기 - 탐구 결과를 보고 알 수 있는 점 「브레인라이팅」 하기 ◈ **행성 모형 만들기(「PMI」, 「둘 남고 둘 가기」)** - 행성의 특징에 알맞은 재료로 행성 만들기 - 「PMI」로 행성의 특징과 상대적인 크기 확인하기 - 태양 모형과 행성 모형을 비교하여 태양계의 크기 체험하기
	나가기	◈ **오늘 배운 내용 정리하기** - 거꾸로 수업 기록판에 학습 내용 정리하기
	수업 후	◈ **학급 밴드 '되돌아보기'** - 심화 영상을 보고 배운 내용 복습 및 확장하기

수업 자세히 들여다보기

이번 수업은 태양계 행성들의 상대적인 크기를 비교하는 것을 학습 목표로 합니다. 학생들에게 "태양계 행성들의 크기는 어떻게 다를까? 어떤 결과를 알 수 있을까? 왜 그럴까?"라는 문제를 주고, 조작적 탐구를 통해 학생들이 문제를 해결할 수 있도록 합니다. 먼저 지난 시간 학습한 태양계 행성들의 특징을 떠올려 실제와 비슷한 행성 모형을 모둠별로 만듭니다. 다음으로 태양계 행성들의 상대적인 크기 비교, 거대한 태양 모형과의 비교를 통해 생각을 확장할 수 있도록 수업 설계를 하였습니다. 수업의 흐름은 다음과 같습니다. 디딤영상으로 처음엔 혼자 공부하며 고민하고, 「브레인라이팅」으로 친구들과 확산적 사고로 다양한 생각을 모으고, 「PMI」 평가 결과를 공유하여 수렴적 사고를 통해 탐구 활동 결과를 정리하고, 마지막에는 커다란 태양과 비교를 하며 생각을 확장합니다.

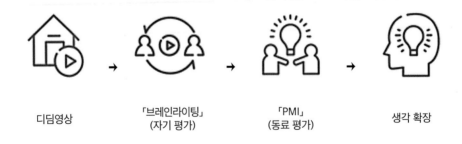

디딤영상 → 「브레인라이팅」(자기 평가) → 「PMI」(동료 평가) → 생각 확장

Chapter 1. 디딤 영상으로 수업 열기

학생들이 충분한 탐구를 할 수 있도록 수업 전에 두 가지 준비할 것이 있습니다. 첫 번째는 학생들이 스스로 탐구를 할 수 있는 배경지식입니다. 학생들이 배경지식을 습득할 수 있는 디딤영상을 온라인 학급에 제공합니다.

디딤영상 내용

1. 태양계 행성의 분류와 특징
2. 태양과 금성의 크기 비교를 보고 다른 행성의 크기 예상하기
3. 상대적인 크기를 사용하는 까닭

먼저 지난 시간에 학습한 태양계 행성의 분류와 특징 등을 복습합니다. 태양계 행성은 특징에 따라 지구형 행성(수성, 금성, 지구, 화성)이 있고, 목성형 행성(목성, 토성, 천왕성, 해왕성)으로 분류할 수 있습니다.

지구형 행성은 크기가 작고, 밀도는 크며, 고리는 없고, 표면에 땅(암석)이 있습니다. 목성형 행성은 크기가 크고, 밀도는 작으며, 고리가 있고, 표면이 기체로 되어 있습니다. 행성들의 특징을 설명하며 학생들이 행성 크기 비교 모형을 만들 때 여러 가지 준비물 중에서 태양계 행성의 특징이 드러나도록 준비물을 선택할 수 있도록 합니다.

다음으로는 태양과 금성이 겹칠 때의 모습을 보며 왜 태양보다 가까운 금성이 더 작게 보이는지를 생각하며 본 수업에서 공부할 내용을 안내합니다. 수업에서는 디딤영상 내용을 바탕으로 행성들의 크기 비교 모형을 만들어 행성들의 상

대적인 크기를 비교할 것이며 행성들이 너무 크기 때문에 행성 크기 비교 모형을 만드는 것임을 설명합니다.

두 번째는 거꾸로 수업 기록판 작성으로 수업에 대한 생각 열기입니다. 거꾸로 수업 기록판으로 수업 전에 학생들의 수준을 파악할 수 있고, 학생들의 궁금증을 수업에 반영하여 학생과 함께 만드는 수업을 만듭니다. 그리고 학생들의 질문이 수업에 반영될 때 학생들은 더욱 수업에 몰입하고, 다음 디딤 영상 공부를 열심히 하는 선순환이 일어납니다.

거꾸로 수업 기록판에 학생들이 아침 활동 시간에 적은 붙임쪽지가 붙어 있습니다. 왼쪽은 이번 단원을 시작할 때 실험이 없어서 재미없다고 했던 학생이며 오른쪽은 우주에 대해 관심

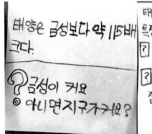

이 많은 학생이 적은 붙임쪽지입니다. 태양계 행성들의 특징은 붙임쪽지에 적기엔 양이 많아 배움 공책으로 직접 확인했습니다. 이번 단원에 흥미가 없던 학생은 디딤영상 속의 내용을 그대로 옮겨 적은 수준이었지만 정리한 내용을 보며 수업에 몰입하여 참여했습니다. 그리고 우주에 관심이 많은 학생은 이미 궁금한 점에 대한 답을 조사해 왔지만 직접 겹쳐 보고 싶다며 질문을 적었습니다.

두 학생 외에도 거꾸로 수업 기록판과 배움 공책을 보았을 때 학생들이 본 수업 탐구 활동에 기반 지식인 태양계 행성들의 특징을 파악하고 있음을 확인하고 그렇지 못한 학생들은 친구의 도움을 받을 수 있도록 하였습니다. 위 두 붙임쪽지 "금성이 클까? 지구가 클까?", "지구도 태양과 겹쳐 보면 점처럼 작을까?"처럼 탐구 활동과 관련된 몇 가지 궁금증들을 동기 유발 자료로 활용하고, 그렇지 않은 다른 궁금증들 붙임쪽지는 칠판에 붙여 놓고 수업 속에서 하나씩 알아 가며 피드백을 합니다.

수업 전에 학생들의 동기유발이 이루어져 학생들이 작성한 붙임쪽지를 보여주며 "태양은 금성보다 약 115배 큽니다. 다른 행성들의 크기는 어떨까요? 그리

고 왜 그럴까요?"라는 질문으로 수업을 바로 시작하였습니다. 그리고 덕분에 학생들에게 충분한 탐구 시간이 생겼습니다.

Chapter 2. 탐구와 과정 중심 평가

탐구 전과 후에 토의하는 것을 약속으로 정해 과학 탐구 활동이 시작되기 전과 후에는 항상 토의하는 시간을 갖습니다. 탐구 활동 전에 학생들에게 행성들의 상대적인 크기가 반영된 사진 카드와 OHP 필름을 준비물로 나누어 주고 무슨 탐구를 할지 생각할 시간을 줍니다.

행성	수성	금성	지구	화성	목성	토성	천왕성	해왕성
상대적인 크기	0.8	1.8	2.0	1.0	22.4	18.8	8.0	7.8

이때 사진 카드는 교과서 행성 사진 자료의 크기를 위의 표와 같이 편집하여 준비합니다. 마지막 활동에서 학생들이 만든 모형을 지름 2m 태양 모형과 비교하기 위해 지구의 지름을 2㎝으로 정하여 다른 행성들의 사진 크기를 조절합니다. 학생들은 준비물들을 보고 토의하며 교사가 의도한 방법인 "OHP 필름에 행성들을 그리고 행성들의 크기를 비교할 것 같아요." 대답을 금방 하였습니다. 그리고 토의를 하며 모둠 활동에 적극적이지 못했던 학생들까지 모둠원 모두가 탐구를 할 준비가 되었습니다.

탐구를 시작하며 모둠별 학습지와 채점 기준표를 나누어 줍니다. 이를 통해 학생들은 자신들이 수업 활동으로 무엇을 배워서 알아야 하는지를 알고 수업 활동에 깊게 몰입합니다. 채점 기준표를 처음에 나눠 주는 이유는 학생들이 모둠별 학습지의 문항들과 채점 기준표를 보며 활동마다 무엇을 해야 하는지 좀 더 분석적으로 파악할 수 있도록 돕기 위해서입니다.

채점 기준표

평가 과제	친구들과 협력하여 태양계 행성들의 상대적인 크기를 비교하고 특징이 드러나도록 행성 크기 비교 모형을 만들 수 있는가?		
성취 기준	[6과02-01] 태양이 지구의 에너지원임을 이해하고 태양계를 구성하는 태양과 행성을 조사할 수 있다.		
평가 요소	채점 기준		
태양계 행성들의 상대적인 크기 비교 [「브레인 라이팅」]	3	2	1
	태양계 행성들의 상대적인 크기를 비교하여 3가지 이상 결론을 도출함.	태양계 행성들의 상대적인 크기를 비교하여 1가지 이상 결론을 도출함.	교사의 도움으로 결론을 도출함.
행성별 특징에 따른 행성 크기 비교 모형 만들기 [「PMI」]	3	2	1
	알맞은 재료로 행성 크기 비교 모형을 만들어 태양계 행성들의 상대적인 크기와 특징을 설명함.	행성 크기 비교 모형을 만들어 태양계 행성들의 상대적인 크기를 설명함.	교사의 도움으로 행성 크기 비교 모형을 만듦.
협력 탐구 활동 [관찰 평가]	3	2	1
	친구들과의 협력 탐구 활동에 매우 적극적으로 참여한다.	친구들과의 협력 탐구 활동에 참여한다.	친구들과의 협력 탐구 활동 참여에 어려움이 있다.

탐구 시간이 안내가 되고, 모둠별로 탐구가 시작됩니다. 모둠별 탐구는 자리별로 정해진 역할에 따라 1번 자리 학생은 실험에 모두 참여할 수 있도록 돕고, 2번 자리 학생은 기록을 돕고, 3번 자리 학생은 준비물을 관리하고, 4번 자리 학생은 자리 정돈을 돕습니다. 실험이라면 1번부터 4번까지 순서대로 실험에 참여합니다.

[활동 1] 상대적인 크기를 비교하기에서는 학생들이 행성 크기 비교 모형을 만들기 전에 어떤 크기로

모형을 만들지 알아봅니다. 그리고 행성의 특징과 크기의 상관관계에 대해서 추측해 볼 수 있도록 합니다.

학생들은 모둠 책상 위에 있는 태양계 행성 사진 카드과 OHP 필름으로 태양계 행성들을 크기순으로 나열하여 상대적인 크기를 비교합니다. 그리고 모둠별 학습지 4번의 표를 완성하면 지구보다 작은 행성으로는 수성, 금성, 화성이 있고, 지구보다 큰 행성으로는 목성, 토성, 천왕성, 해왕성이 있음을 알게 됩니다.

탐구 결과를 보고 개별 붙임쪽지에 모둠별 학습지 4번의 표를 보고 알 수 있는 사실들을「브레인라이팅」합니다. 학생들에게 정해진 시간 동안 채점 기준표를 참고하여 소란스럽지 않은 분위기로 각자 다른 색깔의 펜(혹은 붙임쪽지)로 작성하도록 안내합니다. 붙임쪽지를 작성하는 방법은 한 장의 붙임쪽지에 한 가지 의견을 작성하되 먼저 붙여진 친구의 의견을 참고하여 친구와 다른 새로운 의견을 붙일 수 있습니다.

학생들의 붙임쪽지를 보니 평소 실험 관찰에 기록을 하지 않던 학생도 친구들의 답변을 보고 비슷한 답변을 적은 것을 확인할 수 있었습니다. 그리고 호기심이 많은 학생은 정리한 표를 보고 암석과 가스이기 때문에 지구형 행성과 목성형 행성의 크기 차이가 있다는 의견을 적어 그 모둠에서는 이 내용으로 결론을 도출했습니다.

모두의 의견이 작성되면 교사는 학생들의 기록을 관찰하여 피드백을 하고, 학생들은 채점 기준표에 자신의 활동 평가를 합니다. 대부분의 모둠에서 "지구보다 작은 행성들은 지구형 행성들이고, 지구보다 큰 행성들은 목성형 행성이다."를 가장 중요한 결론으로 결정했습니다. "왜 지구형 행성들은 작고, 목성형 행성들은 클까요? 행성들의 특징과 관련이 있을까요?" 교사는 왜 그런 결론이 나왔을지 디딤영상에서 학습한 태양계 행성들의 특징을 떠올리며 학생들이 이유를 생각해 볼 수 있도록 질문을 던집니다. 그리고 학생들은 그 이유를 생각하며 다음 활동에서 무엇을 해야 할지 확인합니다.

Chapter 3. 달라도 괜찮아, 틀려도 괜찮아

이제 학생들은 자신이 학습한 개념을 총동원하여 모형을 만들어 교사의 질문의 답을 찾으려 합니다. [활동2] 행성 모형 만들기에서는 행성의 특징과 크기를 고려해서 알맞은 재료로 모형을 만들 수 있는지를 확인합니다. 교사는 학생들이 태양계 행성들의 특징이 드러나는 모형을 만들 수 있도록 클레이, 풍선(주황, 노랑, 하늘, 파랑), 솜, 끈, 스티로폼 등 여러 가지 준비물들을 준비합니다. 만들기 할 때 준비한 재료의 단점으로 활동에 지장이 생기지 않도록 수업 전에 여러 문제 상황들을 고려하여 여러 종류의 준비물을 준비했습니다. 그리고 교육 환경을 고려하여 학생들이 가정에서 직접 재료들을 가져오도록 할 수도 있습니다. 학생들이 다른 재료를 사용하여 만든다고 한다면 융통성 있게 소재와 방식을 바꿀 수 있도록 지도합니다.

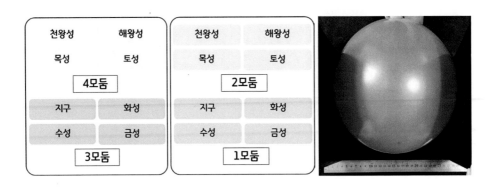

만들기는 시간이 오래 걸리므로 4명인 모둠 2개가 8개의 행성을 만들 수 있도록 합니다. 2명이 팀을 이루어 2개의 행성을 만들도록 안내합니다. 그리고 학생들에게 준비물을 충분히 탐색할 수 있는 시간을 제공하여 앞서 공부한 내용을 활용해 어떻게 모형을 만들지 토의하고 역할을 정하도록 합니다.

교사는 모둠별 학습지에 있는 '행성의 표면 물질'이라는 단서를 강조하여 학생들이 탐구 활동을 원활히 할 수 있도록 돕습니다. 그리고 교과서 2권과 자를 이용해 지름을 측정하는 방법을 설명합니다. 정확한 크기로 만들기 위해서는 교과서 2권을 태양계 행성 사진 카드의 양 끝에 세우고 그 사이에 모형이 들어가도록 만듭니다.

탐구가 시작되면 학생들은 모둠별 학습지를 작성하며 모둠별로 정한 역할에 따라 팀을 이루어 협력하며 행성을 만듭니다. 가장 중요한 평가 요소는 행성들의 상대적인 크기의 정확도와 특징에 알맞는 재료의 선택입니다. 완성한 모형은 태양계 행성 카드 위에 양면테이프를 이용해 붙이도록 합니다.

탐구 활동에서 학생들 대부분은 행성들의 특징과 크기가 잘 드러나도록 표현하였습니다. 그러나 역시 예술의 혼을 불태우고 있는 학생들이 있어 친구와 협력하여 알맞은 재료를 사용해 만들 수 있도록 지도했습니다. 그리고 풍선의 매듭을 못 묶는 학생들은 매듭을 묶어 주기도 했습니다.

정해진 탐구 활동 시간이 흐르고 모둠별로 행성 만들기가 완성된 모둠도 있고, 완성하지 못한 모둠도 있습니다. 완성하지 못한 모둠은 만들기 계획을 설명했습니다.

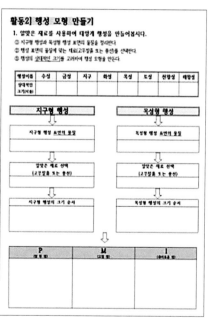

탐구 후 모둠 토의로 「PMI」 평가표에 자신의 모둠 행성 모형들에 대한 자기 평가를 통해 모둠의 행성 모형이 잘된 점, 고칠 점, 흥미로운 점을 정리하여 의견을 모읍니다. 「PMI」 평가표를 작성할 때에는 행성별 특징을 근거로 문장으로 작성하도록 지도합니다. 예를 들어, 잘된 점에 "토성은 목성형 행성이라 고리가 있는데, 고리를 잘 표현했다.", 고칠 점에 "지구형 행성이라 표면이 암석인데 풍선으로 만들었습니다."라고 작성할 수 있습니다.

모둠 내 「PMI」 평가표 작성이 끝나면 같은 행성들을 만든 두 모둠끼리 둘 남고 둘 가기로 서로 다른 모둠들의 결과물에도 「PMI」 평가표를 작성합니다. 다른 모둠 평가는 다른 1개의 모둠에 대한 평가만 진행하므로 마지막

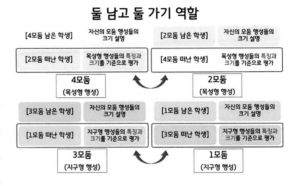

발표 때 평가하지 않은 모둠들의 의견을 모읍니다. 모둠에 남아 있는 둘은 완성한 모형들의 특징과 아직 완성하지 못한 모형들은 어떻게 만들 계획이었는지 설명하고, 모둠을 떠난 둘은 행성들의 크기와 특징을 기준으로 「PMI」 평가를 합니다. 그리고 「PMI」 평가 결과를 모아 모둠별로 돌아가며 행성 크기 비교 모형 만들기의 탐구 결과를 발표했습니다.

모둠별 탐구 결과

"지구형 행성들은 표면이 암석으로 되어 있어서 무거워 뭉쳐 있어서 작고, 목성형 행성들은 표면이 가스로 되어 있어서 가벼워 퍼져 있어서 큽니다. (○)"

"지구형 행성들은 태양에 가까워서 더 작고, 목성형 행성들은 태양에서 더 멀어서 더 큽니다. (×, 태양으로부터의 상대적인 거리로 나열한 것과 크기로 나열한 것은 서로 다르다.)"

학생들의 탐구 결과 중 맞은 것도, 틀린 것도 있습니다. 그러나 틀린 두 번째

탐구 결과도 다음 수업인 태양으로부터 행성들의 상대적인 거리를 공부할 때의 과제로 제시하였습니다. 그래서 정답을 맞힌 모둠과 틀린 모둠 모두 결론에 만족하는 모습을 보였습니다. 과학에서는 탐구 결과가 늘 교과서 정답대로 되지 않습니다. 학생 중심의 탐구 활동을 하면 학생들은 헤맬 수도 있지만 충분한 사고를 통하여 과학적 탐구를 이어 나가고 과학적 원리를 배울 수 있습니다. 또, 이 과정에서 실패할지라도 문제를 분석하고 해결하는 과학적 탐구 과정을 거쳐 과학적 탐구 능력을 기를 수 있습니다.

Chapter 4. 생각 확장하기

태양계와 별 단원의 관찰 범위는 태양계입니다. 따라서 행성들의 크기만 비교하는 것이 아니라 태양 모형과도 크기를 비교하며 학생들의 생각을 확장 시키고자 했습니다.

학생들은 학교에서 운동회가 아니면 실제로 지름이 약 2m인 공을 볼 기회가 거의 없습니다. 수업 내내 학생들에게는 비밀로 꽁꽁 숨겨 두었던 거대한 빨간 공을 서랍에서 꺼내어 바람을 넣어 공이 부풀어 오를 때 학생들의 눈은 휘둥그레졌습니다. 그리고 자신들이 만든 지름 2㎝인 지구 모형을 비롯한 다른 행성 모형들과 지름이 약 2m인 태양 모형과 비교했을 때 학생들은 더더욱 놀랐습니다. 학생들은 눈앞에서 실제

우리 은하계에는 수십억개의 행성이 있으며,
거의 대부분의 행성에는 적어도 한개 이상의 행성이 공전하고 있다.

적인 체험을 통해 우주 공간의 크기를 체감할 수 있었습니다. 이번 단원이 싫다고 했던 학생들도, 평소 수업에 잘 참여하지 않던 학생들도, 그리고 수업 전에 태양과 지구를 겹쳐 보고 싶었던 우주에 관심이 많던 학생도 모두 똑같이 태양계에 호기심을 가지고 배움의 동기를 갖게 되었습니다.

수업의 정리는 거꾸로 수업 게시판에 학생들이 오늘 수업을 통해 배우고 느낀 것, 더 궁금한 것을 작성하고 돌아가며 말하기로 소감을 말했습니다. 이번 수업으로 학생들이 마음속에 거대한 우주를 품고 수업을 마쳤다는 것을 느낄 수 있었습니다. 수업이 끝난 뒤엔 학생들의 우주가 태양계보다 더 크게 확장할 수 있도록 온라인 학급에 우주의 크기 비교 영상을 제공했습니다.

Chapter 5. 과정 중심 평가와 피드백

이번 수업에서 학생들이 중심이 되어 탐구 활동을 하는 과정을 통해 과학과 핵심 역량 중 과학적 사고력 역량으로는 '태양계 행성들의 특징과 상대적인 크기 익히기(지식)', 탐구 역량으로는 '태양계 행성들의 상대적인 크기 비교하기(기능)', 의사소통 역량으로는 '협력 탐구 활동에 적극적으로 참여하기(태도)'를 기르고자 하였습니다.

평가 내용	(지식) 태양계 행성들의 특징과 상대적인 크기를 설명할 수 있는가? (기능) 태양계 행성들의 상대적인 크기를 비교할 수 있는가? (태도) 친구들과의 협력 탐구 활동에 적극적으로 참여하는가?
평가 방법	관찰 평가, 자기 평가, 동료 평가
평가 도구	발표, 「브레인라이팅」「PMI」

학생들이 탐구 활동을 하기 전에 평가 기준에 대해 알고 협력 수업을 하며 서로를 도왔기 때문에 대부분의 학생들이 학습 목표에 도달할 수 있었습니다.

수업을 통해 성장하다

정적인 것을 동적인 것으로 바꾸자! 학생들이 교과서 준비물인 행성 크기 비교 모형으로 태양계 행성들의 크기 비교를 할 때 이미 행성들의 상대적인 크기로 만들어져 있어서(정적) 단순히 행성들을 크기순으로 나열하는 데 집중하는 경우가 많습니다. 그리고 학생들은 행성들의 크기 차이에 대한 이유를 유추해서 기억하기보다는 그냥 암기하곤 합니다. 따라서 '행성들의 상대적인 크기 차이에는 어떤 특징이 있는지', '왜 지구형 행성들의 크기가 목성형 행성들의 크기보다 작은지' 등을 직관적으로 이해할 수 있는 클레이(단단하고 무거운)와 풍선(가벼운 기체)으로 만든 실제적인 모형을 제시할 필요가 있었습니다.

그래서 학생들의 눈높이에 맞추어 학생들이 이전 차시에서 학습한 행성들의 특징들을 떠올리며 재료를 골라 행성 모형을 만들었습니다(동적). 이런 활동을 통해 학생들은 단순 암기가 아니라 행성들의 상대적인 크기에 대한 특징을 이해할 수 있었습니다. 그리고 바로 전 수업에서 공부한 지식을 그저 공부한 것에서 끝나는 것이 아니라 행성 만들기를 하며 지식을 활용할 수 있었다는 점에서 큰 동기 부여가 되었습니다.

몰입할 수 있는 자료를 제공하자! 탐구는 관찰에서 시작합니다. 궁극적으로 과학적 탐구의 결과를 결정짓는 것은 관찰입니다. 정확한 관찰 없이 과학적으로 탐구하는 것은 불가능합니다. 학생들은 예상한 것뿐만 아니라, 전혀 예상하지 못한 것들도 관찰할 수 있어야 합니다. 이번 수업에서 학생들이 실제적인 모형을 직접 만들어 조작적 관찰을 하며 모든 학생이 수업에 몰입하여 탐구 결과로 추론할 수 있었습니다.

학생들이 자세히 관찰하기 위해서는 몰입할 수 있는 자료가 필요합니다. 이번 수업에서는 실제적인 모형을 만들기 위한 준비물과 태양 모형이 몰입할 수 있는 자료였습니다. 태양계와 별 단원을 싫어하고, 과학을 싫어하던 학생들과 선행 학습을 하고 관심이 많던 학생들까지 모두 몰입하여 살아 있는 수업을 할 수 있도록 소중한 몰입 자료를 찾은 것이 이번 수업의 가장 큰 행운이었습니다.

교사와 학생이 함께 만들어 가는 도덕 수업, 교육 과정 재구성으로 풀어내다

유 교사의 수업 고민

하나, 생동감 넘치는 도덕 수업을 학생들과 함께 만들어 볼 수는 없을까?

교사인 저에게 도덕 수업은 왜인지 모르겠지만 아이들에게 올바른 행동의 이야기들, 조선 시대의 엄격한 유교 사상을 훈장님처럼 진지하게 가르쳐야 할 것만 같은 시간입니다. 그래서 도덕 교과서와 도덕 지도서를 펼치는 순간 어느새 저에게 '인의예지'의 내용이 담긴 어렵고도 엄숙한 책인 '사서오경' 책이 되어 버리지요. 이러한 생각 때문인지 도덕 수업만 되면 교사인 저 혼자 올바른 도덕적인 이야기, 소위 말해 유교적인 이야기들을 아이들에게 건네고, 아이들이 이미 다 알고 있는 바른 행동들을 다시 한번 점검하는 무겁고도 정숙한 시간이 되어 버립니다. 이런 수업을 아이들이 즐거워할 리 없겠지요?

이러한 이유로 일주일에 겨우 한 번뿐인 도덕 시간을 아이들과 저는 시작도 하기 전에 지루해합니다.

'어떻게 하면 저도 그리고 아이들도 함께 즐거운, 그리고 생동감 넘치는 도덕 수업을 만들어 갈 수 있을까요?'

둘, 우리가 만드는 도덕 수업 단원이라고?

6학년 담임을 5년 만에 다시 맡으며 도덕 교과서를 펼쳐 보았을 때 가장 충격적인 단원은 바로 새롭게 생긴 '우리가 만드는 도덕 수업 단원'이었습니다.

제가 그동안 해 왔던 도덕 수업은 도덕 교과서에 나와 있는 올바른 행동과 규칙을 아이들에게 안내하고, 올바른 행동이 자신의 생활 행동 습관이 될 수 있도록 지도하는 것이었습니다. 그런데 교사와 아이들이 만들어 보는 도덕 수업이라니요.

'어떻게 하면 우리가 만드는 도덕 수업 단원을 아이들과 교사가 함께 호흡하며 의미 있는 단원으로 만들어 볼 수 있을까요?'

유 교사의 수업 아이디어

하나, 교육 과정 재구성으로 학생이 주체가 되는 도덕 수업 실현하기(1)
– 교과 내 재구성, 교과서 안의 단원 순서를 변경해 보자

6학년 도덕 수업에는 '우리가 만드는 도덕 수업' 단원이 2개 있습니다. 처음으로 이 단원을 마주하였을 때 당황한 기억이 있습니다. 안 그래도 어렵게 느껴지는 도덕 수업을 저보고 단원을 만들어 내기까지 하라니요. 하지만 이내 수업을 만드는 주체를 교사에서 학생으로 바꿔 생각해 보니 이처럼 좋은 단원이 또 없었습니다.

왜냐하면 교사 중심의 유교적인 도덕 수업에서 벗어날 수 있는 기회라고 생각되었기 때문입니다.

즐거운 마음으로 '학생이 만들어 가는 도덕 수업!'을 실현해 보기 위해 교과 내 재구성부터 실행해 보았습니다. 이를 위해 도덕 3단원과 4단원 사이에 위치하는 '우리가 만드는 도덕 수업(1)' 단원을 가장 처음에 배우는 단원으로 만들었습니다.

그리고 가장 마지막에 위치하는 '우리가 만드는 도덕 수업(2)' 단원을 도덕 3단원과 4단원 사이에 넣었지요. 그래서 우리 반 도덕 교과서의 목차는 다음과 같이 되었답니다.

기존 6학년 도덕 교과서 목차	재구성한 목차
1. 내 삶의 주인은 바로 나	**우리가 만드는 도덕 수업(1)**
2. 작은 손길이 모여 따뜻해지는 세상	1. 내 삶의 주인은 바로 나
3. 나를 돌아보는 생활	2. 작은 손길이 모여 따뜻해지는 세상
우리가 만드는 도덕 수업(1)	3. 나를 돌아보는 생활
4. 공정한 생활	**우리가 만드는 도덕 수업(2)**
5. 우리가 꿈꾸는 통일 한국	4. 공정한 생활
6. 함께 살아가는 지구촌	5. 우리가 꿈꾸는 통일 한국
우리가 만드는 도덕 수업(2)	6. 함께 살아가는 지구촌

둘, 교육 과정 재구성으로 학생이 주체가 되는 도덕 수업 실현하기(2) – 교과 간 교육 과정 재구성, 주제 중심으로 접근해 보자

'우리가 만드는 도덕 수업(1)' 단원을 실행하기에 앞서 저는 또 다른 고민이 들었습니다. 이 단원에서 바로 '무엇'을 다룰 것인지에 대해 말이지요. 그리고 이 단원을 통해 어떠한 것을 성취하기를 바라는지에 대한 '목표 설정'도 필요했답니다. 하여 아래와 같이 도덕적 내용의 주제를 학기 초에 다루기로 설정하고, 도덕 교과를 중점으로 다른 과목과 연계한 교과 간 교육 과정 재구성을 다음과 같이 진행하였습니다.

❖ 주제: 사랑 학급 헌법 프로젝트

과목별 차시 운영 기존안

운영 교과 및 단원	도덕 - 우리가 만드는 도덕 수업(1)		음악 - 우리 같이 약속해요		미술 - 광고 단원	
차시	1	활동 계획 세우기	1	노랫말의 뜻을 생각하며 노래 듣고 따라 부르기	1	효과 있게 알리는 것 찾아보기
	2	첫 번째 과제 실행하기			2~3	재미있는 광고 만들기
	3	두 번째 과제 실행하기	2	노랫말 바꾸어 반가 만들기	4~5	친구 사랑 홍보하기
	4	세 번째 과제 실행하기/마무리하기			6	작품 감상하기

↓↓

교과 간 교육 과정 재구성 후 차시별 운영

운영 교과 및 단원	도덕 - 우리가 만드는 도덕 수업(1)	음악 - 우리 같이 약속해요	미술 - 광고 단원
차시	1~3	문제 상황 찾고, 함께 규칙 만들기	
	4~5 두 번째 과제 실행하기	노랫말 바꾸어 반가 만들기	
	6~7 세 번째 과제 실행하기/마무리하기		헌법 광고 그리기

수업 워밍업, 무엇을 준비할까?

하나, 주위 환경에 관심 기울일 수 있도록 여건 마련해 주기

'우리가 만드는 도덕 수업(1)'의 주제는 앞에서 살펴보았듯이, '사랑 학급 헌법 프로젝트'입니다. 즉, 1년 동안 사랑 가득한 학급 생활을 위해 필요한 학급 헌법(학급 규칙)을 학생 스스로 만들어 보는 프로젝트이지요. 이를 위해 저는 아이들이 필요한 헌법이 무엇인지 스스로 생각할 수 있도록 충분한 시간과 환경을 제공하였답니다. 우선 모둠별로 장소별 구역을 나누어 주고 그곳에서 일어날 수 있는 문제점을 알아보게 하였습니다. 예를 들면 1모둠 학생들이 맡은 장소가 우리 교실 앞 복도면 그곳에서 일어날 수 있는 또는 일어나고 있는 문제점을 알아보게 하였답니다. 다음 단계로 시간대별로 일어나고 있는 문제점을 알아보게 하였습니다. 20분의 중간 놀이 시간에는 어떠한 문제가 일어나고 있는지, 점심시간에는 어떤 어려움이 있는지를 학생들이 직접 알아보고 해결책도 스스로 찾아보는 기회를 갖도록 하였어요. 학생들이 학교에서 일어날 수 있는 다양한 문제 상황에 관심을 가질 수 있도록 많은 장소와 시간을 고려했어요. 그리고 생각에 어려움을 겪는 학생들이 있을 수 있기에 모둠 활동으로 진행하였답니다.

둘, 생각을 나눌 수 있는 환경 마련해 주기

학생들이 주위 환경에 관심을 갖고 문제점을 찾아가는 동안 서로의 생각을 자유롭게 공유할 수 있는 공간이 필요했습니다. 학생들이 하교하고

난 후 가정에서도 자유롭게 자신의 생각을 공유할 수 있도록 우리 반 구글 클래스룸을 개설하였습니다. 학생들은 그곳에서 자유롭게 자신들의 생각을 쓰고, 댓글을 서로 주고받으며 우리 학급에서 일어날 수 있는 문제 상황에 대해 진지하게 생각을 나누는 기회를 가졌습니다. 이러한 기회를 통해 우리 학급을 위해 필요한 규칙이 무엇인지 알 수 있었습니다.

셋, 아이들이 답을 찾을 수 있는 도서 선정하기

『우리들의 일그러진 영웅』이라는 책은 초등학교 학급에서 생긴 문제 상황을 소재로 삼은 이야기로 이문열 작가의 대표작입니다. 이 책에 등장하는 '엄석대'도 작가만큼 유명하지요. 다소 오래된 책이기는 하지만 6학년 아이들의 또래에서 느낄 수 있는 문제 상황과 주인공이 겪는 내적 갈등 상황이 나타나 있는 이 책을 3월 학기 시작과 함께 아이들과 아침 독서 시간에 함께 읽었습니다. 물론 아이들의 독해력 향상을 위한 목적도 있었지만, 이 책을 통해 아이들이 문제 상황에 대한 답을 이 책에서 조금이나마 찾기를 바라는 마음에서 이 책을 선택하여 함께 읽게 되었답니다. 이 책

에 등장하는 주인공은 모두가 다 알고 있듯이 처음에는 문제 상황에 적극적으로 직면하며 돌파하고자 하지만 점차 문제 상황에 익숙해지고 말지요. 이 책의 주인공이 아닌 좀 더 나은 아이들이 되길 바라는 마음으로, 이 책에서 우리 아이들이 올바른 답을 스스로 찾기를 바라는 마음으로 이 책을 읽으며 수업을 진행하였답니다.

수업 훑어보기

대상		6학년 1학기
관련 교과 및 단원		도덕 - 우리가 만드는 도덕 수업 + 음악 - 우리 같이 약속해요 + 미술 - 광고 단원
성취 기준		[6도04-02] 올바르게 산다는 것의 의미와 중요성을 알고, 자기 반성과 마음 다스리기를 통해 올바르게 살아가기 위한 능력과 실천 의지를 기른다. [6음01-03] 제재 곡의 노랫말을 바꾸거나 노랫말에 맞는 말붙임새로 만든다. [6미02-02] 다양한 발상 방법으로 아이디어를 발전시킬 수 있다.
학습 목표		『사랑 학급 헌법』을 만들고 다양한 방법으로 표현할 수 있다.
수업 차시별 프로젝트 수업 개요	**1~3 차시**	◈ 1주일 동안 우리 학교와 우리 학급 둘러보며 문제 상황 찾아보기 ◈ 문제 상황에 알맞은 학급 헌법 만들기 - 모둠별 구글 슬라이드에 작성하기 - 공통된 내용 추려 학급 헌법 만들기
	4~5 차시	◈ 노랫말 바꾸어 반가 만들기 - '귀한 말씀' 노래에 우리 반 헌법 가사 입혀 반가 만들기
	6~7 차시	◈ 광고 그림의 특징에 대해 알아보기 ◈ 헌법 광고 그리기 - 광고 그림의 특징 살려 그림 그리기
	나가기	◈ 평가 및 성찰하기 - 활동 돌아보고 자기 평가 및 동료 평가 하기 - 소감 나누기

수업 과정 들여다보기

이 수업은 7차시에 걸쳐 3월에 진행된 '우리가 만드는 도덕 수업(1)' 프로젝트이기에, 본 수업을 들여다보기에 앞서, 수업 전 과정을 먼저 가볍게 살펴보고자 합니다.

Chapter 1. 문제 상황 찾고, 함께 학급 헌법 만들어 보기

학급 헌법(규칙)을 만들어 보기에 앞서 1주일 동안 모둠별로 우리 학교와 학급을 둘러볼 수 있도록 하였습니다. 이때, 모둠별로 맡은 장소와 시간대별로 일어난 문제 상황을 우리 반 구글 클래스룸 게시판에 쓰도록 하였습니다. 그리고 댓글을 통해 서로의 공간과 시간대에 나타났던 문제 상황에 대해 공유할 수 있도록 하였답니다. 이러한 과정을 거치고 나니 확실히 규칙의 필요성, 도덕적인 태도가 필요한 이유를 학생들이 스스로 깨닫고 있었답니다.

이러한 과정을 마치고 나면, 본격적인 헌법 만들기에 돌입합니다. 문제 상황을 파악하였으니 이를 대비할 만한 헌법(규칙)을 만드는 것이지요. 아무런 틀도 제공하지 않고 헌법을 만들어 보라고 한다면 아이들은 어려워할 것입니다. 헌법을 만들기 위해 저는 시간대별로 아이들이 정리할 수 있는 틀을 제공하였습니다. 즉, 시간대별로 지켜야 할 헌법(규칙)을 아이들이 만들어 볼 수 있게 말이

지요. 이때, 모둠별로 구글 슬라이드에 헌법을 작성하며 다른 모둠의 구글 슬라이드에도 들어가 내용을 참고할 수 있도록 하였답니다. 이 작업을 마친 후 각 모둠별로 공통적으로 나온 내용을 추리고 아이들과 함께 내용을 살펴보았습니다. 그리고 그것이 학급 헌법으로 적정한지 판단한 후 학급 헌법 내용으로 제정하는 것이지요. 이렇게 스스로 만든 헌법(규칙)이기에 아이들은 소중하게 그 헌법을 여기고 지키려 노력한답니다.

Chapter 2. 학급 헌법을 반가로 만들어 보기

이렇게 공을 들여 만든 헌법을 어떻게 하면 아이들이 잊지 않고 잘 지킬 수 있도록 할 수 있을까요? 제가 반복해서 이 헌법을 지키라고 이야기하면 또 지겨운 잔소리, 또다시 어려운 유교 서적이 될 것이 뻔합니다. 하지만 노래는 기억하기 쉽고, 부르면 신이 납니다. 애국가와 교가

에 이어 우리 반 반가까지 있다면 어깨도 으쓱할 일이지요. 그래서 공들여 만든 헌법을 음악 시간과 연계해 반가 만들기 활동을 하기로 하였습니다.

우선 도덕 '우리가 만드는 도덕 수업⑴' 단원이 진행되는 동안 음악 시간에 배우는 노래를 살펴보았습니다. 아이들이 이 시기에 배우는 노래는 '귀한 말씀'이라는 노래로 가사를 바꾸는 활동을 진행하기에도 적합한 가락과 리듬을 갖추고 있는 곡이었습니다.

반가를 만들기 위해 모둠별 활동으로 진행하였으며 첫째, 우리 반 헌법에서 꼭 지켰으면 하는 조항을 추리도록 하였습니다. 이어서 둘째, 노래 리듬에 맞도록 앞서 추린 조항을 조금씩 변형하도록 하였습니다. 이 활동을 아이들이 어려워하곤 하였는데, 그때 저는 끝말을 '~하네/~하지'의 형식으로 바꿀 수 있도록 조언하였답니다. 셋째, 조항들을 전체적인 노래가 되도록 배열하도록 하였습니다. 이렇게 모둠별 반가를 완성한 후, 투표를 통해 우리 반 반가를 최종적으로 뽑았습니다.

Chapter 3. 헌법 광고 그리기

6~7차시에서는 우리가 만든 헌법을 알리는 그리기 활동을 하였습니다. 이를 위해 본격적인 그리기에 앞서 미술 광고 단원과 연계하여 광고 그림에 대해 알아보고 어떤 내용을 효과적으로 알리기 위한 그림의 특징에 대해 익히는 시간을 가졌습니다.

이후 아이들은 다시 한 번 우리 학급 헌법 조항을 살펴보고 스스로 기억하고 싶은 조항이나, 친구들이 꼭 지켰으면 하는 조항을 한 가지 선택하였습니다. 그리고 이것을 효과적으로 알리기 위한 그림의 요건을 생각하며 헌법 광고를 그리는 시간을 가졌습니다. 이후 직접 그린 광고를 가장 잘 보이는 곳인 학급 게시판에 게시하였습니다. 학생들이 헌법 광고를 보며, 직접 만든 헌법 조항을 더욱 잘 익히고 지키는 모습을 보였답니다. 뿐만 아니라 도덕과 과목에서 목표로 삼고 있는 올바른 행동이 습관으로 이어지는 훌륭한 모습도 우리 아이들에게서 볼 수 있었답니다.

Chapter 4. 과정 중심 평가로 맞춤 피드백하기

성취 기준에 따른 이 수업의 평가 계획은 다음과 같습니다.

성취 기준	[6도04-02] 올바르게 산다는 것의 의미와 중요성을 알고, 자기 반성과 마음 다스리기를 통해 올바르게 살아가기 위한 능력과 실천 의지를 기른다. [6음01-03] 제재 곡의 노랫말을 바꾸거나 노랫말에 맞는 말붙임새로 만든다. [6미02-02] 다양한 발상 방법으로 아이디어를 발전시킬 수 있다.		
평가 기준	『사랑 학급 헌법』을 만들고 다양한 방법으로 표현할 수 있는가?		
평가 방법	지필 평가, 동료 평가	동료 평가	
	모둠별 반가	헌법 광고 그림	
채점 기준	평가 요소	평가 척도	채점 기준
	『사랑 학급 헌법』을 만들고 다양한 방법으로 표현하기	상	『사랑 학급 헌법』을 적극적으로 만들고 학급 반가와 헌법 광고 그림으로 표현할 수 있음.
		중	『사랑 학급 헌법』을 만들고자 노력하며, 학급 반가와 헌법 광고 그림으로 표현할 수 있음.
		하	『사랑 학급 헌법』을 만들고자 노력하나 어려움을 느낌. 다양한 방법으로 표현하는 것에도 어려워함.

평가 과정에서 피드백은 다음과 같이 이루어졌습니다. 모둠별 반가를 만드는 과정에서 어려움을 겪는 경우에는 교사와 함께 끝말을 '~네/~하네'와 같은 형식으로 바꾸어 표현하여 노래의 리듬에 알맞은 형태로 바꾸는 활동 피드백을 제공하였습니다. 뿐만 아니라 모둠별 반가를 완성한 후에는 동료 평가를 실시하여 서로에게 긍정적인 피드백을 주는 시간을 가졌습니다. 이러한 동료 평가로 서로를 칭찬하고 격려하며 생각의 폭을 넓힐 수 있는 기회로 삼을 수 있었습니다.

또한 헌법 광고 그림 그리기에 어려움을 겪는 학생에게는 다양한 광고 그림을 제공하며 광고 그림이 갖추어야 할 조건에 대해 다시 익혀 보는 시간을 가졌습니다. 물론 이번 『사랑 학급 헌법』 프로젝트의 주된 과목은 '도덕'입니다. 하지만 위의 채점 기준과 같이 눈에 보이게 평가가 이루어진 과목은 '음악'과 '미술'입니다. 그 이유는 '도덕적 지식과 기능' 그리고 '도덕적 태도'가 이번 활동 과정에 전반적으로 녹아 있기 때문입니다.

수업을 통해 성장하다

　　7차시에 걸친 우리가 만드는 도덕 수업 프로젝트가 끝났을 때 저는 도덕 수업에 대해 많은 자신감을 가질 수 있게 되었습니다. 그리고 제가 해 나가야 할 도덕 수업의 방향성에 대해 조금이나마 답을 찾게 되었습니다. 조선 시대의 엄격한 유교 사상을 가르쳐야만 할 것 같았던 도덕 시간, 올바른 행동을 꼭 교사의 목소리로 반복하는 것만이 다가 아니었습니다. 우리 반 영준이는 일주일에 도덕 수업이 세 번 넘게 있으면 좋겠다고 이야기했습니다. 그리고 유미는 선생님의 목소리보다 친구들의 목소리를 더 많이 들을 수 있었던 신기했던 도덕 시간이었다고 이야기합니다. 그리고 우리 반 아이들이 벌써부터 물어봅니다. 2학기에 예정된 우리가 만드는 도덕 수업⑵는 언제 하느냐고요.

　　이제 저도 즐겁게 도덕 수업을 준비하게 되었습니다. 우리 반 아이들에게도 도덕 수업이 가장 재미있는 시간이 되었습니다. 저와 아이들은 즐거운 마음으로 수업에 참여합니다.

　　아이들이 주체가 되어 즐겁게 참여하는 도덕 수업. 아이들과 제가 함께 호흡하며 만들어 갔던 도덕 수업.

　　딱딱하고 무겁게만 느껴졌던 도덕 덕목 그리고 규칙과 법을 우리 생활과 관련지어 우리의 헌법을 스스로 만들었습니다. 그리고 지키고자 노력하기 위해 반가도 만들고 알리기 위해 광고 그림도 열심히 그렸습니다. 이 모든 것들을 우리 아이들이 해냈습니다.

그 옆에서 저는 묵묵히 아이들에게 응원하며 옆에 있었을 뿐입니다.

무모하기만 할 것 같았던 〈우리가 만드는 도덕 수업 단원〉은 아이들뿐만 아니라 교사인 저에게 가장 많은 자신감을 가져다준 시간이었습니다.

학생들이 설계하는 살아 있는 교육 과정

박 교사의 수업 고민

하나, 아이들이 원하는 교육 과정을 운영할 수는 없을까?

학생들과 마주하는 첫날 학생들에게 올 한 해 하고 싶은 것들을 묻습니다.

"여러분! 4학년이 되어서 어떤 것들이 가장 하고 싶나요?"

코로나 3년 차 아이들이 이구동성으로 대답합니다.

"친구들이랑 마스크를 벗고 신나게 놀고 싶어요."

"재미있는 체험 학습도 가고 싶어요."

학생들이 중심이 된 교육 과정 운영은 불가능할까요?

성취 기준을 분석하고, 성취 기준에 도달하기 위한 교육 과정을 학생들과 함께 설계하여 교육 과정이 운영된다면 학생들은 어떤 태도로 배움에 참여할까요?

'교육 과정에 학생들의 생각을 담을 수 없을까?'

둘, 교과서 속에만 있는 세상 괜찮을까?

초등학교 4학년 1학기에는 '우리 지역'에 대해 배웁니다. 이와 연계하여 우리 지역에 대해 공부할 수 있는 곳으로 체험 학습도 갑니다. 서울의 경우 '서울 투어'를 친구들과 함께 다녀옵니다. 대형 버스를 타고 계획된 장소 2~3곳을 방문하여 설명을 듣고, 관람을 하고 돌아옵니다. 교사는 학생들의 안전과 질서 지도에 신경이 날카로워져 있고, 학생들은 개인의 관심과 별개로 일정에 쫓기며 이동합니다. 임대 버스로 이동하기에 어떻게 이동하는지도 모른 채, 체험 학습 장소에 도착하면 차에서 내려 이동하고, 다시 차를 타고 이동하기를 반복하며 피곤해합니다.

"놀이공원에 가고 싶어요."

"재미없어요."

여기저기서 투덜대는 소리가 들립니다. 이런 상황에서 '학생들은 서울 투어를 통해 우리 지역에 대해 얼마나 배울 수 있을까요?'

'교과서 속에만 있는 세상이 아닌 진짜 세상을 경험하게 할 수 없을까?'

박 교사의 수업 아이디어

하나, 교사 교육 과정에 수업을 담다!

학기 초 교사 교육 과정을 고민하며 가장 먼저 하는 일은 학부모 및 학생의 요구와 특성을 파악하는 일입니다. 물론 학교 교육 과정과 학년 교육 과정도 함께 살펴보고, 교육 과정의 기본인 국가 교육 과정을 기반으로 교사 교육 과정을 설계합니다.

국가 교육 과정인 사회과 교육 과정 4학년 1학기 첫 단원은 「지역의 위치와 특성」으로 방위표, 기호, 범례, 축척, 등고선 등 지도 읽기에 필요한 기본 개념을 학습하고, 일상생활에서 사용하는 지도를 활용하여 지역의 특성을 찾아봅니다. 다음으로 학생들이 살고 있는 지역의 중심지를 알아보고 소개하는 활동을 합니다.

학교 교육 과정에서 학부모님들은 학생들의 인성 교육과 다양한 체험 활동에 대한 요구를 하셨고, 학생들은 친구들과 함께 체험 학습을 가고 싶다고 하였습니다. 해마다 4학년 1학기에 실시했던 체험 학습인 서울 투어는 코로나19의 감염 위험으로 생략하기로 결정된 상황이었습니다.

'코로나 3년 차 아이들! 교육 과정과 연계한 서울 투어 체험 학습도 가지 못하는데 어떻게 하면 좋을까?'

'수업을 통해 학생과 학부모의 요구를 반영할 수는 없을까?'

체험 학습으로 서울 투어를 다녀온다고 서울의 중심지 특성을 학생들이 알기는 어렵습니다. 그러니 체험 학습을 가지 못한다고 하여 사회과 수업을 하는 데 크게 아쉬운 것은 없었으나 학생들이 원하는 「친구들과 함께하는 체험 학습」 요구는 반영할 수 없었으니 고민을 하였지요.

그래서 결심했습니다. 학생들의 요구를 반영하고, 살아 있는 사회과 수업을 만들어 보기로요.

'학생들이 원하는 체험 학습도 실시하고, 서울의 중심지를 직접 알아보고, 소개하는 살아있는 수업을 하면 어떨까?' 그러기 위해서는 교육 과정 재구성도 필요했습니다. 저의 교사 교육 과정은 이런 과정으로 만들어졌습니다.

둘, 교육 과정 재구성으로 살아 있는 수업을 설계하자!

초등학교 3학년부터 시작되는 사회과 교육 과정은 학생이 속한 마을에서 사는 지역, 우리나라로 탐구 범위가 확대됩니다.

'어떻게 재구성하면 학생들이 익혀야 할 기본 개념은 학습하고, 학생들이 원하는 교육 과정을 운영할 수 있을까?'

학생들이 원하는 교육 과정을 운영하기 위해 관련 성취 기준을 확인했습니다.

첫째, [4사03-01] 지도의 기본 요소에 대한 이해를 바탕으로 하여 우리 지역 지도에 나타난 지리 정보를 실제 생활에 활용한다.

둘째, [4사03-02] 고장 사람들의 생활과 밀접하게 관련이 있는 지역의 다양한 중심지(행정, 교통, 상업, 산업, 관광 등)를 조사하고, 각 중심지의 위치, 기능, 경관의 특성을 탐색한다.

이 단원에서는 지도를 구성하는 기본 요소에 대한 이해를 통해 지도 읽기 능력을 기르고, 지도를 비롯한 자료를 활용하여 다양한 중심지의 특성을 탐구하는 데 주안점이 있습니다. 즉, 학습 요소는 '지도의 구성 요소 이해'와 '중심지 특성 탐구'라고 할 수 있습니다. 이 단원은 총 17차시로 되어 있습니다. 이 17차시를 지도의 구성 요소를 이해하는 기본 개념 학습으로 7차시. 나머지 10차시를 서울 투어 프로젝트로 재구성하였습니다. 다음은 기본 개념을 학습하는 7차시 흐름입니다. 교육 과정에서 제시된 바와 크게 다르지 않습니다.

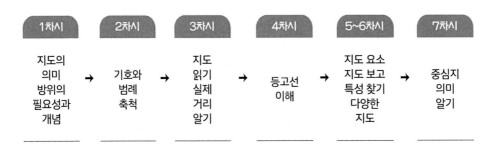

사회과 1단원을 시작하기 전 학생들에게 이 단원을 어떻게 공부하게 될지, 무엇을 할지 미리 안내하였습니다. 서울 투어 프로젝트를 성공하기 위해 기본 개념 학습이 필요한 이유도 설명했습니다. 개념 기반 수업에서 교사는 설명도 하고, 탐구할 수 있도록 자료도 제공합니다.

"학생들은 어떤 태도로 배웠을까요?"

선생님들께서 생각하시는 일반적인 수업 방식으로 설계하였습니다. 하지만 학생들의 탐구 태도는 일반적이지 않았습니다.

수업 워밍업, 무엇을 준비할까?

하나, 학생 탐구 기반 마련하기

프로젝트를 진행하기 위해서는 학년 특성에 맞는 다양한 기기 및 sw 활용 능력이 필요합니다. 학기 초 교사 교육 과정을 설계하며 학생들이 탐구 활동을 하는 데 도움이 될 만한 프로그램 활용 지도 계획 또한 수립하였습니다.

교육청에서 발급하는 g suite 계정을 발급받아 구글 드라이브, 구글 프레젠테이션, 구글 문서, 미리 캔버스, 투닝, 패들렛 등을 활용할 수 있도록 지도하였고, 원활한 활용을 위해 컴퓨터와 태블릿 활용 방법 또한 꾸준히 지도하였습니다. 물론 다양한 프로그램 활용 기능을 좀 더 빨리 습득하기 위해서는 꾸준한 타자 연습이 필요합니다. 가정에서도 꾸준히 타자 연습을 할 수 있도록 부모님들께 도움도 요청하였습니다.

탐구에 필요한 자료를 활용할 때는 출처를 밝히는 등과 관련된 저작권 교육도 하였고, 컴퓨터 기능의 경우 개인 차가 커서 서로 적극적으로 도움을 주고받을 수 있는 학습 분위기 조성에도 많은 노력을 하였습니다.

이번 탐구 활동은 개인이 아닌 협력 학습 구조로 진행을 하였습니다. 무엇보다 서로 협력하고, 배려하는 학급 분위기가 형성되지 않는다면 학생 탐구 수업은 불가능합니다.

필요한 자료를 검색하여 활용하고, 사진 등의 자료를 구글 드라이브에 업로드하여 선생님에게 출력 요청을 할 수 있도록 하여 학생들이 탐구 활동을 진행할 때 필요한 자료는 교사가 바로 출력하여 제공하였습니다.

둘, 서울 투어 프로젝트 설계하기

서울 투어 프로젝트에서는 1단원의 학습 요소 중 「중심지 특성 탐구」를 중점으로 설계하였습니다. 10차시 프로젝트 설계는 다음과 같습니다.

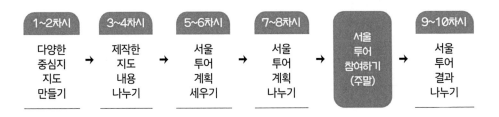

중심지 지도를 만들기 전에 다음과 같은 질문을 했습니다.

"다른 지역 친구들에게 우리가 살고 있는 서울의 중심지를 소개하려고 합니다. 어떤 지도를 제작하여 소개하면 좋을까요?"

박물관, 미술관, 궁, 산, 시장, 핫 플레이스, 공원, 공연장, 문화 유적지 등의 의견이 나왔습니다. 모두 만들 수는 없기에 자신이 선택한 Best 5를 적어 투표를 하여 5개의 중심지 지도를 정하여 제작하였습니다. 제작한 지도를 친구들에게 설명하며 부족한 부분 피드백도 받고 보충해야 할 내용을 찾아 지도를 완성하였습니다.

학생들은 서울 백지도에 모둠별로 선택한 주제로 중심지 지도를 제작하였습니다. 사진은 구글 드라이브에 올리고 선생님에게 출력을 요청하였고, 정보는 인터넷에서 검색하여 작성했습니다. 지도를 보면 서울의 다양한 유적지 또는 시장이 어디에 있는지, 어떻게 가는지 등을 알 수 있습니다. 이 중심지 지도를 참고하여 서울 투어 장소를 정할 수 있었습니다. 5개의 지도가 완성되었고, 각각 위치가 표시되어 있어서 서울 투어 계획을 세울 때 이동 경로를 정하는 데 도움이 되었습니다. 처음 제작한 지도 내용 나누기를 할 때는 이구동성으로 시장 투어를 가고 싶다는 학생들이 많았습니다.

'모든 아이들이 시장에 간다고 하면 어떻게 하지?' 걱정을 하였습니다. 그렇다

하더라도 학생들이 서로 토의해서 한 결정이라면 수용할 생각이었습니다.

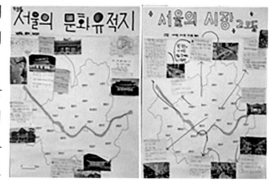

중심지 지도를 참고하여 서울 투어 계획을 세우고, 주말에 4팀으로 나누어 투어를 다녀오기로 했습니다. 학생들이 계획해서 친구들과 함께 떠나는 체험 학습으로 서울의 중심지를 다녀온다면 학습 요소인 「중심지 특성 탐구」는 확실하게 배울 수 있겠지요?

다음은 서울 투어 프로젝트 10차시 중 5~6차시의 '서울 투어 계획 세우기'에 해당하는 수업입니다.

수업 훑어보기

대상	4학년 1학기
관련 교과 및 단원	사회. 1. 지역의 위치와 특성
관련 성취 기준	[4사03-02] 고장 사람들의 생활과 밀접하게 관련이 있는 지역의 다양한 중심지(행정, 교통, 상업, 산업, 관광 등)를 조사하고, 각 중심지의 위치, 기능, 경관의 특성을 탐색한다.
학습 목표	서울 투어 계획을 세울 수 있다.
수업 준비하기	◈ 서울의 다양한 중심지 지도 만들고 나누기 - 서울의 다양한 중심지(시장, 박물관, 핫 플레이스, 문화 유적지, 미술관) 지도 만들기 - 중심지 지도 나누고 보완하기
수업 개요	들어가기	◈ 서울의 중심지 지도 살펴보기 - 주변을 둘러보며 떠오르는 낱말 찾기 - 지도의 공통점과 만든 이유 생각하기 - 학습 목표 확인하기

수업 개요	펼치기	◈ 서울 투어 계획 시 고려할 점 탐색하기「브레인스토밍」 - 투어 출발과 도착 시각, 이동 수단을 생각하며 투어 계획 시 고려해야 할 점 알아보기 - 투어 계획 시 고려해야 할 점 중 빠뜨린 내용 살펴보기 ◈ 투어 계획 시 필요한 자료 및 도구 확인하기 - 태블릿, 지하철 노선도, 모둠 활동지, 지도, 붙임딱지 등 - 필요한 자료 선택하기 ◈ 서울 투어 계획하기 - 이동 수단, 출발·도착 시각 확인하고 계획하기 - 이동 동선을 고려하여 계획하기 - 이동 시간, 점심시간 등을 구체적으로 반영하기
	나가기	◈ 프로젝트 진행 상황 확인 및 다음 활동 안내하기 - 모둠별 계획을 이야기하기 - 다른 모둠의 계획을 듣고 조언 및 질문하기
수업 이어 가기		◈ 서울 투어 계획서 나누기 - 각 팀의 투어 계획서 수정·보완하기

수업 자세히 들여다보기

Chapter 1. 중심지 지도 정보 활용하기

프로젝트 수업은 단위 차시로 단절되는 게 아니고 하나의 목적을 가지고 유기적으로 연계되기에 본 차시 수업을 시작하기 전 지난 시간에 완성한 서울 중심지 지도를 교실 벽에 전시해 두었습니다.

"주변을 한 번 둘러보세요. 떠오르는 낱말이 있나요?"

"중심지 지도입니다."

"옆에 있는 지도는 왜 만들었나요?"

"체험 학습을 가려고요."

"오늘은 서울 투어 계획을 세울 거예요. 모둠별로 중심지 지도를 살펴보며 구체적인 계획을 세우면 좋겠어요."

수업은 지난 시간까지 완성한 중심지 지도를 살펴보며 시작되었습니다.

학생들은 중심지 지도를 만들고, 서로 정보를 나누며 이미 어디를 가고 싶은지 이야기하며 지난주를 보냈었습니다. 집에 가서 가고 싶은 장소에 대한 다양한 정보를 알아 온 학생들도 있었고, 같은 모둠 친구들을 설득하는 학생들도 있었습니다. 수업을 시작하기도 전에 이미 한껏 기대에 부풀어 있었지요.

Chapter 2. 서울 투어 계획 시 고려 사항 점검하기

학생들은 무엇인가 주도적으로 계획을 세우는 활동이 처음이었습니다. 그래서 계획을 세우기 전 고려해야 할 점을 명확하게 인지하는 게 필요했습니다.

이동 수단은 모두 지하철로 한정 지었습니다. 저희 반에 휠체어를 이용하는 친구가 있어 버스를 이용할 경우 그 학생이 속한 팀에게만 어려움이 있어 처음부터 제한하였고, 모든 모둠의 활동이 비슷한 시간 내에 이루어져야 할 것 같아서 출발 시각과 도착 시각도 제한하였습니다. 주어진 조건 안에서 장소, 이동 경로, 점심 식사 등은 자유롭게 설계할 수 있도록 하여 주어진 조건 이외에 고려해야 할 사항을 모둠별로 탐색했습니다. 모둠별로「브레인스토밍」으로 토의를 한 후 모둠의 토의 내용을 발표하였고, 다른 모둠의 발표를 듣고 빠뜨린 내용을 추가하였습니다.

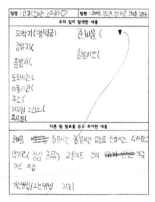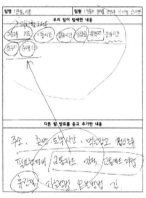

마지막에 교사가 활동지 1장을 실물 화상기에 두고 빠뜨린 내용이나 중요한 부분을 한 번 더 확인하며 투어 계획을 세우기 전 고려해야 할 사항을 점검했습니다. 이런 과정을 통해 계획을 세울 때 고려해야 할 사항으로「점심 식사 장소 및 시간, 경유지를 포함한 투어 장소, 준비물, 지하철 이용 방법 및 이동 시간, 필요한 비용, 휴관일」등을 찾아 계획을 세울 준비가 되었습니다. 이 모든 고려 사항은 교사가 제시한 게 아니고 학생들 스스로 탐구한 결과를 정리한 것입니다.

물론 역할 선택은 모둠이 구성된 후 토의를 통해서 결정되지만, 역할을 맡은 학생이 해야 할

> **협력 활동 시 역할**
> 팀장: 의견 조율, 역할 조정 등
> 매니저: 준비물 준비 및 관리
> 총무: 활동 시간 관리
> 자료 제작자: 자료 제작 책임자

일은 정해져 있습니다. 이때 팀장의 가장 큰 역할은 활동 시 모든 친구들이 발언을 할 수 있도록 기회를 제공하는 것입니다. 발표로 수업의 마무리를 하는 경우 모든 구성원이 참여해야 한다는 원칙도 있습니다. 이렇게 원칙을 정해 놓으면 매시간 역할을 부여하고, 역할에 따라 해야 할 일을 설명하는 수고를 덜 수 있으며 학생들은 자신이 맡은 역할에 따라 어떤 일을 해야 할지 인지하고 있어서 서로에게 책임을 전가하지 않습니다.

투어를 계획하기 전 고려해야 할 사항도 알았으니 본격적으로 투어 계획을 짜야 하겠지요?

Chapter 3. 서울 투어 계획하기

드디어 투어 계획을 수립하는 시간입니다. 계획을 수립하는 데 도움이 되는 자료들을 준비했습니다. 교사가 일방적으로 배부하기보다 다양한 자료를 제공하고 모둠별로 선택할 수 있도록 하였습니다.

학생들은 교사가 제공한 태블릿, 활동지, 지하철 노선도, 붙임딱지, 서울 지도 등을 살펴보고 모둠별로 필요한 자료를 가져가서 활동했습니다. 이때 매니저가 가장 큰 역할을 하게 됩니다. 계획 수립 시간을 주고 시간 내에 활동이 마무리할 수 있도록 모둠의 총무는 수시로 친구들에게 잔여 시간을 안내하고, 활동을 독려합니다.

소요시간	장소 및 내용	소요 비용 또는 이용료	기타
9:00~10:10	학교→서대문형무소	교통카드	
10:10~1:00	서대문형무소 견학	성인 3000원 어린이+1000원 (입장료)	
1:05~2:00	독립문 공원에서 점심, 놀기 (휴식)	도시락	
2:00~3:10	서대문형무소→학교	교통카드	
준비물 및 참고사항	1.(개인)물, 도시락, 돗자리, 교통카드 가져오기 2. 5000원 가져오기 (5000원 이상은 X!)		

그럼 교사는 무엇을 할까요? 학생들이 요청한 자료를 출력해 주고, 모둠별로 돌아다니며 질문에 대한 답을 찾을 수 있도록 피드백하였습니다. 교실에 교사가 한 명만 더

있으면 좋겠다고 생각했습니다. 아마 학생들이 모든 일정을 계획하는 체험 학습이 처음이기에 더 그랬던 것 같습니다. 아직 현실감이 없기에 모둠별 일정표가 너무 차이가 났습니다.

이 팀은 투어 장소가 서대문 형무소 한 곳뿐입니다. (독립문은 서대문 형무소 입구에 있습니다.) 사실 중간에 올림픽공원이 경유지에 있었습니다. 올림픽공원은 저희 학교 근처에 있어서 평소에도 쉽게 접근할 수 있는 공간이었습니다. 그러다 보니 이 팀의 남학생들이 쉽게 접할 수 있는 공원에 가서 놀다 오고 싶었던 것 같습니다. 교사는 어떻게 피드백해야 할까요?

"올림픽공원에는 왜 가고 싶니?"

"이동 시간을 고려했을 때 올림픽공원에 머무를 수 있는 시간을 생각해 보았니?"

이런 식으로 다양한 질문을 했습니다. 그랬더니 결과가 복잡한 경로보다 단순하게 한 곳만 가고 점심을 여유 있게 먹고 싶다는 결론이었습니다. 물론 다른 모둠과 다르게 학교에 도착하는 시간도 빨랐습니다. 처음부터 학생들의 계획에 무리가 없다면 전폭 수용하기로 했기에 다소 아쉽지만, 이 모둠의 투어 계획 또한 존중하였습니다.

이 모둠은 앞의 모둠과 너무 대조적이지요?

네, 맞습니다. 일정이 너무 빡빡한 게 문제였습니다. 창덕궁만 관람하는 데에도 꽤 많은 시간이 걸리는데 1시간을 잡았고, 더 놀라운 것은 경복궁에 가서 근정전만 보고 오겠다는 거예요. 학생들이 계획을 할 때 온라인 지도에서 정보를 수집하였습니다. 길 찾기를 활용하여 걷거나 대중교통을 이용할 때의 시간을 계획서에 반영했습니다. 창덕궁에서 통인시장까지 20분이 걸린다고 했는데, 실제로는 더 많은 시간이 필요합니다.

소요시간	(저)(회)(경)(경) 장소 및 내용	소요 비용 또는 이용료	기타
9:00~10:00	학교앞 놀이터~창덕궁	교통카드	없음
10:00~11:00	경덕궁 - 관람(1시간)		경덕
11:00~11:20	경덕궁 - 통인시장	돈 ⑤	없음
11:20~12:20	통인시장 - 먹거리	돈 ⑤	없음
12:20~1:20	먹거리 - 경복궁 근정전 관람	돈 ⑤	없음
1:20~1:50	근정전 - 이순신동상	돈 ⑤	없음
1:50~2:10	이순신동상 관람		없음
2:10~3:00	이순신동상 - 가격 5천원	돈⑤(차비100)	
준비물 및 참고사항	• 교통카드 챙기기 • 빨리빨리 준비! • 준비물 꼭!		

"너희들의 계획은 이동이 너무 많아 많이 걸어야 하는데 힘들지 않을까?"

"창덕궁은 후원이 정말 예쁜데 후원을 관람하는 데 시간이 얼마나 필요한지 알아보면 어떨까?"

"경복궁에 가서 근정전만 보고 와도 되겠니?" 등 정말 많은 질문을 했었습니다. 저의 피드백은 질문입니다. 제가 답을 제시하는 경우는 배움이 느린 아이에게 자세한 설명이 필요할 때 이외에는 거의 없습니다. 그럼에도 불구하고 이 모둠 아이들은 욕심이 너무 많았습니다. 창덕궁, 통인시장, 경복궁, 이순신 동상을 꼭 보고 싶다며 할 수 있다는 의지를 강하게 이야기하였습니다.

학생들이 실패를 통해서도 배우는 게 있다고 생각합니다. 모든 계획이 성공할 수는 없으니까요. 이런 무리한 일정을 강행하겠다고 강한 의지를 피력하는 아이들에게 그럼 일단 가 보자고 이야기했습니다. 일정대로 움직이다가 힘들면 중간에 계획을 수정하겠지요?

이 팀의 계획이 실행했을 때 가장 이상적인 일정이었습니다. 첫 번째로 갈 예정인 딜쿠샤 박물관은 지난 달에 개관한 박물관으로 저희 반에서 학기 초에 진행한 역사 박물관 프로그램에서 처음 알게 되었습니다. 저 또한 '딜쿠샤'가 건물을 의미하고 역사적으로 어떤 의미가 있는지 처음 알게 된 프로그램이었습니다. 이 팀의 학생들은 반드시 직접 가 봐야 한다는 의지를 담아 딜쿠샤 박물관을 가장 먼저 일정으로 정하고, 동선을 고려하여 서대문

소요시간	장소 및 내용	소요 비용 또는 이용료	기타
9:00 ~ 10:00	학교 → 딜쿠샤	교통카드	
10:00 ~ 11:00	딜쿠샤 관람	무료	
11:00 ~ 11:10	딜쿠샤 → 독립문공원		도보
11:10 ~ 11:15	독립문 관람	무료	
11:15 ~ 12:00	점심 (독립문공원)		샌드위치 과일 / 도시락
12:00 ~ 12:10	독립문공원 관람		도보
12:10 ~ 2:10	서대문형무소 관람	본 : 1500원 단체 : 700원	
2:10 ~ 3:10	서대문형무소 → 학교	교통카드	

준비물 및 참고사항	교통카드 음료 (각자) 돗자리 물 샌드위치 (같이 사기) 도보로 걸어가는 거리 알고 있기

형무소를 다음 일정으로 결정하였습니다. 만약 기존의 방식대로 학교 체험 학습으로 서울 투어를 가게 되었다면 딜쿠샤 박물관에 갈 가능성은 없었을 것입니다. 모든 계획을 소개할 수 없어서 대표적인 계획서만 소개했습니다.

모둠별로 계획을 세운 후 친구들에게 소개하였습니다. 친구들의 발표를 듣고 각 모둠에서는 다양한 의견을 제시하였습니다.

"서대문 형무소만 다녀오기에는 시간이 많이 남을 것 같은데 그럼 학교에 일찍 돌아올 예정인가요?"

"저희 팀은 점심시간을 독립문 근처 공원에서 편안하게 즐기려고 합니다."

"신지 팀은 너무 많은 곳을 가야 하는 데 힘들지 않을까요?"

"친구들과 처음으로 가는 데 힘들더라도 많은 곳을 가 보고 싶습니다."

제가 했던 걱정과 질문을 친구들도 역시 했습니다. 이런 과정을 통해 자신들의 계획을 한 번 더 생각해 볼 수 있었습니다.

그럼 과정 중심 평가는 어떻게 했을까요? 평가 계획은 다음과 같습니다.

관련 성취 기준	[4사03-02] 고장 사람들의 생활과 밀접하게 관련이 있는 지역의 다양한 중심지(행정, 교통, 상업, 산업, 관광 등)를 조사하고, 각 중심지의 위치, 기능, 경관의 특성을 탐색한다.			
평가 과제	서울 투어 계획하기			
평가 기준	채점 기준			
다양한 중심지를 탐색할 수 있는 계획을 수립하였는가?	평가 척도	3	2	1
	척도별 수행 특성	이동 동선, 이동 시간, 관람 시간, 중심지의 위치 등을 고려하여 서울의 다양한 중심지를 탐색할 수 있도록 구체적인 계획을 수립하였다.	이동 동선, 이동 시간, 관람 시간, 중심지 위치 중 몇 가지를 고려하여 서울의 중심지를 탐색할 수 있도록 계획을 수립하였다.	이동 동선, 이동 시간, 관람 시간, 중심지 위치 중 1가지 이상을 고려하여 서울의 중심지를 탐색할 수 있도록 계획을 수립하였다.

이미 지난 차시에 지역의 다양한 중심지를 조사하여 지도를 완성하였습니다. 이번 차시에는 그 결과를 바탕으로 각 중심지의 특성을 탐색할 수 있도록 투어 계획을 세우는 단계이기에 평가 기준을 위와 같이 정했습니다. 이 기준의 '다양한 중심지'는 박물관, 공원, 지하철역 등 다양한 교통, 상업, 관광 중심지를 포함하는 포괄적인 의미입니다. 주말에 투어가 이루어지는 점을 고려했을 때 행정의 중심지 투어를 계획에 반영하는 데는 어려움이 있었으나 대부분의 중심지가 한곳에 몰려 있는 서울의 특성을 고려할 때 이동 중 다양한 중심지를 볼 수 있었습니다.

교과서에는 중심지의 역할에 따라 행정 중심지, 교통 중심지, 상업 중심지, 산업 중심지, 관광 중심지 등으로 분류하여 설명하고 있습니다. 교육 과정을 설계하며 교과서를 보고 걱정이 되었습니다. 대부분의 중심지는 중심지 특성에 딱 맞게 역할이 분리되어 있지 않습니다. 행정의 중심지가 교통의 중심지가 되고, 상업의 중심지가 됩니다. 많은 사람이 모여 일을 하다 보면 당연히 그 주변에 상업과 교통이 발달하기 때문입니다. 그런데 교과서에서는 이를 분리하여 정리해 놓았습니다. 만약 학생들이 이 교과서의 내용을 학습하듯 공부한다면 어떤 오개념이 생길까요? 문제집을 푸는 학생들이 다음과 같은 질문을 합니다.

"시청은 행정 중심지가 맞나요?"

저는 대답을 할 수가 없습니다. 실제 시청 주변에 가면 많은 상업 시설이 있고, 교통도 상당히 발달해 있습니다. 기차역이나 터미널만 교통 중심지라고 할 수 있을까요?

교사의 수업 설계는 생각할 것들이 무척 많습니다. 교과서가 참고서여야만 하는 이유가 여기에 있습니다. 학교는 단순 지식을 전달하는 곳이 아니고 학생들이 스스로 탐구하고, 고민하고, 자신만의 정답을 찾아가는 곳이어야 합니다. 그런 과정을 설계하는 역할을 교사가 하는 것이지요.

수업을 하는 동안 학생들의 활동으로 들어가 끊임없는 질문을 했습니다. 질문에 대한 대답을 생각하며 학생들은 스스로 계획을 수정해 나아갔고, 이런 과정이 바로 과정 중심 평가의 목적인 피드백의 힘입니다. 교사가 정답을 제시하는 게 아니고, 학생들이 올바른 방향으로 갈 수 있도록 생각할 기회를 주는 것이지요.

수업을 통해 성장하다

서울 투어 프로젝트를 시작할 때 5개의 모둠으로 시작했으나 서울 투어는 4개의 모둠으로 진행하였습니다. 4개 모둠의 투어 일정은 다음과 같습니다.

> 1팀: 서대문 형무소 ⇒ 독립문 ⇒ 어린이 대공원
> 2팀: 딜쿠샤 박물관 ⇒ 독립문 ⇒ 서대문 형무소
> 3팀: 이순신 박물관 ⇒ 고궁박물관 ⇒ 경복궁 ⇒ 민속박물관
> 4팀: 전쟁기념관

앞에서 제시한 서울 투어 계획과 달라진 팀이 있다는 것을 발견하셨을 거예요. 팀별로 주말 토요일에 투어를 가야 했기에 투어 계획을 세우고 투어를 진행하기까지 한 달의 시간이 걸렸습니다.

첫 번째 팀이 서대문 형무소만을 다녀오겠다고 계획을 세운 팀입니다. 하지만 실제 투어는 어린이대공원이 추가되었습니다. 자신들이 세운 계획보다 일정이 조기 종료되어 학교로 그냥 돌아오기 아쉽다고 귀가 동선에 있는 지하철 노선을 확인하더니 어린이대공원에 들르면 안 되겠냐고 제안해서 수락했습니다. 어차피 학교로 가는 길에 있는 곳이었고, 따로 입장료가 없었기에 가능했습니다. 원래는 동물을 보고 오는 게 목적이었으나 입구에 있던 놀이기구를 보더니 놀이기구 탑승에 대한

의지가 너무 강해서 결국 잔여 시간 동안 기다림으로 대부분 시간을 보내고, 놀이기구 1개를 타고 귀가했습니다. 정말 사람이 많은 중심지의 특성을 온몸으로 느낄 수 있는 체험이었지요.

두 번째 팀은 가장 완벽하게 계획을 세운 팀으로 딜쿠샤 박물관, 독립문, 서대문 형무소를 다녀왔습니다. 계획과 실행이 너무 완벽했습니다. 계획한 대로 일정이 진행되었고, 그래서인지 만족도가 무척 높았습니다. 4월에 개관한 박물관을 5월에 다녀온 것에 대한 자부심도 상당했고, 서대문 형무소에서의 체험으로 많은 생각을 했던 팀이었습니다. 마지막 투어 팀의 일정도 서대문 형무소가 있어서 사전 답사의 역할도 했습니다. 마지막 팀에 휠체어를

이용해야 하는 학생이 있어 그 학생의 이동 동선과 형무소 운영팀의 지원 등을 자세하게 알아봤습니다. 서대문 형무소 역사관은 12개의 건물을 이동하며 관람해야 합니다. 건물이 높지는 않았지만 계단은 있고 경사로와 엘리베이터가 없어서 휠체어 이동이 가능한 건물은 세 곳뿐이었으며, 따로 휠체어 이동 관람객의 이동을 도와주는 인력은 배치되어 있지 않음을 처음으로 알게 되었습니다. 그동안 서대문 형무소로 여러 번 체험 학습을 다녀왔음에도 이런 사실을 처음으로 알았다는 게 놀라웠습니다. 두 번째 팀과 체험 학습을 다녀온 후 마지막 팀과 긴급회의를 하였습니다. 서대문 형무소의 이런 상황을 이야기하고 체험 계획을 다시 논의할 수 있도록 하였습니다. 최종적으로 여러 가지 상황을 고려하여 마지막 팀의 체험 학습 계획은 전쟁기념관으로 수정이 되어 진행했습니다. 이런 과정이 진정한 배움이 아닐까요? 서대문 형무소를 가지는 못했지만, 투어 계획을 세우며 많은 탐구를 했을 테고, 전쟁기념관으로 장소가 바뀌며 또 다른 배움이 가능해졌습니다. 저 또한 많은 것을 배운 계기가 되었습니다.

세 번째 팀은 엄청난 계획을 세웠던 팀이었습니다. 창덕궁을 시작으로 투어를 진행하려고 했으나 창덕궁 해설이 오후에 있어서 일정을 조금 변경해서 시

작했습니다. 지하철역에서 가까운 이순신 박물관에서 출발하여 경복궁을 거쳐 통인시장에서 식사 후 창덕궁에 가기로 했습니다.

하지만 실제 투어는 이순신 박물관, 고궁박물관(경복궁 입구에 있음), 경복궁, 민속박물관(경복궁 옆에 있음)을 다녀왔습니다. 경복궁에서 통인시장으로 이동하며 청와대도 지나쳤으며 생각보다 일정이 길어지며 점심시간이 너무 늦어졌습니다. 통인시장에 도착해 점심을 먹고 창덕궁으로 이동하려고 했으나 이미 너무 많이 걸어서 아이들이 힘들어하기도 했고, 도착 시각인 오후 3시를 맞추려면 창덕궁은 포기해야만 했습니다. 서울의 중심지를 온몸으로 느낄 수 있었던 투어였습니다. 가장 힘들었지만 가장 많은 것을 배울 수 있었습니다. 그래도 포기하지 않고 끝까지 완주한 학생들이 대견했습니다. 그날 집에 가서 모두 깊은 잠을 잤다고 합니다.

마지막으로 급하게 계획을 변경한 팀입니다.

"한 친구 때문에 계획이 변경되어 속상했을까요?"

아니요. 전혀 그렇지 않습니다. 전쟁기념관이 워낙 넓고, 이동 동선 또한 좋았습니다. 실내와 야외에 적절하게 전시 공간이 있어서 정말 오랜만에 자연의 아름다움도 느낄 수 있었고, 놀이터에서 아이스크림도 먹으며 친구들과 편안한 시간도 보냈습니다. 또한 지하철로 친구와 함께 이동하며 신체장애가 있는 사람들의 이동권을 보장하기 위해 어떤 것들이 고려되어야 하는지도 생각해 볼 수 있는 소중한 시간이었습니다. 친구와 함께 먼 동선을 돌아가더라도 인상 한 번 쓰지 않고 함께 하는 학생들을 바라보며 얼마나 행복했는지 모릅니다. 어른들보다 나은 10살의 아이들을 보며 많은 것을 배웠습니다.

마지막으로 투어 결과를 나누었습니다. 서울 투어를 통해 새롭게 배운 점, 느낀 점 등을 돌아가며 말하고, 투어 결과는 한 학기 동안 전시하며 자세하게 들여다보았습니다. 이렇게 진행된 10차시의 서울 투어 프로젝트는 플러스 한 달의 실제 투어와 함께 6월 첫 주에 마무리가 되었습니다. 중간에 주말에 비가 와서 한 주를 쉬었거든요.

"아이들은 무엇을 배웠을까요?"

"투어를 통해 중심지 특성을 알 수 있었을까요?"

보통 서울 투어는 단체로 진행이 됩니다. 직접 세운 계획을 스스로 실행하는 것과 어떤 게 다를까요?

프로젝트를 진행하며 학생들은 정말 활기찼습니다. 제가 무엇을 가르치려 하지 않아도 친구들과 함께 배웠습니다. 혹자는 이런 걱정을 합니다.

"배움이 느린 아이들은 아무것도 못 배우는 게 아닐까?"

저 또한 이런 걱정들을 했었습니다. 하지만 제가 서울의 행정 중심지, 상업 중심지 등을 열심히 설명한다고 해서 배움이 느린 아이들에게 배움이 일어날까요? 모든 아이들이 중심지에 가면 사람의 이동이 얼마나 많은지, 어떤 다양한 상업이 발달했는지, 교통이 왜 발달할 수밖에 없는지 설명하지 않아도 알 수 있지 않을까요?

서울 투어 프로젝트가 종료된 후에도 아이들은 투어에 대한 이야기를 1년 동안 했습니다. 국어 생활문 쓰기에도 서울 투어가 주제가 되었고, 책을 읽으면서도 서울 투어를 다녀왔던 경험이 큰 도움이 되었습니다.

교사 교육 과정을 어떻게 운영하느냐에 따라 학생들의 성장 또한 달라집니다. 저는 이번 프로젝트를 통해 또 한 번 성장하였습니다. 아이들을 통해 배우고, 아이들을 통해 힘을 얻습니다.

에필로그

박 교사

다른 사람과 다른 이력을 가진 교사였다. 사교육에 4년간 종사했고, 누구보다 '유능한 강사'라고 생각했다. 하지만 이 자신감은 공교육 현장에서 산산조각 났다. 유능한 강사가 유능한 교사가 될 수는 없었다. 비슷한 수준의 아이들, 배우고자 하는 의욕이 있는 아이들을 대상으로 하는 수업은 어렵지 않다. 교사만 열심히 연구하면 좋은 결과가 따른다. 하지만 공교육은 사교육과 다르다. 학생들 수준은 천차만별이며, 배우고자 하는 의욕 또한 각양각색이다. 그렇다고 현장 탓만 하고 있을 수는 없었다. 서로 너무나 다른 아이들 모두를 어떻게든 배움 속으로 데리고 와야 한다. 그게 공교육의 숙제라고 생각하며 매 수업을 고민하고 있다.

곽 교사

교사가 되고 나서 꽤 오랫동안 수업이 어렵지 않다고 느끼며 스스로 수업을 잘하는 교사라고 자부하며, 아니, 착각하며 살아왔다. 나중에서야 내가 그동안 교사만 빛나는 수업을 해 왔음을 돌아보게 되었다.
진정 좋은 수업은 학생들이 주인공이 되어 반짝반짝 빛나는 수업임을 뒤늦게 깨닫고, 학생 참여와 협력 중심 수업에 대해 고민하고 연구하기 시작했다. 이제는 학생들이 빛나면 교사도 자연스레 함께 빛난다는 사실을 잘 안다. 그래서 좋은 수업, 나아가 교사와 학생 모두가 행복한 수업을 위해 매일매일 기쁜 마음으로 교단에 선다.

유 교사

"교실의 모든 해답을 수업에서 찾을 수 있다. 그리고 교사는 수업이라는 만능 해답 열쇠를 만들 수 있다."

신규 교사일 때 교장 선생님께서 해 주시던 말씀이다. 처음에는 아리송하기만 한 이 말의 뜻을 잘 알지 못하였다. 하지만 수업에 끊임없이 고민하고, 동료 교사와의 수업 나눔을 통해 조금씩 그 뜻을 알아 가고 있다. 아이들 한 명 한 명의 얼굴을 떠올리며 구상했던 학생 중심 수업과 우리 교실 상황을 떠올리며 구상했던 협력 중심 수업은 아이들의 학습적인 성장과 정서적인 안정, 그리고 그 밖의 모든 것을 조금씩 긍정적으로 변화시켜 놓았다.

수업은 교사가 존재하는 이유이자, 교실에서 우리 아이들이 행복하게 지낼 수 있도록 지탱하는 힘이다. 오늘도 미소 띤 얼굴로 교실 문을 열며, 학교 오는 것이 행복하다고 이야기하는 아이들의 모습은 나를 더욱 성장하는 교사로 이끈다.

심 교사

'배워서 남 주자'는 마음으로 교사가 되었다. 초임 시절, 배움이 느린 학생을 만나면서 수업에 대한 고민이 시작되었다. 공부가 어려운 학생들을 돕고 싶은 마음이 간절했다.

'보충 수업밖에는 방법이 없나?', '수업 안에서 도울 방법은 없나?'

혼자만의 고민을 멈추고 교실 밖 동료 교사들의 이야기에 귀 기울이기 시작했다. 수업을 나누고 함께 배우며 수업이 무엇인지 조금씩 알아 가고 있다. 그리고 나의 배움이 학생들의 배움으로 연결되기를 꿈꾸며 부지런히 연구하는 중이다.

김 교사

수업을 참관한 동료 선생님들이 수업을 보며 좋았던 점만을 말해 주셔도, 다른 선생님들에게 내 수업을 보여 주는 것은 부담스러운 일이었다. 연차가 조금 더 쌓이고 '이 정도면 내 수업 괜찮지 않나?' 하는 자만심이 가득할 즈음 시작된 신규 교사 수업 컨설팅. '왜 선생님 혼자만 말씀하시나요?' 교장 선생님께서 조용히 물으셨다. 빨간색 볼펜으로 교수·학습 과정안을 모두 수정한 그날, 민망함이나 씁쓸함보다는 어딘가 시원하게 뚫리는 기분이 들었다.

그 이후 학생들의 배움에 초점을 맞추고 더 재미있는 수업을 꾸려 가기 위해 고민하는 시간이 길어졌다. 나 말고 학생들이 말하는 수업을 꾸려 가기 위해 지금도 노력 중이다. 수업 연구 안에서 발전하고 변화하는 나의 모습을 발견하기에 수업을 자꾸만 나누고 싶다. 누군가에게 내 수업을 자꾸만 물어보고 싶고, 조언을 듣고 싶어진다.

백 교사

"수업은 수없이 업그레이드하는 것이다." 잘 설계한 수업도 수업이 끝나고 나면 아쉬움이 남는다. 교과 전담 수업으로 여러 반에 같은 수업을 하면서 이 말이 가슴속에 더욱 와닿았다. 학생들의 반응을 보고 들으며 수업을 고쳐가며 마지막 반 수업을 마치면서 '어떻게 하면 첫 반의 수업부터 학생들이 행복한 수업을 할 수 있을까?'라는 고민을 했다.

아쉬움이 적었던 수업은 학생들이 중심이 되는 수업이었다는 것을 기억하며 수업 설계부터 학생들과 함께하기 시작했다. 동료 교사와 수업에 대해 이야기하고 학생들과 소통하며 함께 수업을 업그레이드하며 오늘보다 더 좋은 수업을 위해 연구하고 있다.

부록

협력 학습 기법-「둘 가고 둘 남기」

#모둠간공유 #전문가협력학습 #역할수행 #순환학습

📖 「둘 가고 둘 남기」란?

4인 모둠을 기준으로 둘씩 짝지어 두 명은 다른 모둠으로 이동하여 학습하고, 두 명은 남아서 다른 모둠에서 온 친구들과 학습하는 모둠 간 협력 학습 기법입니다.

📖 수업에 어떻게 활용하나요?

모둠별로 조사한 내용이나 탐구 문제가 다를 경우, 모둠 간 결과물을 공유할 때 활용할 수 있습니다. 남아 있는 두 명은 우리 모둠에서 탐구한 학습 문제를 안내하거나 설명 및 점검하는 역할을 합니다. 이동하는 두 명은 다른 모둠의 설명을 듣고 정리하거나 주어진 문제를 해결하는 역할을 합니다. 이러한 방식으로 여러 모둠을 순환한 뒤 모둠 안에서의 역할을 바꾸어 진행하거나 우리 모둠으로 돌아와 남아 있던 두 명에게 들은 내용을 설명해 줄 수 있습니다.

📖 어떤 효과가 있나요?

「둘 가고 둘 남기」가 「하나 남고 셋 가기」와 다른 점은 둘씩 함께 다닌다는 점입니다. 둘씩 다니기 때문에 서로 도움을 주고받으며 역할을 수행할 수 있다는 장점이 있습니다. 수학처럼 학습자 간 수준차가 큰 과목이나 복잡한 문제의 경우, 혼자서는 과제를 해결하기 어려워하는 학생도 친구의 도움을 받아 역할을 해낼 수 있습니다.

📖 나만의 수업 활용 팁이 있다면?

같은 역할을 맡은 짝끼리 다퉈요

같은 역할을 맡은 두 명 안에서도 각자의 역할을 나누어 수행하도록 하여 서로의 역할을 존중하며 활동에 임하도록 합니다.

세 명인 모둠은?

세 명인 경우 스스로 잘할 수 있는 사람이 혼자 역할을 수행하도록 합니다. 누가 혼자 역할을 맡을지는 모둠 안에서 정하도록 합니다.

협력 학습 기법-「인물초대석」

#핫시팅 #교육연극 #기자와인물 #교사는사회자 #역할에몰입하기

「인물초대석」이란?

교육 연극의 핫 시팅(hot seating) 기법의 일종으로 작품이나 역사 속 인물이 되어 의자에 앉아 질문에 답하는 토론 방법입니다.

수업에 어떻게 활용하나요?

문학 작품을 읽은 뒤 「인물초대석」에 모실 인물들을 정합니다. 해당 인물이 되어 질문에 답해 보고 싶은 학생들이 앞에 나와 의자에 앉습니다. 나머지 학생들은 기자가 되어 질문을 하고 초대석에 앉은 학생들은 작품 속 인물의 입장에서 답변합니다.

어떤 효과가 있나요?

일반적인 독서 토론과 비교했을 때 내가 직접 그 인물에 감정을 이입하여 참여하게 되어 실제적이고 몰입감 있는 토론이 가능합니다. 찬성과 반대가 정해진 설득을 위한 토론과 비교하여 서로의 다양한 생각을 나누는 과정에서 작품에 대한 깊이 있는 이해와 감상이 가능합니다.

나만의 수업 활용 팁이 있다면?

작품의 내용과 관련 없는 질문과 대답이 오갈 때

본격적인 활동에 앞서 미리 브레인스토밍을 통해 다양한 질문을 만들어 보고 유목화와 「멀티 보팅」을 통해 질문의 우선순위를 정하도록 합니다. 작품의 내용과 관련 없는 대답이 나오면 사회자인 교사가 작품 속에서 근거를 찾도록 추가 발문을 하거나 다른 인물의 보충 답변을 들어 보도록 합니다.

학생들이 기자와 인물의 역할에 몰입하게 하려면

학생들이 「인물초대석」이라는 상황과 기자나 인물의 역할에 몰입하게 하려면 가장 먼저 교사가 사회자로서의 역할에 몰입하여 인물초대석의 분위기를 조성해야 합니다. 또한, 인물 선택에 앞서 공감이 많이 가거나 자신과 관련된 인물을 찾아보도록 하는 것도 좋은 방법입니다.

협력 학습 기법- 「브레인라이팅」

#다양한 #아이디어제시 #허용적인분위기 #1장에1가지의견 #무임승차방지

📖 브레인라이팅이란?

창의적인 아이디어를 만들어 내기 위해 기존 인식을 벗어난 자유로운 상태에서 새로운 생각을 만들어 내면서 다른 사람과 다른 의견을 적는 것입니다.

📖 수업에 어떻게 활용하나요?

브레인라이팅은 아이디어 제시 단계에서 의견을 모을 때 활용합니다. 따라서 자유롭게 의견(이야기)을 적을 수 있는 분위기를 조성하는 것이 중요합니다. 한 붙임딱지에는 한 가지 의견만 제시해야 하며, 다른 사람이 볼 수 있는 크기와 내용으로 적어야 합니다. 또한 붙임딱지에 이름을 적도록 하면 과정 중심 평가에 도움이 됩니다. 수업 중에 교사가 학생들의 사고를 모두 파악할 수 없을 경우, 추후 피드백 자료가 됩니다.

📖 어떤 효과가 있나요?

브레인라이팅을 활용하면 아이디어 제시 단계에서 서로 다른 의견을 모을 수 있다는 장점이 있습니다. 또한 말이 아닌 글을 활용하기 때문에 어느 한 사람이 전담하여 적거나, 하나도 적지 못하는 모둠원이 있지 않도록 주의한다면 소극적인 학생도 참여할 수 있습니다.

📖 나만의 수업 활용 팁이 있다면?

아무것도 쓰지 못하는 학생이 있을 때

확산적 사고가 익숙하지 않은 학생은 하나의 의견을 적는 것도 어려워합니다. 이런 학생을 배려하기 위해 브레인라이팅 전에 워밍업 하는 시간을 충분히 제공합니다. 또는 사고를 확산할 수 있는 질문을 몇 가지 던집니다.

학생들끼리 서로의 의견을 평가할 때

가끔 어울리지 않는 의견을 적는 학생이 있습니다. 하지만 아이디어 제시 단계에서는 서로 비판하지 않도록 합니다. 다만 왜 그렇게 생각했는지 이유를 물어보아 써야 할 내용을 명확히 인지하고 있는지 확인합니다.

협력 학습 기법 - 「명목집단법」

#빠르게 #아이디어제시 #유목화 #투표 #무임승차방지

📖 명목집단법이란?

모둠원 간에 아이디어를 공유하는 방식으로 상호 대화나 토론을 하지 않고 자신의 의견을 붙임딱지에 써서 제시하는 방법입니다.

📖 수업에 어떻게 활용하나요?

주어진 시간 동안 학생들이 각자의 아이디어를 붙임딱지에 적어 한곳에 모으거나 발표하여 아이디어를 공유합니다. 붙임딱지를 한곳에 모을 때, 비슷한 것과 다른 것을 분류하여 유목화할 수 있습니다. 스티커 등을 활용하여 아이디어에 투표하여 최종 의견을 결정합니다.

📖 어떤 효과가 있나요?

명목집단법은 개인의 생각을 명료화하고 처리하는 데 편리하며 빠르게 다양한 아이디어를 모을 수 있다는 점이 효과적입니다. 중복되거나 관련이 적은 의견은 유목화 과정에서 자연스럽게 걸러집니다.

나만의 수업 활용 팁이 있다면?

친구 것을 보고 따라 쓰는 학생이 있을 때

구성원의 책임감 있는 참여가 중요하기 때문에 사전에 써야 할 내용과 방법에 대해 자세히 안내합니다. 명목집단법을 활용할 때에는 타인의 과제 내용을 보고 따라 쓰지 않게 해야 합니다. 모둠 학습 중 학생들이 자기도 모르게 공부를 잘하는 학생의 의견에 휩쓸려 자신의 의견을 숨기기 때문입니다.

한 칸에 너무 많은 내용을 담을 때

자신의 생각을 구체적으로 한 문장으로 표현하여 읽는 사람이 쉽게 이해할 수 있도록 해야 합니다. 너무 길게 쓴 학생에게는 키워드를 중심으로 꼭 남기고 싶은 생각만 적고, 나머지는 아이디어를 공유할 때 설명하도록 지도합니다. 반대로 너무 짧게 쓴 학생에게는 사전에 주어진 질문에 충분한 답이 되게끔 내용을 덧붙이도록 합니다.

협력 학습 기법-「멀티 보팅」

#의견교환 #신속한결정 #다양한아이디어 #모둠별활동

멀티 보팅이란?

1인 N표제로 투표하여 빠른 시간에 의사 결정을 하는 투표 방법입니다.

수업에 어떻게 활용하나요?

학급 전체의 의견 및 모둠 내 의견 수렴 시 활용합니다. 투표 방법은 의사 결정 내용의 수준과 범위를 고려하여 거수 또는 스티커를 활용합니다. 또한 1인 투표수는 투표에 참여하는 학생 수에 따라 학생 수가 많으면 2개 정도, 모둠 내 의사 결정일 경우 1인 투표수를 늘릴 수 있습니다. 이때 같은 의견에 복수 투표를 하는 것은 안 되고 서로 다른 의견에 투표권을 행사해야 합니다.

어떤 효과가 있나요?

멀티 보팅을 활용하면 빠른 시간에 의사 결정이 가능하며 1인당 1표만을 행사하게 될 때 대부분 좋은 의견보다 개인의 의견에 투표하게 되는 부작용을 방지할 수 있습니다.

나만의 수업 활용 팁이 있다면?

자신의 것에만 투표를 하려고 하는 학생이 있을 때

가장 많이 사용하는 것은 1인 2표제입니다. 이때 1개는 반드시 다른 친구의 의견에 투표하도록 제한합니다. 또한 수업의 흐름에 시간적 여유가 있을 때는 투표한 이유를 설명할 수 있도록 합니다.

멀티 보팅 투표 결과가 동점이 나왔을 때

의견이 크게 다르지 않은 상황에서 동점이 나왔을 때 모둠에서 어떤 의견을 선택할지에 대해 사전에 합의가 있어야 합니다. 사전 합의를 통해 학생들이 의사결정과정의 결과에만 집중하지 않고, 수업 목표에 집중하도록 도울 수 있습니다.

협력 학습 기법-「짝 바꾸어 대화하기」

#반복말하기 #짧은시간에많이말하기 #소란스러운배움 #역동적인발표

📖 짝 바꾸어 대화하기란?

모둠 안에서 주어진 번호에 따라 서로 말하는 대상을 바꾸어 모둠의 모든 친구와 대화를 나누는 기법입니다. 최소 3번 같은 내용을 반복하고 정리하여 표현할 수 있습니다.

📖 수업에 어떻게 활용하나요?

기법을 활용하기 전 반드시 모둠에 자리 번호를 정해 주어야 합니다. 1번부터 4번까지 네 명의 학생이 서로 짝을 바꾸어 모둠의 모든 사람과 대화를 나누어야 합니다. 대화하는 내용을 보고 읽어도 좋지만, 점차 말하면서 내용을 수정하고 심화시켜 말하거나 외워서 말할 수 있다고 미리 안내해 주어야 합니다.

📖 어떤 효과가 있나요?

같은 내용을 반복하여 말하지만, 말하는 대상이 달라지기 때문에 반복한다는 느낌이 줄어듭니다. 또한 같은 표현이지만 실수나 오류를 줄여서 다시 고쳐 말해 볼 수 있는 기회가 된다는 점에서 학습의 효과를 높일 수 있습니다. 또한 영어 교과에서 말하기 유창성 훈련에 효과적입니다.

나만의 수업 활용 팁이 있다면?

말하기를 머뭇거리는 학생이 있을 때

학생들의 성격에 따라 즉각적인 대화 나누기를 어려워하기도 합니다. 이때에는 교사가 물꼬를 틀 수 있도록 '발표 틀'을 정해 주는 것이 좋습니다. 가령, "1번 학생부터 말할 때, '내가 조사한 내용은'으로 말을 시작하세요."라고 단서를 주는 것입니다.

추가 과제를 부여하고 싶을 때

학생들이 형식에 익숙해지면 점차 대화를 나누는 속도가 빨라집니다. 이때 '가장 발표 내용이 좋았던 사람 지목하여 투표하기'를 할 수 있습니다. 선정된 학생이 발표할 기회를 줌으로써 더 큰 성취감을 느끼게 되고, 학생들은 자신의 발표와 비교해 보며 배운 내용을 정리할 수 있습니다.

협력 학습 기법- 「돌아가며 말하기」

#읽기 #정리활동 #의무적인발언권 #귀기울여듣기 #순서는다양하게

📖 **돌아가며 말하기란?**

모둠 또는 전체 학생이 일정한 순서를 정해 놓고 자신의 의견을 이야기하는 방법입니다.

📖 **수업에 어떻게 활용하나요?**

국어 읽기 또는 온책읽기에 적용할 수 있으며 수업 후 배운 내용이나 소감을 나눌 때 활용할 수 있습니다. 또한 모둠 내 활동 시 다양한 의견이나 생각을 나눌 때 활용합니다. 학기 초에 자기소개를 할 때 주제를 제시하여 간단하게 말하기를 하여 서로를 이해하는 데 도움을 줄 수 있습니다. 예를 들어 '내가 좋아하는 것은 ~입니다.'처럼 간단한 문장으로 말할 수 있는 주제를 선정하여 말하기 장애물을 제거할 수 있습니다.

📖 **어떤 효과가 있나요?**

돌아가며 말하기는 모든 학습 참여자들에게 의무적인 발언권을 부여하여 소외되는 학생 없이 학습에 참여할 수 있도록 하는 데 효과적입니다. 다른 사람 앞에서 이야기하는데 용기가 부족한 학생에게는 자신의 역량을 드러낼 기회가 될 수 있습니다.

모둠에서 다양한 의견을 제시할 때 모둠에서 적극적인 학생이나 말을 잘하는 학생이 발언을 독점하는 것도 제한할 수 있습니다.

📓 나만의 수업 활용 팁이 있다면?

다양한 의견이나 생각을 나눌 때

돌아가며 말하기 순서를 익히도록 지도하여 순서를 수시로 변화시키며 활용하면 효과적입니다. 학생들이 말한 내용에 교사가 반응하거나 피드백을 해야할 땐 말하기의 흐름을 끊지 않고 말하기가 모두 끝난 후 피드백합니다.

목소리가 너무 작거나 용기가 부족한 학생이 있을 때

자신의 의견을 잘 표현하지 못하는 학생들도 있습니다. 돌아가며 말하기를 할 때 듣는 사람들이 귀 기울여 들을 수 있도록 지도하면 좋습니다. 목소리가 작은 학생이 조금 크게 말했을 때 긍정적 강화를 해 주면 자신감도 성장을 합니다.

협력 학습 기법-「PMI」

#최선의아이디어 #장점 #단점 #흥미로운점 #각단계에집중 #변형하여활용

📄 PMI이란?

대상이 가진 다양한 측면을 평가하여 최선의 아이디어가 나오도록 하는 기법입니다.

📄 수업에 어떻게 활용하나요?

PMI 기법은 대상의 Plus(좋은 점, 더하기), Minus(나쁜 점, 빼기), Interesting(흥미로운 점, 독특한 점, 새로운 측면)을 고려하는 것으로 대상을 다시 살펴보고 탐색하면서 새로운 부분 또는 놓친 부분을 발견하고 보완할 수 있습니다.

활동을 시작하기 전인 계획 단계에서 최선의 아이디어를 찾을 때, 활동 후 결과물을 평가할 때 활용할 수 있습니다.

📄 어떤 효과가 있나요?

PMI 기법은 진행 과정이 직관적이어서 학생들이 쉽게 활용할 수 있습니다. 장점이나 단점, 흥미로운 점으로 분류하여 의견을 정리하기 때문에 한눈에 보기 좋고, 의외의 점들을 발견할 수 있어서 좋습니다.

나만의 수업 활용 팁이 있다면?

다양한 측면을 평가하고 싶을 때

PMI 결과를 보았을 때 한 가지 측면에만 의견이 많을 때가 있습니다. 따라서 학생들이 다양한 측면을 생각할 수 있도록 PMI 각 단계마다 시간을 지정하여 의도적으로 한 단계에 집중하도록 합니다.

장점, 단점, 흥미로운 점을 어떻게 적어야 할지 모를 때

PMI를 진행하면서 장점, 단점, 흥미로운 점을 어떻게 적어야 할지 모를 때가 있습니다. 학생들이 적어야 할 내용을 구체적으로 안내하는 것이 필요합니다. 자기 평가 도구로 활용할 때 P(알게 된 점), M(아쉬웠던 점), I(흥미로운 점)처럼 안내할 수 있습니다.